오손도손 교리문답 가정예배

오손도손 교리문답 가정예배

1쇄찍은날 2021년 12월 6일
지 은 이 장상태
일러스트 배지은
펴 낸 이 장상태
펴 낸 곳 디다스코
　　　　　서울시 서초구 서초동 1355-3 서초월드오피스텔 1605호
전　　화 02-6415-6800
팩　　스 02-523-0640
이 메 일 is6800@naver.com

등　　록 2007년 4월 19일
신고번호 제2007-000076호
유　　통 기독교출판유통 031-906-9191

Copyright@디다스코

ISBN 979-11-89397-08-1 (93230)

값은 표지에 있습니다.

자녀(고등, 청년)과 함께 하는 하이델베르크 요리문답 가정예배

오순도순
교리문답 가정예배

장상태 지음

디다스코

※ 이 책에 사용된 하이델베르크 요리문답의 한글 번역은 독립개신교회 교육위원회 번역본(성약출판사)을
　　사용했습니다.
※ 이 책에 사용된 성경 구절, 사도신경, 주기도문은 개역한글판을 기준으로 했습니다.

『오손도손 교리문답 가정예배(고등·청년용)』는 디다스코 출판사에서 출간된 가정예배 시리즈 중 네 번째 책입니다. 첫 번째 책은 『알콩달콩 소요리문답 가정예배(영유아용)』, 두 번째 책은 『시끌벅적 소요리문답 가정예배(유치·유년용)』, 세 번째 책은 『도란도란 교리문답 가정예배(초등·중등용)』입니다. 이번에 네 번째 책을 출간으로 어떤 연령대의 자녀이든 함께 가정에서 예배를 드릴 수 있는 시리즈가 완성되었습니다. 교리를 중심으로 네 종류의 가정예배서가 완성될 수 있었던 이유는 모두 하나님의 은혜입니다.

하나님께서 모든 가정에 말씀으로 가르치라고 권합니다. 신명기 6장 6-7절은 "오늘 내가 네게 명하는 이 말씀을 너는 마음에 새기고 네 자녀에게 부지런히 가르치며"라고 말씀하고 있습니다. 가정은 하나님께서 세우셨습니다. 가정은 사랑하는 두 사람이 결혼에 동의해서 시작되었다기보다 하나님께서 짝지어 주셔서 만들어졌습니다. 가정의 주인은 사람이 아니라, 하나님이십니다. 믿음 안에서 세워진 가정은 하나님께서 섭리하시고 인도하십니다. 따라서 가정예배는 하나님의 주권에 대한 고백입니다. 가정을 하나님께서 시작하셨고, 지금도 함께하시며 앞으로 인도하신다는 고백입니다. 믿음의 부모는 예배를 통해 가정의 주 되심을 선포하고 고백하며 하나님께 영광을 돌릴 때, 영적으로 강건한 자녀를 양육할 수 있습니다.

하나님께서 자녀를 우리에게 맡겨주신 이유는 무엇일까요? 하나님의 사람으로 양육하기 위해서입니다. 하나님은 신앙 교육을 교회 학교와 사역자에게만 맡기지 않았습니다. 성경 말씀은 부모가 자녀에게 육의 양식을 먹이며 양육하듯이, 영의 양식을 먹이고 주의 말씀과 사랑으로 양육할 것을 말씀하고 있습니다. 매일 따뜻한 밥을 지어 먹이듯이, 매일 영의 양식을 먹일 수 있어야 합니다.

현대 사회는 가정에 함께할 수 있는 시간을 허락하지 않습니다. 자녀가 초등학교만 진학해도 시간표가 짜여 바쁜 하루를 지내게 되고, 부모도 생업에 바빠서 함께 모여서 밥을 먹을 시간조차 힘들게 되었습니다. 부모와 자녀가 함께 모여 대화할 수 있는 시간조차 어려운 시대입니다. 믿음의 가정이라도 신앙적인 교제에 어려움을 겪고 있습니다. 이럴 때일수록 더욱 부모는 신앙을 위해서 기도할 뿐만 아니라,

실제로 가정에서 함께 말씀을 나누고 기도하며 사랑을 실천할 때 하나님께서 기뻐하시는 가정으로 세워질 수 있습니다. 부모가 교회에서 개인적인 훈련과 양육의 시간을 보냈다면, 가정에서 신앙의 열매가 드러날 수 있어야 합니다. 신앙의 최전선은 가정입니다. 신앙의 모범과 말씀의 실천은 가정에서 자녀와 부부를 통해서 가장 먼저 드러나야 합니다. 가족 구성원 각자가 하나님의 자녀로서 신앙의 교제가 가장 깊이 형성되어야 합니다. 교회 일과 성도의 교제는 잘하지만, 정작 가정에서 신앙의 열매가 드러나지 않는다면 우리의 신앙을 다시 돌아보아야 합니다.

믿음의 부모가 자녀에게 물려줄 수 있는 가장 중요한 유산은 무엇일까요? 물질이 아닙니다. 신앙입니다. 자녀의 신앙에 가장 큰 영향을 미치는 사람은 부모입니다. 부모가 고백하는 삼위일체 하나님을 자녀가 듣고 배웁니다. 부모가 당하는 인생의 고난을 가정예배를 통해 자녀들이 기도하게 됩니다. 가정예배를 통한 감사의 고백과 사랑의 실천으로 예수님 안에서 서로 한몸이라는 사실을 체험하게 됩니다. 가정예배로 온 가족이 함께 하나님을 신뢰하고 영광을 돌리게 될 때, 어떤 시험과 환란도 하나님의 도우심으로 이겨낼 수 있습니다.

본서는 디다스코 출판사의 가정예배 세 번째 책 『도란도란 교리문답 가정예배』에서 많은 도움을 받았습니다. 저자 오세진 목사님의 허락 하에 세 번째 책의 구조를 동일하게 따르고 있습니다. 각과 제목과 찬송가와 순서를 그대로 따르고 있으며 내용은 세 번째 책과 다른 표현과 접근법으로 해설했습니다. 해설을 위해서 참고한 책은 『하이델베르크 요리문답 해설』(자카리아스 우르시누스, CH북스)입니다. 이 책을 주로 참고한 이유는 하이델베르크 요리문답의 작성자이고 가장 권위 있는 해설이기 때문입니다.

이 책이 나오기까지 함께 가정예배를 드리며 날마다 은혜로운 시간을 함께하고 있는 아내 장은정과 아들 장하준에게 감사를 전합니다. 자녀가 매일 밤 홀로 기도하며 잠드는 모습을 보며 하나님께 자녀에게 심어주신 믿음에 대한 감사를 올리게 됩니다. 부족한 저서를 통해서 한국 교회의 모든 가정에 하나님의 은혜가 충만하고, 믿음의 모든 가정에 성삼위일체 하나님의 섭리로 평안과 기쁨이 가득하길 기도합니다.

하이델베르크 요리문답 소개

본서는 하이델베르크 요리문답을 중심으로 만들어졌습니다. 하이델베르크 요리문답은 16세기 종교 개혁 당시에 지금의 독일에 있는 팔츠에서 만들어집니다. 이 당시는 지금의 독일 지역을 포함한 신성로마제국이 일곱 개 지역을 연합해서 다스리고 있었습니다. 일곱 개 지역은 선제후라고 하는 지도자가 있었습니다. 팔츠 연방의 선제후는 프리드리히 3세였는데 종교 개혁의 영향을 받아 로마가톨릭을 버리고 개혁자들의 가르침을 받았습니다. 그는 성경의 핵심 진리를 요약해서 문답식으로 신앙을 교육할 계획을 세웁니다.

이 계획은 하이델베르크대학교의 신학교수였던 우르시누스와 프레드리히 궁정 목사였던 올레비아누스를 임명해서 요리문답서를 작성하게 됩니다. 우르시누스는 청년 때 제네바에서 칼뱅과 블링거 등 종교 개혁자들로부터 많은 영향을 받게 됩니다. 하이델베르크 요리문답을 만들기 전에 이미 소요리문답과 대요리문답을 만들었습니다. 올레비아누스도 제네바에서 칼뱅에게 직접 지도를 받은 사람으로 철저한 칼뱅주의자였습니다. 두 사람을 통해서 작성된 문답서는 1563년 팔츠의 수도 하이델베르크에서 열린 총회의 결의로 승인되었습니다. 이어서 1618년에 열린 유럽 개혁신학자들이 모인 도르트 총회에서도 공식 신앙문서로 채택이 되었습니다. 하이델베르크 문답서는 도르트 신조, 네델란드 신앙고백서, 웨스트민스터 신앙고백서와 함께 종교개혁 당시 만들어진 중요한 네 가지 신앙문서로 지금까지 바른 신앙을 위해서 가르쳐지고 있습니다.

가정예배 진행을 위한 네 가지 TIP

첫째. 미리 광고해 주세요.

자녀들이 가정예배에 잘 참여할 수 있도록 가정예배의 필요성과 중요성을 이야기하며 가정예배를 드리는 날짜나 요일을 미리 공지해 주세요. 냉장고 등에 부착할 수 있는 게시판이나 문자, 카톡 등을 활용하면 좋습니다.

둘째, 시간과 장소를 정해 주세요.

가정예배를 드리는 정확한 시간과 장소를 정해 놓는 것이 중요합니다. 안방이든, 거실이든, 부엌 식탁이든, 고정된 장소를 정해 놓고 가정예배를 드리십시오. 또한 가정예배는 꼭 정해진 시간에 시작해 주십시오. 이는 교회에서 예배를 드리는 자세와 습관과도 직결되기에 매우 중요합니다.

셋째, 가정예배 당일 1시간 전부터 가정예배 시작을 광고해 주세요.

가정예배 시작 한 시간 전, 30분 전에 가정예배를 시작한다고 자녀들에게 알려 주십시오. 그리고 음악이나 다과 등으로 가정예배를 준비해 주십시오. 성경과 찬송 교재를 준비합니다. 부모는 책의 내용을 미리 읽으며 충분히 숙지해 주시길 바랍니다. 그러면 자녀들은 자신을 위해 미리 준비되는 예배를 가볍게 여기지 않을 뿐만 아니라 더 나아가 예배를 준비해서 드려야 한다는 것도 배우게 됩니다.

넷째, 가정예배 중 훈육을 섞지 말아 주세요.

가정예배를 드리며 자녀들에게 훈육을 하는 것은 효과적이지 않고, 자녀들이 가정예배를 부정적으로 인식하여 피하게 만듭니다. 가정예배 시간은 부모님께 잔소리를 듣는 시간이 아니라 하나님께 예배를 드리는 시간임을 꼭 기억해 주십시오.

이 책을 사용하는 방법

1. 찬송

책에 나와 있는 찬송가로 가정예배를 시작하십시오. 각 과의 찬송가는 각 과의 내용을 가사로 담고 있는 찬송가로 선별되어 있습니다. 책에 나와 있는 찬송가를 잘 모른다면 부모가 먼저 유튜브에서 찬송가를 검색해서 미리 익히는 것이 좋고, 예배 시간에 유튜브 찬송가 반주를 활용하는 것도 좋습니다. 또한 가정예배를 미리 준비할 때, 예배 시간에 부를 찬송가를 반복해서 틀어 놓는 것도 좋습니다.

2. 주제 구절

찬송을 부른 다음에 인도자가 주제 구절의 장 절을 말하고 모두 함께 구절을 찾습니다. 가능하면 가족이 모두 성경을 한 권씩 들고 찾도록 합니다.

3. 해설

주제 구절을 함께 읽은 후에 인도자가 해설을 읽습니다. 내용 중앙에 성경구절이 나옵니다. 해설에 대한 근거가 되는 중요 구절입니다. 인도자가 한 구절씩 끊어서 먼저 읽고 가족이 따라 하도록 인도합니다. 해설된 내용만 충실하게 천천이 읽어 주세요. 가능하다면 읽고 난 후에 개인적인 해설이나 혹은 훈계는 피하는 것이 좋습니다. 왜냐하면 가정예배가 주어진 내용에 충실할 때 다음 시간에도 편안히 참석할 수 있기 때문입니다.

4. 하이델베르크 요리문답

모든 내용을 읽은 후에 문답을 인도자의 안내에 따라서 함께 복창을 합니다. 책을 가족 구성원 모두 가지고 있지 않은 경우, 인도자가 문답을 한 구절씩 끊어서 읽고, 가족은 인도자를 따라 읽습니다.

5. 기도하기

인도자가 기도합니다. 기록된 기도문을 따라 읽습니다. 가족을 위한 기도는 인도자가 이어서 하면 좋습니다. 가능하면 서로에 대한 감사와 축복을 담은 기도를 하는 것이 좋습니다.

차례

chapter 001

인생 최고의 위로는 무엇입니까?

✤ 찬송 413장(내 평생에 가는 길)

✤ 주제 구절 로마서 14장 8절

우리가 살아도 주를 위하여 살고 죽어도 주를 위하여 죽나니 그러므로 사나 죽으나 우리가 주의 것이로라

성경에서 욥은 인생을 이렇게 말하고 있습니다. "인생은 고난을 위하여 났나니"(욥 5:7). 모세도 이렇게 말합니다. "우리의 연수가 칠십이요 강건하면 팔십이라도 그 연수의 자랑은 수고와 슬픔뿐이요"(시 90:10). 이 땅에서 인생은 어렵습니다. 인생을 지긋하게 사신 어르신들도 사는 게 쉽지 않다고 말씀하시는 경우를 종종 봅니다. 우리도 가끔 경험하지만, 마음먹은 대로 되는 일이 없습니다. 때로는 갑작스러운 사고를 당하고, 큰 병에 걸리기도 합니다. 어느 날 갑자기 가까운 사람이 먼저 세상을 떠나는 일도 있고, 인생은 기쁨보다 슬픔이 많습니다. 결국 마지막은 한 평 남짓한 무덤으로 들어갑니다. 얼마나 허무한 인생입니까?

　허무한 인생을 살면서 무엇이 인생의 위로가 될 수 있을까요? 일시적인 위로는 많지요. 친구나 여가 활동도 위로지만, 일시적일 뿐입니다. 이것은 영원하고 궁극적인 위로가 될 수 없습니다. 그러면 영원하고 변하지 않는 위로는 무엇일까요? 우리와 영원히 함께하셔서 영원한 위로와 평안을 주시는 예수님이 계시다는 사실입니다. 우리가 예수님과 연합되어 영원한 생명을 얻었다는 진리입니다. 오늘 1문답에서는 이것을 사나 죽으나, 예수님의 것이 되었다는 표현으로 말하고 있습니다.

　로마서 14장 8절 말씀을 다시 함께 읽어 봅시다.
　"우리가 살아도 주를 위하여 살고 죽어도 주를 위하여 죽나니 그러므로 사나 죽으나 우리가 주의 것이로라."

하나님은 우리를 위해서 독생자 예수님을 이 땅에 보내 주셨습니다. 예수님은 인간이 절대 피할 수 없는 죽음의 고통을 우리를 위해 대신 당해주셨습니다. 예수님은 자신을 희생제물로 바쳐서 우리를 위한 제물이 되어 우리의 죄를 속량하시고 예수님께서 이루신 의로움을 우리에게 전해 주셨습니다. 예수님을 영접하는 순간부터 우리는 이제 혼자 책임지고 혼자 걸어가는 인생이 아니라, 예수님께 접붙인 지체로서 예수님과 동행하는 인생을 살게 됩니다. 이 동행은 지금부터 영원히 계속 됩니다. 예수님의 소유가 되었기 때문에 우리를 위해서 예수님은 하나님께 간구하실 뿐만 아니라, 하나님의 자녀가 되어서 인생의 모든 순간 전능하신 하나님의 섭리와 도움 가운데 살아갈 수 있게 된 것입니다. 그분은 어떤 슬픔과 고난이 오더라도, 견딜 만한 인내를 주시고, 믿음에서 멀어지지 않도록 붙잡아 주시고, 오직 천국 소망 가운데 살아갈 수 있도록 역사해 주십니다. 이것이 우리 인생에서 최고의 위로입니다.

오늘 예배하면서, 오직 예수님만이 영원한 위로라는 사실을 경험하며 확신할 수 있기를 위해서 기도합시다. 우리 인생의 최고의 복은 우리가 예수님의 소유가 되었다는 사실에 감사합시다.

✦ **1문: 살아서나 죽어서나 당신의 유일한 위로는 무엇입니까?**

✦ **답:** 살아서나 죽어서나 나는 나의 것이 아니요, 몸도 영혼도 나의 신실한 구주 예수 그리스도의 것입니다. 그리스도께서는 그의 보혈로 나의 모든 죗값을 완전히 치르고 나를 마귀의 모든 권세에서 해방하셨습니다. 또한 하늘에 계신 나의 아버지의 뜻이 아니면 머리털 하나도 땅에 떨어지지 않도록 나를 보호하시며, 참으로 모든 것이 합력하여 나의 구원을 이루도록 하십니다. 그러하므로 그의 성령으로 그분은 나에게 영생을 확신시켜 주시고, 이제부터는 마음을 다하여 즐거이, 그리고 신속히 그를 위해 살도록 하십니다.

🏅 **기도하기**

하나님 아버지, 우리가 독생자 예수님의 공로로 예수님의 소유가 되었습니다. 영원히 변하지 않는 이 진리 안에서 위로부터 오는 위로로 고통 많은 이 세상에서 힘과 능력 가운데 살아갈 수 있게 도와주시옵소서.

chapter 002

복 있는 사람은 누구입니까?

✤ 찬송　31장(찬양하라 복되신 구세주 예수)
✤ 주제 구절　마태복음 11장 28절
수고하고 무거운 짐 진 자들아 다 내게로 오라 내가 너희를 쉬게 하리라

누구나 들으면 기분 좋은 말이 있습니다. "복 받으세요."입니다. 새해가 되면 서로에게 모두 덕담을 나누며 "새해 복 많이 받으세요."라고 표현합니다. 복이 많으면 행복하기 때문에 사람은 복을 많이 받고 싶어 합니다. 그러면 무엇이 우리를 복되게 할까요? 권력이나 재물일까요? 국가를 대표하는 기업의 경영자가 되거나, 대통령이 되면 가장 복 된 인생일까요? 그렇지 않습니다. 대통령도 잘못하면 감옥에 가고, 많은 재물이 가정에 큰 갈등을 주기도 합니다. 그렇다면 무엇이 가장 큰 복일까요?

에베소서 1장 3절 말씀에서 이렇게 말씀합니다. 함께 따라 읽어 봅시다.
"찬송하리로다 하나님 곧 우리 주 예수 그리스도의 아버지께서 그리스도 안에서 하늘에 속한 모든 신령한 복으로 우리에게 복 주시되"

시편 1장 1절도, '복 있는 사람은' 누구인지로 시작합니다. 원어에는 얼마나 복된 사람인가? 라고 선포하며 시작합니다. 마태복음 5장 3절에서도, "심령이 가난한 사람은 복이 있나니"라고 하면서 복이 있는 사람을 여덟 가지로 설명하고 있습니다. 여기서도 원어에 보면, 얼마나 복된 사람인가라는 선포로 시작합니다. 성경에서 외치는 복은 무엇입니까? 일시적인 목적을 이룬 복이 아니라, 영원하고 변하지 않는 행복을 말합니다. 과연 그런 행복이 있을까요? 하나님은 우리에게 이런 복을 주십니다. 그런데 이런 복을 누리

기 위한 전제가 있습니다. 그것은 먼저 불행을 제거해야 합니다. 인생의 모든 불행은 어디서 올까요? 운이 나빠서일까요? 아닙니다. 성경은 모든 불행이 인간의 죄에서 온다고 말합니다. 죄의 결과로 인생은 고난 가운데 살고, 죽음에 대한 잠재된 두려움 속에서 인생의 모든 불안이 생겨납니다. 어떤 통계에 따르면, 사람은 하루 평균 세 시간을 걱정하며 지낸답니다. 그 걱정은 절대 일어나지 않을 일에 대한 걱정이라고 합니다. 사람의 불안은 어디서 올까요? 어떤 철학자는 모든 불안은 잠재된 죽음에 대한 두려움에서 나오는 것이라고 합니다. 성경은 죽음의 원인을 죄로 말씀합니다. 죄는, 최고의 선이며 창조주인 영원한 하나님을 망각하고 인정하지 않는 것에서 시작됩니다. 죄의 문제를 해결해야 복된 삶의 길이 열립니다. 하나님은 우리의 복된 인생을 위해서 죄의 문제를 해결해 주시고 구원의 길을 열어 주셨습니다. 앞으로 교리문답 가정예배로 복된 진리에 대해서 계속 배워나가게 될 것입니다.

오늘 예배하면서, 앞으로 교리문답 가정예배로 함께 구원과 하나님에 관한 말씀을 알기 위해 다짐해 봅시다. 함께 가정예배를 잘 지키고 드리면서, 복된 인생이 될 수 있기를 위해 기도합시다.

❧ **2문: 이러한 위로 가운데 복된 인생으로 살고 죽기 위해서 당신은 무엇을 알아야 합니까?**

❧ **답:** 다음의 세 부분을 알아야 합니다. 첫째, 나의 죄와 비참함이 얼마나 큰가. 둘째, 나의 모든 죄와 비참함으로부터 어떻게 구원을 받는가. 셋째, 그러한 구원을 주신 하나님께 어떻게 감사를 드려야 하는가. 이상의 세 물음을 알아야 합니다.

🌱 **기도하기**

하나님 아버지, 교리문답 가정예배의 자리로 불러주셔서 감사합니다. 가정예배를 잘 지키며 말씀으로 하나님을 알아갈 수 있도록 지혜를 주시고 마음을 허락해 주시옵소서.

왜 율법을 알아야 합니까?

✤ 찬송   486장(이 세상에 근심된 일이 많고)
✤ 주제 구절   로마서 3장 20절
그러므로 율법의 행위로 그의 앞에 의롭다 하심을 얻을 육체가 없나니 율법으로는 죄를 깨달음이니라

차도에서 건널목을 건널 때는 신호등을 잘 보고 건너야 합니다. 초록불일 때 건너고, 빨간 불일 때 멈추어야 합니다. 왜 이것을 지켜야 할까요? 두 가지 이유 때문입니다. 안전과 평안입니다. 보행자가 안전하게 건널목을 건너기 위해서이고, 자동차도 안전하게 도로를 달리기 위해서입니다. 법은 모두에게 안전을 주고 질서를 지켜 평안을 줍니다.

만약에 법을 지키지 않으면 어떻게 될까요? 다른 사람에게 피해를 주고 스스로 죄책감을 느끼며, 벌을 받게 됩니다. 뉴스를 보면 매일 많은 범죄가 일어납니다. 범죄 때문에 많은 사람들이 고통을 당합니다. 죄를 지은 사람도 감옥에 갇혀 벌을 받게 됩니다. 결국 죄는 고통을 줍니다. 범죄자 자신뿐만 아니라, 다른 사람들에게도 불행을 줍니다. 죄의 결과는 모두를 비참하게 만듭니다.

로마서 7장 24절 말씀을 함께 읽어 봅시다.
"오호라 나는 곤고한 사람이로다 이 사망의 몸에서 누가 나를 건져 내랴."

그러면 모든 사람이 행복하려면, 법을 잘 지키면 되지 않을까요? 과연 모든 사람이 국가에서 정한 법을 지키면 행복할까요? 그러나 사회적인 법을 모두 지키더라도, 인생은 고통이 끊이지 않습니다. 왜 그럴까요? 사회적인 법을 지켰을지 몰라도, 하나님이 정한 법을 모두 지키지 못하기 때문입니다. 하나님이 정한 법은 어떤 사회적인 법보다 엄격

하고 완전을 요구합니다. 마음에 나쁜 상상을 하는 것도 하나님의 정한 법에는 어긋납니다. 하나님은 이 세상과 비교할 수 없는 최고의 선입니다. 하나님이 정한 법은 마음의 생각까지 감찰하는 법입니다.

어떤 시대, 어느 나라에 사는 사람도, 하나님의 법을 완전하게 지키는 사람은 없습니다. 그래서 모든 사람은 하나님이 보실 때 죄인입니다. 인간의 죄성은 우주만물을 창조하시고 운행하시는 하나님을 인정하지 않고, 하나님의 정한 말씀을 거절합니다. 인생의 모든 불행과 고통과 비참함은 바로 여기서 시작됩니다. 하나님께서는 말씀으로 우주만물에 대한 법을 세우셨기에, 죄가 무엇인지 알게 하셨습니다. 오직 하나님의 법만이 인간이 죄인이라는 사실을 알게 하고, 자신의 힘으로 죄의 문제를 해결할 수 없다는 사실을 깨닫게 합니다.

오늘 예배하면서, 인간의 고통과 불행의 원인을 알려주신 하나님께 감사합시다. 가까운 불신자들이 죄의 결과에 대한 비참함을 깨닫고 두려워하며, 하나님께 나오도록 기도합시다.

✤ 3문: 당신의 죄와 비참함을 어디에서 압니까?
✤ 답: 하나님의 율법에서 나의 죄와 비참함을 압니다.

🌱 기도하기

하나님 아버지, 사람의 고통이 어디에서 시작되었는지 알게 해 주셔서 감사합니다. 죄가 주는 비참함과 불행을 가까운 분들이 깨닫고 하나님께 나아오도록 도와주시옵소서.

chapter 004

율법의 내용은 무엇입니까?

✤ 찬송 218장(네 맘과 정성을 다하여서)

✤ 주제 구절 신명기 6장 5절

너는 마음을 다하고 성품을 다하고 힘을 다하여 네 하나님 여호와를 사랑하라

외국인이 우리나라에서 시민권을 얻을 때 반드시 해야 할 약속이 있습니다. 대한민국의 법을 지키겠다는 약속입니다. 대한민국의 법을 지키는 사람이 우리나라 국민이기 때문입니다. 국가는 우리나라 법을 지키기로 다짐하고 약속한 사람을 지켜주고 보호해 줍니다. 오직 대한민국 국민만이 우리나라 법을 지키고, 국가가 제공하는 모든 혜택을 누리게 됩니다.

하나님은 인간을 창조하신 후에 사람에게 한 가지 법을 주셨습니다. 단 한 가지의 법이었습니다. 이 법은 선과 악의 기준이 되는 법입니다. 그래서 이름이 선악과라고 이름이 붙여졌고, 선악과를 먹지 말라는 법을 세우셨습니다. 첫 번째 사람 아담은 하나님께 속한 사람이기 때문에 이 법을 지켜야 했고, 법을 지킬 때 하나님께서 주신 자연 만물을 다스릴 권한도 누리고 평안 가운데 살 수 있었습니다. 그러나 아담은 이 법을 어겼고, 죄를 지어 벌을 받게 되었습니다. 이후 하나님은 구원을 약속으로 주시면서, 더 많은 율법의 말씀을 주셨습니다. 지켜야 하는 법이 많아진 이유는 인간의 타락 때문입니다. 하나님의 법을 어기고, 죄가 사람 마음에 들어온 후에 죄의 성향으로 다양하고 많은 범죄를 저지르게 됩니다. 성경에 나오는 수많은 율법의 말씀은 인간의 타락 때문에 주신 말씀입니다. 인간은 타락으로 하나님의 법이 무엇인지도 모르고 자기의 죄성이 원하는 바에 따라서 살게 되었습니다. 그러나 하나님은 우리에게 무엇이 법인지 말씀해 주셨습니다. 이것을 두 가지로 요약할 수 있습니다. 첫 번째는 하나님을 사랑하는 것이고, 두 번째는

이웃을 사랑하는 것입니다.

마태복음 22장 37-40절에서 말씀합니다. 함께 따라 읽어 봅시다.
"예수께서 가라사대 네 마음을 다하고 목숨을 다하고 뜻을 다하여 주 너의 하나님을 사랑하라 하셨으니 이것이 크고 첫째 되는 계명이요 둘째는 그와 같으니 네 이웃을 네 몸과 같이 사랑하라 하셨으니 이 두 계명이 온 율법과 선지자의 강령이니라."

그러면 하나님을 어떻게 사랑해야 하는 것일까요? 전능하신 창조주이자 우리의 아버지가 되시는 하나님을 마음과 생명과 뜻을 다해서 사랑하는 것입니다. 이웃 사랑은 하나님 사랑 때문에 할 수 있습니다. 하나님의 사랑은 이웃에게 흘러갑니다. 이웃 사랑은, 이웃을 내 몸처럼 사랑하는 것입니다. 이것은 예수님께서 모범을 보여 주셨습니다. 따라서 예수님이 죄인인 우리를 위해서 생명을 버리고 우리를 살리신 것처럼, 우리도 이웃을 위해 생명을 버릴 수 있을 만큼 사랑해야 합니다.

오늘 예배하며, 하나님께서 우리에게 원하시는 말씀을 알려주신 사실을 감사합시다. 하나님을 사랑하고 이웃을 사랑하기 위해서 기도합시다.

✤ **4문: 하나님의 율법이 우리에게 요구하는 것은 무엇입니까?**

✤ **답:** 그리스도는 마태복음 22장에서 이렇게 요약하여 가르치십니다. "네 마음을 다하고 목숨을 다하고 뜻을 다하여 주 너의 하나님을 사랑하라 하셨으니 이것이 크고 첫째 되는 계명이요, 둘째는 그와 같으니 네 이웃을 네 몸과 같이 사랑하라 하셨으니, 이 두 계명이 온 율법과 선지자의 강령이니라".

🌱 **기도하기**

하나님 아버지, 우리에게 하나님의 법을 알려주셔서 감사합니다. 하나님 말씀 따라서 순종하며 하나님을 사랑하고 이웃을 사랑할 수 있게 도와주시옵소서.

chapter **005**

율법을 다 지킬 수 있습니까?

✤ 찬송 144장(예수 나를 위하여)

✤ 주제 구절 로마서 3장 23절

모든 사람이 죄를 범하였으매 하나님의 영광에 이르지 못하더니

법은 모든 사람에게 질서 가운데서 안전하고 평안히 살게 도와주는 사회적 약속입니다. 모든 사람이 지킬 수 있는 수준에서 규정이 됩니다. 아무도 지킬 수 없는 법을 만들지 않습니다. 어린이부터 어른까지 지킬 수 있도록 법을 제정합니다.

성경을 통해서 주신 하나님의 법도 그렇습니다. 하나님이 사람을 창조하시고 처음으로 주신 법은 어렵지 않은 법이었습니다. 선악과를 먹지 말라는 법은 쉬운 법이었습니다. 자기 의지로 손을 뻗어서 열매를 따지 않고서는 어길 수 없는 법이었습니다. 하나님은 인간을 하나님의 형상으로 만드셔서 하나님의 말씀을 이해하고 스스로의 의지로 지킬 수도 있었습니다.

그러나 아담이 유혹을 이기지 못하고 자기 의지로 선악과를 따 먹음으로써 죄가 시작되었습니다. 하나님은 죄를 지은 사람에게 구원을 약속하시며 다시 법을 주셨습니다. 죄가 들어오고 나서 인간의 죄는 더 많아졌습니다. 그래서 하나님은 구원을 약속한 백성에게 더 많은 법을 주셨습니다. 많은 법이 결코 어려운 법은 아니었습니다. 하나님께서 시내산에서 이스라엘을 자기 백성으로 삼으시면서 주신 율법은 하나님께 속한 백성이라는 자격이었으며 충분히 지킬 수 있는 법이었습니다. 그러나 인간의 죄성은 하나님의 법보다 자신의 욕망을 사랑했기 때문에 이 모든 법을 계속 어기게 되었습니다.

로마서 3장 10절 말씀을 함께 읽어 봅시다.

"기록한 바 의인은 없나니 하나도 없으며"

하나님이 말씀으로 주시는 법은 무리한 법이 아닙니다. 하나님께서 인간을 지으실 때 불완전하거나 죄를 지을 수밖에 없는 존재로 지으신 것도 아니었습니다. 하나님의 형상은 하나님의 의로움과 선하심과 거룩하심에 대한 반영이었습니다. 하나님을 닮은 인격적인 존재로, 자신의 선택과 의지로 결정할 수 있는 존재로 지음받은 인간은 얼마든지 하나님을 닮은 형상으로서 자신의 결정에 따라서 지킬 수 있었습니다. 그러나 하나님의 말씀을 지키지 않기로 결심했기 때문에 죄가 이 땅에 들어오게 되었고, 더욱 적극적으로 하나님을 싫어하고 모든 말씀을 거절하기에 이르게 된 것입니다. 이 죄는 원죄와 자범죄라는 결과를 낳게 되었습니다. 원죄는 씨앗이며 자범죄는 열매라고 할 수 있습니다. 원죄는 태어날 때부터 가지고 있던 죄이고 자범죄는 살아가면서 짓는 죄입니다. 악한 본성에 따라서 죄를 짓지 않을 수 없는 타락에 이르게 된 것입니다.

오늘 예배하면서, 우리 안에 있는 죄성이 무엇인지를 깨닫는 은혜 주시기를 구합시다. 말씀을 보며, 우리의 죄성을 알게 될 때 회개하는 마음을 주셔서 하나님의 긍휼을 구하고 거룩함에 이르기를 기도합시다.

✤ **5문: 당신은 이 모든 것을 온전히 지킬 수 있습니까?**
✤ **답: 아닙니다. 나에게는 본성적으로 하나님과 이웃을 미워하는 성향이 있습니다.**

🌱 기도하기

하나님 아버지, 우리에게 율법의 말씀을 주시고, 우리에게 죄가 있다는 사실을 알려 주셔서 감사합니다. 이 죄로 인해서 하나님의 심판에 이를 수밖에 없다는 사실을 깨닫게 하셔서, 오직 예수님의 은혜로 하나님께 나올 수 있게 말씀으로 알려 주셔서 감사합니다. 하나님 앞에서 항상 우리의 죄를 고백하고 거룩함에 이르러 하나님께 나아갈 수 있는 은혜를 주시옵소서.

chapter 006

하나님께서는 사람을 나쁘게 만드셨습니까?

✤ 찬송   68장(오 하나님 우리의 창조주시니)

✤ 주제 구절   전도서 7장 29절

내가 깨달은 것이 이것이라 곧 하나님이 사람을 정직하게 지으셨으나 사람은 많은 꾀를 낸 것이니라

가끔 자동차 사고에 대한 소식을 들을 때가 있습니다. 많은 경우에 사고는 운전자 부주의로 일어납니다. 과속을 하거나, 주변을 잘 살피지 않아서 사고가 나는 경우가 많습니다. 과속을 해서 사고가 났다면, 그것은 자동차의 문제가 아닙니다. 운전자가 빨리 가려고 규정 속도를 지키지 않아서 일어난 사고입니다. 자신의 실수로 일어난 문제를 자동차의 문제나 회사의 문제로 돌리는 것은 합당치 않습니다.

이 세상에 만연한 타락의 원인은 무엇일까요? 세상에는 전쟁이나 사고 등 고통스러운 일들이 많이 일어납니다. 악한 일들도 일어납니다. 이 모든 일들의 원인은 무엇일까요? 하나님께서 세상을 잘못 만드셔서 그럴까요? 인간을 창조하실 때 오류가 있어서 이런 문제가 생겼을까요? 그렇지 않습니다. 하나님은 처음 인간을 만드셨을 때 하나님의 형상으로 지으셨습니다. 하나님의 선하심과 의로우심과 거룩함을 닮도록 지으셨고, 자신의 자유의지로 모든 것을 결정할 수 있는 인격까지 허락해 주셨습니다. 하나님은 인간을 지으시고 매우 기뻐하셨습니다.

창세기 1장 31절 말씀을 함께 읽어 봅시다.

"하나님이 그 지으신 모든 것을 보시니 보시기에 심히 좋았더라 저녁이 되며 아침이 되니 이는 여섯째 날이니라."

하나님은 인간을 아름답게 지으시고, 단 한 가지의 금지명령을 주시며 언약을 맺으셨습니다. 선악과를 먹지 말라는 언약이었습니다. 이 언약을 지킬 때, 창조주와 피조물을 구분하고 하나님의 말씀에 순종할 때 주시는 은혜와 복이 있었습니다. 그러나 인간은 하나님께서 부여하신 자유의지를 가지고 죄를 짓기로 결정했습니다. 죄가 이 땅에 들어오는 순간, 고통은 시작되었습니다. 이 세상의 모든 악한 일과 고통스러운 문제들은 모두 인간의 자기 결정에 따른 죄에서 비롯되었습니다.

오늘 예배하면서, 이 땅에 만연한 고통과 악은 하나님께서 시작한 것이 아니라, 인간의 죄로 시작되었다는 사실을 고백합시다. 하나님께서 죄를 깨닫게 하실 때, 나의 잘못임을 고백하고 거룩한 모습을 가지기 위해서 기도합시다.

✤ **6문: 그러면 하나님께서는 사람을 그렇게 악하고 패역한 상태로 창조하셨습니까?**

✤ **답:** 아닙니다. 하나님은 사람을 선하게, 또한 자신의 형상, 곧 참된 의와 거룩함으로 창조하셨습니다. 이것은 사람으로 하여금 자신의 창조주 하나님을 바르게 알고, 마음으로 사랑하며, 영원한 복락 가운데서 그와 함께 살고, 그리하여 그분께 찬양과 영광을 돌리게 하기 위함입니다.

🌱 **기도하기**

하나님 아버지, 우리를 아름답게 지으셨지만, 우리의 범죄로 이 땅에 죽음의 고통이 왔음을 고백합니다. 우리에게 있는 죄의 문제를 해결하기 위해 예수님을 이 땅에 보내어 주셔서 감사합니다. 예수님만을 의지하며 하나님께 기도하고 도우심을 간구할 수 있게 인도해 주시옵소서.

chapter 007

사람의 나쁜 마음은 어디에서 왔습니까?

✤ 찬송   279장(인애하신 구세주여)

✤ 주제 구절   로마서 5장 12절

이러므로 한 사람으로 말미암아 죄가 세상에 들어오고 죄로 말미암아 사망이 왔나니 이와 같이 모든 사람이 죄를 지었으므로 사망이 모든 사람에게 이르렀느니라

우리나라 강에만 사는 물고기들이 있습니다. 붕어나 잉어 등과 같은 물고기입니다. 그런데 언제부터인가 외국에서 온 물고기가 우리나라 생태계를 어지럽히기 시작했습니다. 대표적인 물고기가 베스라는 물고기입니다. 양식을 위해 외국에서 들여온 베스는 수익이 나지 않아서 강이나 호수에 방생되면서, 우리나라 토종 물고기를 닥치는 대로 잡아먹고 생태계를 교란하며 자연의 질서를 무너뜨렸습니다. 이렇듯 원래는 없었지만, 새롭게 생기면서 질서가 무너지는 경우가 있습니다.

하나님도 세상을 만드실 때 아름답고 질서 있게 만드셨습니다. 그러면 인간의 죄는 어떻게 시작이 되었을까요? 하나님께서 인간을 잘못 만드셨을까요? 하나님은 인간을 만드신 후에 보시기에 너무나 좋았다고 말씀하셨습니다. 하나님은 인간을 피조물 중에서 가장 뛰어나고 아름답게 만드셨습니다. 하나님이 인간을 잘못 만들어서 죄가 이 세상에 들어온 것이 아닙니다. 죄는 인류의 대표인 아담이 하나님의 말씀에 불순종하면서 시작되었습니다.

로마서 5장 12절 말씀을 함께 읽어 봅시다.

"이러므로 한 사람으로 말미암아 죄가 세상에 들어오고 죄로 말미암아 사망이 왔나니 이와 같이 모든 사람이 죄를 지었으므로 사망이 모든 사람에게 이르렀느니라."

죄는 하나님의 창조에 문제가 있거나, 부족하거나 결함이 있어서 시작되지 않았습니다. 하나님은 인간에게 선악과를 먹지 말라고 하셨습니다. 먹게 된다면 반드시 죽게 된다는 사실을 단호하게 말씀하셨습니다. 이것은 천지를 말씀으로 창조하신 하나님께서 주신 언약의 법이었습니다. 하나님께서 정한 법이었습니다. 하나님 말씀이기 때문에 취소할 수 없는 법이었습니다. 창조주와 피조물을 구분 짓고, 인간이 하나님을 경외하고 예배하며 순종해야 하는 존재라는 것을 말씀하고 있는 법이었습니다. 그러나 인간은 이 말씀에 자신의 의지로 불순종한 후로 죄를 짓게 되었고 타락하게 되어 이 땅에 죽음이 들어오게 되었습니다. 죄는 인간의 불순종으로 생겼고, 그 죄로 인해서 죽음이 들어왔으며 죽음으로 인한 두려움 때문에 인간에게는 불안과 공포가 있게 되었습니다. 죄를 지은 후 아담이 보인 첫 번째 행동 역시 하나님을 피하고 숨는 일이었습니다. 두려워 떨며 하나님과 여인을 원망했습니다. 죄가 이 땅에 들어온 후로 모든 사람에게 죄의 영향력이 미쳤습니다. 그래서 모든 사람은 원죄를 가지게 되었습니다.

오늘 예배하면서, 사람의 죄가 하나님의 말씀에 대한 불순종에서 나왔다는 사실을 함께 기억합시다. 지금도 우리에게 남은 불순종의 죄를 용서해 주시고, 하나님 말씀에 기쁘게 순종하기를 기도합시다.

✤ **7문: 그렇다면 이렇게 타락한 사람의 본성은 어디에서 왔습니까?**
✤ **답:** 우리의 시조(始祖) 아담과 하와가 낙원(樂園)에서 타락하고 불순종한 데서 왔습니다. 그때 사람의 본성이 심히 부패하여 우리는 모두 죄악 중에 잉태되고 출생합니다.

🌱 기도하기

하나님 아버지, 인간의 죄가 하나님에 대한 불순종에서 시작되었음을 고백합니다. 예수님을 통해서 말씀에 대해 순종할 수 있는 능력을 주셔서 감사합니다. 예수님을 의지함으로 말씀에 순종하는 거룩한 하나님의 자녀가 될 수 있게 도와주시옵소서.

chapter 008

사람은 나쁜 일을 할 수밖에 없습니까?

✤ 찬송   436장(나 이제 주님의 새 생명 얻은 몸)

✤ 주제 구절   요한복음 3장 5절

예수께서 대답하시되 진실로 진실로 네게 이르노니 사람이 물과 성령으로 나지 아니하면 하나님 나라
에 들어갈 수 없느니라

우리나라 속담에 이런 말이 있습니다. "콩 심은 데 콩 나고 팥 심은 데 팥 난다." 무슨 말
일까요? 모든 일은 원인에 따라서 그에 맞는 결과가 생긴다는 뜻입니다. 콩을 심었는데
팥이 날 수 없고, 팥을 심었는데 콩이 날 수 없을 겁니다. 어떤 결과는 그에 맞는 원인 때
문에 일어납니다.

　우리가 이 땅에서 볼 수 있는 모든 범죄와 타락은 어떤 원인에서 시작된 것일까요? 인
간의 죄에서 시작이 되었습니다. 하나님이 처음에 창조하신 사람 아담은 인류를 대표하
는 사람이었습니다. 아담 이후로 하나님의 창조 명령에 따라서 인류는 생육하고 번성하
였습니다. 하나님은 피조물 가운데서 유일하게 아담에게만 말씀을 주셨습니다. 선악과
를 먹지 말라는 말씀은 첫 사람 아담에게 주신 말씀이었고, 이 말씀은 순종하느냐 불순
종하느냐에 따라서 죄로 인해 죽음의 형벌을 받을 수도 있었고, 순종으로 영생을 얻을
수도 있었습니다. 이 말씀은 하나님께서 아담에게 주신 언약으로서 인류의 대표의 자격
으로 주신 말씀이었습니다. 그런데 아담은 이 말씀을 자기 의지로 어기고, 하나님께 불
순종했습니다. 그 결과 아담을 통해서 죄가 들어오고, 죄로 인해 죽음이 들어오게 되었
습니다. 이 죄는 아담의 후손에게 두 가지 결과를 가져다 주었습니다. 원죄와 자범죄였
습니다. 원죄는 아담의 모든 후손이 죄를 가지고 태어나는 것이고, 자범죄는 죄를 짓는
성향과 마음이 생긴 것입니다. 그래서 모든 사람은 죄를 가지고 태어나 실제로 죄를 짓

게 되고 이 땅에는 고통과 저주가 임하게 되었습니다.

요한복음 8장 34절 말씀을 함께 읽어 봅시다.
"예수께서 대답하시되 진실로 진실로 너희에게 이르노니 죄를 범하는 자마다 죄의 종이라."

죄가 들어온 후로 인간 스스로의 힘으로는 죄의 문제를 해결할 수 없게 되었습니다. 인류 역사 가운데서 많은 종교들이 죄의 문제를 해결하고 스스로 구원에 이르기 위해서 노력하지만, 모든 종교는 오직 스스로의 힘으로 하나님께 이르기 위해서 시도합니다. 그러나 결코 하나님께 이를 수 없습니다. 왜냐하면 죄로 인해서 마음뿐만 아니라, 이성까지도 타락했기 때문입니다. 선하고 착한 일과 스스로의 고행을 통해서 하나님께 이르고자 하지만, 역시 죄만 쌓을 뿐입니다. 인간은 타락한 후로 선한 의지보다 자기 중심적인 욕망의 의지가 강합니다. 선을 향한 의지보다 죄를 향한 의지가 더 강한 인간은 하나님께서 만족할 만한 거룩함이나 선을 갖출 수 없게 되었습니다.

오늘 예배하면서, 죄의 노예에서 의의 자녀로 불러주신 하나님께 감사합시다. 아직 죄의 성향이 남아 있지만, 성령님을 통해서 죄를 깨닫고 회개의 마음을 주신 은혜에 감사합시다. 오늘 예배하며 부족한 모습들을 보게 되었다면, 회개하며 죄 용서함을 구합시다.

♣ **8문: 그렇다면 우리는 그토록 부패하여, 선은 조금도 행할 수 없으며 온갖 악만 행하는 성향을 지니고 있습니까?**

♣ **답:** 그렇습니다. 우리가 하나님의 성령으로 거듭나지 않는 한 참으로 그렇습니다.

🌱 **기도하기**
하나님 아버지, 죄로 인해서 본질상 진노의 자녀였고 하나님과 원수 된 우리를, 예수님을 믿는 믿음을 통해 회개의 은혜를 주시고 의롭다고 칭해주셔서 감사드립니다. 항상 정결한 마음으로 하나님을 예배하고 경외할 수 있게 도와주시옵소서.

009

하나님께서는 왜 사람에게
무리한 요구를 하십니까?

✤ 찬송　395장(자비하신 예수여)

✤ 주제 구절　창세기 3장 6절

여자가 그 나무를 본즉 먹음직도 하고 보암직도 하고 지혜롭게 할 만큼 탐스럽기도 한 나무인지라 여자가 그 실과를 따먹고 자기와 함께한 남편에게도 주매 그도 먹은지라

이제 막 걸음마를 시작하는 아기는 자주 넘어집니다. 넘어지는 아이를 보면서 엄마가 잡아주지 않고 조금 떨어져서 자꾸 걸어오라고 한다면, 가혹하고 나쁜 엄마일까요? 아기가 비틀거리며 걷다가 넘어져도 엄마가 계속해서 걸어보라고 하는 것은 아기가 곧 걷게 될 것을 기대하기 때문입니다. 아기가 넘어진다고 엄마의 요구가 부당한 것은 아닙니다.

　하나님께서 죄를 지은 인간에게 지켜야 하는 율법의 말씀을 주시는 것은 부당한 일이 아닐까요? 죄를 지어 악한 의지가 많은 인간이 지키지도 못할 것을 아시면서 율법의 말씀을 주시는 하나님은 나쁜 분일까요? 만약에 원래 인간을 지을 때, 선을 행할 힘을 전혀 주지 않으셨다면, 하나님은 나쁜 하나님일 수 있습니다. 못 지킬 것을 알고 선악과에 관한 언약의 말씀을 주셨다면, 부당한 요구입니다. 그러나 하나님은 지키지도 못할 어려운 말씀을 주지 않으셨습니다. 죄를 지어 선에 대한 의지가 없는 인간에게 수많은 율법의 말씀을 주셨다고 해서 하나님은 나쁜 하나님이 아닙니다.

　로마서 3장 20절을 함께 읽어봅시다.

　"그러므로 율법의 행위로 그의 앞에 의롭다 하심을 얻을 육체가 없나니 율법으로는 죄를 깨달음이니라."

또한 죄를 지어 하나님의 거룩과 선과 의를 모르는 자에게 율법의 말씀으로 하나님을 알려주고 의에 이를 수 있도록 죄를 깨닫게 하셨습니다. 본래 하나님은 인간에게 하나님의 형상을 닮아 선을 행할 수 있는 의지를 주셨습니다. 단지, 인간이 자유의지로 하나님의 말씀을 선택한 것이 아니라, 사단의 유혹을 선택했을 뿐입니다. 인간의 불순종으로 죄가 이 땅에 들어왔습니다. 죄로 인해 타락한 인간은 스스로의 힘으로 하나님을 찾지도 않고, 하나님을 알 수도 없고, 하나님의 거룩함에 이를 수 없었습니다. 하나님께서 스스로 자신을 드러내 보여주시는 계시의 말씀을 통해서야 비로소 인간은 자신이 어둠에 있었다는 사실을 깨닫게 된 것입니다. 하나님은 인간이 어둠 속에 있었다는 사실을 깨닫고, 회개하며, 하나님께 나올 수 있는 길을 율법의 말씀을 통해서 열어 주셨습니다. 하나님은 타락한 인간이 지키기에 무리가 될 수많은 말씀을 주신 것이 아니라, 반대로 인간에게 하나님을 알 수 있는 방법을 알려 주신 것뿐입니다. 인간에게 수많은 율법의 말씀을 주시며 지킬 것을 요구한 하나님은 결코 나쁜 분이 아니라, 선하고 자비로우시며 은혜와 긍휼이 풍성한 분이십니다. 죄인에게 구원의 길을 열어 주셔서 하나님께 나오는 길을 보여주신 사랑 많은 분이십니다.

오늘 예배하면서, 우리에게 계시의 말씀인 성경을 주신 하나님을 찬양합시다. 성경의 말씀을 모두 순종하지 못할 때, 우리 안에 있는 악함을 깨닫게 하시고, 예수님을 통해서 하나님의 거룩함에 이르기를 소망합시다.

✤ **9문: 하나님께서 사람이 행할 수 없는 것을 그의 율법에서 요구하신다면 이것은 부당한 일이 아닙니까?**

✤ **답:** 아닙니다. 하나님은 사람이 행할 수 있도록 창조하셨으나, 사람은 마귀의 꾐에 빠져 고의(故意)로 불순종하였고, 그 결과 자기 자신뿐 아니라 그의 모든 후손도 하나님의 그러한 선물들을 상실하게 되었습니다.

🌱 **기도하기**

하나님 아버지, 율법의 말씀을 주셔서 우리가 얼마나 큰 죄인인지 깨닫게 해 주셔서 감사드립니다. 말씀을 통해서 하나님의 거룩함을 더욱 사모하며 하나님의 형상이 회복되기를 소망할 수 있게 도와 주시옵소서.

chapter 010

하나님께서는 모든 죄를 다 심판하십니까?

✤ 찬송   529장(온유한 주님의 음성)

✤ 주제 구절   갈라디아서 3장 10절

무릇 율법 행위에 속한 자들은 저주 아래 있나니 기록 된 바 누구든지 율법책에 기록된 대로 온갖 일을 항상 행하지 아니하는 자는 저주 아래 있는 자라 하였음이라

만약에 다른 사람의 큰 돈을 훔친 범죄자가 재판에 넘겨졌는데, 판사가 그에게 어떤 처벌도 내리지 않고 무죄를 선고한다면 어떨까요? 많은 사람들이 그와 비슷한 범죄를 마음껏 저지를 수도 있을 겁니다. 죄를 지으면 합당한 벌이 있어야 합니다. 왜냐하면 다른 사람의 인권과 재산이 보호되고 안전한 사회라야 사회구성원 각자가 일을 하며 가정을 지킬 수 있기 때문입니다. 경찰서에 항상 정의 사회 구현이라는 푯말이 걸린 이유는 법이 공평하고 정의롭게 집행되어 죄가 없는 세상이 되기를 바라기 때문입니다.

하나님은 공의로우신 분입니다. 공의는 법을 정한 원칙에 따라 공평하게 집행하는 것입니다. 하나님은 세상을 창조하시고 법과 질서를 만드시고 세상을 운행하십니다. 죄에 대해서 누구나 예외 없이 공평하게 집행하십니다. 법을 세우신 분께서 법을 집행하셔서 의로운 세상이 되게 하십니다. 이 법을 어기면 하나님은 법을 만드신 분으로서 죄에 대한 벌을 내리시며 공의를 세우십니다. 만약에 하나님께서 세우신 법을 하나님께서 법대로 집행하지 않는다면, 선하지 않은 분이 될 것입니다. 그러나 하나님은 최고의 선이시며 하나님이 세운 법은 선이기 때문에, 하나님은 반드시 세우신 법을 공의롭게 집행하십니다.

하나님께서 인간을 만드시고 주신 법이 있습니다. 선악과를 먹지 말라는 법입니다. 어길 경우 반드시 죽음의 결과를 가져오게 될 것을 분명히 말씀하셨습니다. 아담이 이것

을 어겼을 때, 하나님은 이미 말씀하시고 정하신 법에 따라서 인간에게 죽음의 형벌을 내리실 수밖에 없었습니다.

창세기 2장 17절 말씀을 함께 읽어 봅시다.
"선악을 알게 하는 나무의 실과는 먹지 말라 네가 먹는 날에는 정녕 죽으리라 하시니라.

성경에서 말씀하신 율법 가운데 단 하나라도 어길 때, 인간은 죄를 지어 하나님의 형벌을 받을 수밖에 없습니다. 아담의 후손 중에 어떤 사람도 예외가 없습니다. 율법의 말씀을 듣지 못했다고 하더라도, 창조 때 주신 양심의 법이 율법이 되어 스스로 지은 죄를 알게 합니다. 죄에 대한 하나님의 벌을 정의롭게 벌하시며 확실하고 분명하게 벌을 내리십니다. 아무리 이 땅에서 번영을 누리고 착한 일을 많이 했다고 하더라도, 마음으로 지은 죄까지 심판하시는 하나님 앞에서 의롭다고 말할 수 있는 사람은 한 사람도 없습니다.

오늘 예배하면서, 보이는 죄와 보이지 않는 죄까지 형벌을 내려서 심판하실 하나님에 대해서 세상 사람들이 두려워할 수 있도록 기도합시다. 예수님의 공로로 우리가 하나님의 심판을 피하고 의롭다함을 얻어 구원에 이를 수 있게 된 사실에 감사합시다.

❖ **10문: 하나님께서는 그러한 불순종과 반역을 형벌하지 않고 지나치시겠습니까?**
❖ **답:** 결코 그렇지 않습니다. 하나님께서는 원죄(原罪)와 자범죄(自犯罪) 모두에 대해 심히 진노하셔서 그 죄들을 이 세상에서, 그리고 영원히 의로운 심판으로 형벌하실 것입니다. 하나님께서는 "누구든지 율법책에 기록된 대로 온갖 일을 항상 행하지 아니하는 자는 저주 아래 있는 자라."(갈 3:10)고 선언하셨습니다.

🌱 **기도하기**
하나님 아버지, 세상의 보이지 않는 모든 불의까지도 심판하심을 세상이 두려워하며 하나님 앞에 나올 수 있게 도와주시옵소서. 우리와 가까운 불신자들이 하나님의 공의로 회개하며 예수님을 영접할 수 있도록 은혜를 주시옵소서.

chapter 011

사랑의 하나님이 어떻게 심판할 수 있습니까?

✤ 찬송 522장(웬일인가 내 형제여)

✤ 주제 구절 출애굽기 23장 7절

거짓 일을 멀리하며 무죄한 자와 의로운 자를 죽이지 말라 나는 악인을 의롭다 하지 아니하겠노라

모든 부모는 자녀를 사랑합니다. 자녀를 위해서라면 어떤 희생이나 고통도 참습니다. 그렇다고 자녀의 잘못이나 범죄까지 참지는 않습니다. 자녀가 잘못된 길을 가고 범죄할 때 칭찬하며 좋아하는 부모는 없습니다. 부모는 잘못된 길에서 돌이키도록 혼내기도 하고 책망하기도 합니다. 돌이키지 않을 때 오랜 기간 동안 희망을 가지고 기다려주기도 합니다. 결국 죄를 돌이키고 잘못을 뉘우치며 바른 길을 갈 때 부모는 기뻐합니다.

하나님은 사랑이시면서 동시에 공의로우신 분입니다. 하나님은 죄에 대해서 반드시 벌을 내려 심판하십니다. 법을 정한 분께서 말씀하신 대로 집행하지 않는다면 공의로운 분이 아닙니다. 공의는 죄에 대한 심판으로 드러납니다. 공의로우신 하나님이 인간의 죄에 대해서 심판하십니다. 그러면 하나님은 사랑이 없는 분이라고 할 수 있을까요? 사랑은 없고 오직 정의만 있는 냉정한 하나님이실까요? 자비로운 하나님은 죄에 대해 영원한 형벌을 집행하지 않는 분일까요?

하나님은 무한한 사랑을 가진 분이면서 동시에 무한히 공의로우신 분입니다. 하나님은 자신의 정의를 거스르지 않는 방식으로 하나님의 사랑을 드러내십니다. 어떻게 드러내실까요? 하나님은 죄를 지은 자가 돌아오도록 오랫동안 인내하며 기다리십니다. 죄인을 향한 마음은 재앙이 아니라, 회복을 통한 평안입니다.

예레미야 29장 11절입니다.

"나 여호와가 말하노라 너희를 향한 나의 생각은 내가 아나니 재앙이 아니라 곧 평안이요 너희 장래에 소망을 주려 하는 생각이라."

구약시대 많은 선지자들이 죄인을 향해서 회개를 촉구합니다. 하나님은 회개하지 않을 때 당하게 될 심판을 오랜 기간 동안 선지자들을 보내시며 하나님께 돌아오길 촉구하십니다. 수많은 회개의 기회를 주시고, 돌아오도록 경고하며 장차 닥치게 될 죄에 대한 심판을 예고하십니다. 이 예고는 심판이 목적이 아니라 회복이 목적입니다. 누가복음에서 탕자는 아버지가 살아계심에도 불구하고 무리하게 유산을 받아내어 방탕한 생활을 이어가다가 거지가 되어 집으로 돌아옵니다. 이때 아버지는 멀리서 아들이 오는 모습을 먼저 발견하고 뛰어나가 아들을 안아줍니다. 하나님의 공의는 회복을 위한 공의입니다. 세상의 공의는 징벌적 공의입니다. 죄인에 대한 회복은 관심이 없습니다. 그러나 하나님은 회복을 위해 공의를 실행하십니다. 하나님은 돌이킬 수 있는 기회와 회복의 길을 열어 두시며 심판을 유보하십니다. 하나님의 사랑은 공의로 완성됩니다. 결국 하나님은 독생자 예수님을 이 땅에 보내심으로 우리의 죄에 대한 형벌을 집행하시고, 우리를 구하심으로 사랑을 보여 주셨습니다.

　오늘 예배하면서, 죄인을 오래 참으시는 하나님께 감사합시다. 오래 참으심으로 우리가 회개할 기회를 얻어 믿음을 가질 수 있게 된 은혜에 감사합시다.

♣ 11문: 그러나 하나님은 또한 자비하신 분이 아닙니까?
♣ 답: 하나님은 참으로 자비하신 분이나 동시에 의로우신 분입니다. 죄는 하나님의 지극히 높으신 엄위를 거슬러 짓는 것이므로 하나님의 공의는 이 죄에 대해 최고의 형벌, 곧 몸과 영혼에 영원한 형벌을 내릴 것을 요구합니다.

🌱 기도하기

하나님 아버지, 공의로우시며 동시에 사랑 많으신 분임을 고백합니다. 우리의 죄를 그대로 갚지 않으시고 오래 기다려 주시며, 회개에 이르도록 인도해 주셔서 감사합니다. 하나님의 사랑으로 하나님의 자녀가 되었습니다. 그 사랑에 보답하며 살아갈 수 있게 도와주시기를 원합니다.

chapter 012

하나님의 형벌을 피할 방법은 없습니까?

❖ 찬송   75장(주여 우리 무리를)

❖ 주제 구절   마태복음 5장 26절

진실로 네게 이르노니 네가 호리◆라도 남김이 없이 다 갚기 전에는 결단코 거기서 나오지 못하리라

판사는 죄를 지은 사람에게 어떤 벌을 받아야 할지 선고합니다. 몇 년 동안 사회와 격리된 채 감옥에서 살아야 하는 경우도 있고, 벌금을 내야 하는 경우도 있습니다. 죄인이 자유를 얻기 위해서는 형벌을 모두 치러야 합니다.

인간이 죄를 짓고 나서 다시 원래 지위를 회복하고 구원을 얻으려면 어떻게 해야 할까요? 죄의 비참함에 상응하는 대가를 치러야 가능합니다. 인간이 죄로 인해 얻은 비참함은 무엇일까요? 그것은 창조 때 부여받은 원래 하나님의 형상인 의를 잃어버린 것입니다. 또한 마음이 부패해서 생각하고 판단할 때에도 죄의 성향이 드러나게 되었습니다. 이것으로 사람은 하나님 앞에 심판을 받게 되었습니다. 이처럼 구원을 얻기 위해서는 비참한 처지에 놓인 세 가지 문제를 해결해야 합니다. 원래 주셨던 의를 회복하는 것과, 부패한 성향을 고치는 것과, 죄에 대한 형벌이 그것입니다. 인간의 구원은 이 세 가지 문제를 해결해야 가능합니다.

이 세 가지를 모두 해결하는 것이 가능할까요? 이 문제의 해결은 쉽지 않습니다. 하나님께서 사랑을 드러내시면서 공의를 손상시키지 않으시고 인간을 구원하실 수 있을까요? 그러나 사실 하나님은 인간을 구원해야 할 책임이 없습니다. 죄의 원인이 하나님께 있지 않기 때문입니다. 그럼에도 하나님께서 인간에게 구원의 길을 열어 주신 이유는

◆ 호리는 한 고드란트를 의미하며, 두 렙돈(막 12:42)에 해당하는 아주 작은 단위의 돈입니다. 본절의 표현은 빚을 다 갚기까지 형벌을 면하기 어렵다는 것을 강조하고 있습니다.

무엇일까요? 그것은 하나님은 지극히 자비로우시며 긍휼에 풍성하기 때문입니다.

시편 116편 5절 말씀을 함께 읽어 봅시다.
"여호와는 은혜로우시며 의로우시며 우리 하나님은 자비하시도다."

하나님의 긍휼로 인해서 온 인류는 영원히 멸망하도록 내버려 두지 않습니다. 하나님은 우리를 향한 사랑으로 우리를 구원하기로 작정하셨습니다. 인간의 구원의 시작은 인간 안에 있지 않고, 하나님 안에 있습니다. 하나님이 인간을 구원하기로 작정하신 사실은 하나님의 공의와 모순되지 않습니다. 하나님은 지극히 지혜로운 분이시기에 사랑과 공의가 모순되지 않는 지혜로 인간을 구원하기에 충분하십니다. 또한 하나님께서 창조를 통해서 하나님의 영광을 드러내시는 일에 인간의 죄가 방해를 받지 않으십니다. 사랑의 하나님은 측량할 수 없는 지혜로 하나님의 속성과 모순되지 않게 우리를 구원하십니다. 이 모든 비밀이 바로 예수님 안에 있습니다.

오늘 예배하면서, 우리의 구원을 위한 하나님의 놀라운 은혜를 찬양합시다. 우리 스스로 해결할 수 없는 죄의 문제를 독생자 예수님을 통해 보여 주신 하나님의 사랑을 다시 한 번 고백하고 그 사랑을 깊이 알도록 기도합시다.

❖ **12문: 하나님의 의로운 심판에 의해 우리는 이 세상에서, 그리고 영원히 형벌을 받아 마땅한데 어떻게 이 형벌을 피하고 다시 하나님의 은혜를 입을 수 있겠습니까?**
❖ **답:** 하나님께서는 자신의 의(義)가 만족 되기를 원하십니다. 따라서 우리는 우리 스스로든 아니면 다른 이에 의해서든 죄의 값을 완전히 치러야 합니다.

🌱 **기도하기**
하나님 아버지, 우리의 죗값을 완전히 치르지 않으면 절대로 구원받을 수 없다는 것을 알게 되었습니다. 우리가 함께 가정예배를 드리면서, 하나님께서 어떻게 우리를 위한 사랑과 공의를 보여 주셨는지 다시 한 번 깨닫는 마음을 주셔서, 영원히 우리의 구원을 감사하며 찬양할 수 있도록 도와주시기 원합니다.

chapter 013

우리가 스스로 죗값을 치를 수 있습니까?

✤ 찬송 544장(울어도 못하네)

✤ 주제 구절 시편 130장 3절

여호와여 주께서 죄악을 감찰하실진대 주여 누가 서리이까

바닷물은 염분이 많아 짠맛이 납니다. 바닷물을 민물처럼 만들기 위해서 아무리 강물을 많이 붓는다고 해도 싱겁게 만들 수 없습니다. 바닷물의 염분을 낮추기에는 너무나 부족합니다. 바닷물은 너무나 양이 많고, 바다는 너무나 크기 때문입니다.

인간이 지은 죄는 너무나 크고 깊습니다. 인간 스스로 이 죄를 해결할 수 있을까요? 스스로 죗값을 모두 치르기 위해서는 두 가지 방법이 있습니다. 첫째는 선악과를 먹은 후로 더 이상 죄를 짓지 않고, 하나님이 주신 모든 율법의 요구에 대한 완전한 순종입니다. 그런데 완전하게 순종했다고 하더라도 최초로 어긴 죄에 대한 보상이 될 수 없을 뿐만 아니라, 실제로 인간은 살아가면서 말씀에 대한 순종으로 거룩에 이르기보다 계속해서 죄를 더 많이 쌓아갈 뿐입니다. 여기에 대한 하나님의 진노는 더욱더 커져만 갑니다. 둘째로 하나님 말씀에 대한 인간이 지은 불순종의 책임은 무한한 책임입니다. 죄에 대한 대가로 인간은 육체적인 죽음뿐만 아니라, 영혼까지 심판을 받게 되었습니다. 이런 형벌을 받는다고 하더라도 하나님께 불순종한 원죄가 완전히 해결됐다고 할 수는 없습니다. 영원한 형벌을 받아도, 창조 질서에 대한 회복과 하나님과의 관계 회복은 어렵기 때문입니다.

시편 130장 3절을 함께 읽어 봅시다.
"여호와여 주께서 죄악을 감찰하실진대 주여 누가 서리이까."

그런데 세상 사람들은 스스로 만든 종교를 통해 하나님께 이르고자 합니다. 스스로 수행하고, 스스로 고행도 하고 참선도 하며 깨달음을 통해서 하나님께 이르고자 합니다. 모든 세상 종교는 인간 자신에게서 출발합니다. 하나님께 이를 수 있는 가능성이 인간 안에 있다고 전제합니다. 그러나 아무리 인간이 참선과 고행과 선행을 많이 한다고 해도, 마음속의 나쁜 생각과 타고난 원죄에 대한 책임을 모두 해결할 수 없습니다. 스스로 아무리 깨달음을 얻고 선행을 많이 하더라도 하나님의 완전한 거룩에 이를 수 없고, 하나님의 요구에 만족할 수 없습니다. 인간 스스로의 힘으로 자신의 죄에 대한 책임을 모두 감당하면서 죄로 인한 비참함에 대한 보상을 인간이 스스로 만들어 낼 수 없으며, 하나님을 만족시킬 수도 없습니다. 따라서 반드시 인간이 아닌 다른 누군가가 죄에 대한 보상을 해야만 합니다.

오늘 예배하면서, 죄의 문제를 우리 스스로 해결할 수 없다는 사실에 대해서 하나님께 고백합시다. 우리 스스로 할 수 없기 때문에, 하나님께서 우리를 위해 예수님을 통한 구원의 길을 열어 주신 사실에 대해서 감사합시다.

✤ **13문: 우리가 스스로 하나님의 의를 만족시킬 수 있습니까?**

✤ **답:** 결코 그렇지 않습니다. 오히려 우리는 날마다 우리의 죄책(罪責)을 증가시킬 뿐입니다.

🌱 **기도하기**

하나님 아버지, 죄로 인해 우리에게 일어난 비참한 인생의 결과를 깨닫게 해 주셔서 감사드립니다. 우리의 어떤 노력으로도 해결할 수 없다는 사실을 알게 되었습니다. 하나님께서 우리를 불쌍히 여기셔서 독생자 예수님을 통해서 구원의 은혜를 내려 주셔서 감사드립니다. 이 은혜만을 의지하며 영원토록 하나님만 의지하고 살 수 있게 도와주시옵소서.

chapter 014

다른 피조물이 우리의 죗값을
대신 치를 수 있습니까?

✤ 찬송   337장(내 모든 시험 무거운 짐을)

✤ 주제 구절   나훔 1장 6절

누가 능히 그 분노하신 앞에 서며 누가 능히 그 진노를 감당하랴 그 진노를 불처럼 쏟으시니 그를 인하여 바위들이 깨어지는도다

배가 항해를 하다 풍랑을 만나거나 암초에 걸려 침몰 되는 경우가 있습니다. 배에 아무리 유능하고 뛰어난 사람이 많이 타고 있더라도, 이런 위기를 극복하기는 어렵습니다. 세계 역사상 가장 큰 해상 사고로 기록된 타이타닉호 침몰도 예외가 아니었습니다. 뛰어난 과학자, 기업인, 정치인들도 많았지만, 사고 직후 누구도 침몰하는 배를 구할 수 없었습니다.

이처럼 문명과 과학이 아무리 발전하더라도 인간이 할 수 없는 일들이 많습니다. 인류는 이념과 교육과 기술을 통해서 인간의 고통을 해결해 보려고 했지만, 전쟁과 범죄는 줄어들지 않았습니다. 법을 피해서 새로운 범죄가 생겨나고 범죄를 억제하기 위한 법의 조항도 갈수록 많아지고 있습니다. 인간의 욕심과 탐욕에서 시작된 수많은 고통의 문제를 근본적으로 해결할 방법이 있을까요? 인간이 스스로 해결할 수도 없습니다. 인간을 지으시고 만드신 하나님께서 방법을 제시해 주셔야 합니다. 고통과 악은 하나님의 창조물이 아닙니다. 이것은 첫 사람 아담에게 주신 자유의지를 잘못 사용한 죄의 결과입니다. 죄의 원인은 하나님이 아니라, 인간에게 있습니다.

로마서 3장 10절을 함께 읽어봅시다.

"기록한 바 의인은 없나니 하나도 없으며"

범죄한 인간은 하나님과 맺은 언약에 따라서 저주를 받게 되었습니다. 사망의 권세가 이 땅에 들어와 모든 인생에게 고통을 안겨주게 되었습니다. 이러한 저주를 누가 과연 해결할 수 있을까요? 이 문제를 해결하기 위해서 두 가지 조건이 필요합니다. 모든 인간을 대표할 만한 자격이 되어야 하고, 대신할 만한 가치가 있어야 합니다. 이런 조건을 가진 피조물이 있을까요? 하나님은 인간을 만드실 때, 가장 뛰어난 피조물로 만드셨기에 인간을 대신할 피조물을 세상에서 찾을 수 없습니다. 만약에 찾더라도, 인간의 잘못에 대해서 다른 피조물이 벌을 받는 것은 합당하지 않을 뿐만 아니라, 하나님과 언약을 어긴 문제를 대신해서 책임지고 하나님과 관계를 회복시켜줄 다른 피조물은 없습니다. 그래서 하나님께서 성육신하실 수밖에 없으셨습니다. 예수님을 통해서 하나님의 구원의 계획을 실행해 주셨습니다.

오늘 예배하면서 어떤 피조물도 인간의 구원을 위해 죄를 대속해서 형벌을 받을 수 없는 비참 가운데 우리의 구속을 위해 성육신하신 하나님의 사랑에 대해서 감사합시다. 우리를 살리기 위한 구속의 언약에 대해서 감사합시다.

✤ **14문: 어떠한 피조물이라도 단지 피조물로서 우리를 대신하여 하나님의 의를 만족시킬 자가 있습니까?**

✤ **답:** 하나도 없습니다. 첫째, 하나님께서는 인간의 죄책 때문에 다른 피조물을 형벌하기를 원치 않으십니다. 둘째, 어떠한 피조물이라도 단지 피조물로서는 죄에 대한 하나님의 영원한 진노의 짐을 감당할 수도 없고, 다른 피조물을 거기에서 구원할 수도 없습니다.

🌱 **기도하기**

하나님 아버지, 다른 어떤 존재도 우리의 죄를 해결할 수 없음을 알게 되었습니다. 우리의 죄를 위해서 독생자 예수님을 이 땅에 보내 주셔서 감사합니다. 이 은혜와 사랑을 영원토록 높이며 찬양합니다.

chapter 015

우리는 어떤 구원자를 찾아야만 합니까?

❖ 찬송   304장(그 크신 하나님의 사랑)

❖ 주제 구절   요한복음 1장 14절

말씀이 육신이 되어 우리 가운데 거하시매 우리가 그 영광을 보니 아버지의 독생자의 영광이요 은혜와 진리가 충만하더라

물에 빠져서 살려달라고 외치는 사람을 누가 구해 줄 수 있을까요? 물에 빠진 사람보다 뛰어난 수영 실력과 전문적인 구조에 대한 지식을 가진 사람이 구해줄 수 있습니다. 수영을 못하는 사람이 깊은 물에 빠지면 스스로의 노력으로는 나올 수 없습니다. 외부에서 큰 도움이 있어야 합니다.

죄에 빠진 인간은 누가 구해줄 수 있을까요? 14과에서 사람이 아닌 다른 피조물은 인간을 대신해서 죄에 대해 벌을 받을 수도 없고, 그만한 능력도 없을 뿐만 아니라, 인간을 대속하고 다시 회복시켜 줄 수 있는 힘이 없습니다. 그러면 인간을 구원하기 위해서 어떤 구원자가 필요할까요? 두 가지 조건이 필요합니다.

첫째 인류의 대표가 되어야 합니다. 인간이 죄를 지었기 때문에 다른 피조물이 아닌 인간이어야 합니다. 인간 중에서도 죄가 없는 사람만이 인간의 죄를 대신해서 죽을 자격을 갖춘 대표가 됩니다. 어린 양처럼 흠이 없고 완전히 의로우며 죄로부터 완전하게 깨끗한 사람이어야 합니다. 그래야 죄인을 대신할 수 있는 자격이 됩니다.

둘째, 어떤 인간보다 가치 있어야 합니다. 죄를 지은 인간의 능력을 넘어서는 무한한 가치가 있어야 합니다. 죄에 대한 하나님의 무한한 진노를 감당할 수 있는 무한한 능력이 필요합니다. 무한한 진노를 받고, 무한한 형벌에 대한 대가를 치른 것이 또한 무한한 가치를 지녀야 하기에 인간으로서는 감당할 수 없습니다. 그래서 하나님이어야 합니다.

그러면 이 두 가지를 모두 만족할 수 있는 구속자는 누구여야 할까요?

빌립보서 2장 6-7절 말씀을 함께 읽어 봅시다.
"그는 근본 하나님의 본체시나 하나님과 동등 됨을 취할 것으로 여기지 아니하시고 오히려 자기를 비어 종의 형체를 가져 사람들과 같이 되었고."

그 구원자는 바로 예수님이십니다. 예수님은 하나님과 동등한 위격과 능력을 가지고 계신 분으로서, 사람으로 오셨습니다. 예수님은 하나님이시면서 동시에 사람이십니다. 우리의 죄를 감당하기 위해서 성자 하나님께서 육신이 되어 우리를 구원하기 위해서 오셨습니다. 예수님만이 우리의 유일한 구속자이십니다. 세상의 어떤 사람도 우리를 위한 희생제물이나 대속자가 될 수 없습니다. 세상의 어떤 신도 할 수 없습니다. 오직 하나님의 독생하신 아들만이 우리를 구원하실 수 있습니다.

오늘 예배하면서, 우리의 구속자로 오신 예수님께 감사합시다. 죄로 인해 죽음의 저주를 향해 달려가던 우리를 불쌍히 여겨주신 은혜에 감사합시다. 우리를 살리기 위해서 독생자를 보내어 주신 하나님의 사랑에 감사합시다.

✤ **15문: 그렇다면 우리는 어떠한 중보자와 구원자를 찾아야 합니까?**
✤ **답: 참인간이고 의로운 분이시나 동시에 참하나님이고 모든 피조물보다 능력이 뛰어나신 분입니다.**

🌱 기도하기
하나님 아버지, 우리를 살리기 위한 방법은 하나님께서 인간으로 오시는 방법밖에 없었다는 사실을 고백합니다. 우리를 위한 하나님의 놀라운 지혜와 사랑을 높이며 찬양합니다. 항상 우리를 구원하신 하나님의 사랑을 기억하고 감사하며 살 수 있게 도와 주시옵소서.

chapter 016

왜 우리의 구원자는 참사람이어야만 합니까?

❖ 찬송   32장(만유의 주재)

❖ 주제 구절   고린도후서 5장 21절

하나님이 죄를 알지도 못하신 자로 우리를 대신하여 죄를 삼으신 것은 우리로 하여금 저의 안에서 하나님의 의가 되게 하려 하심이니라

병원에서 수술한 환자를 위해서 사용하는 의료품은 철저한 소독의 과정을 거쳐서 만들어집니다. 왜 오염된 의료품을 사용하면 안 될까요? 세균이나 병균을 닦아내고 치료하기 위해서입니다. 병자를 치료하기 위한 물품은 어떤 균도 없이 완전하게 깨끗해야 합니다.

　죄로 비참한 결과에 직면한 인간의 문제를 해결하기 위한 방법은 무엇일까요? 인간의 죄는 어떤 질병보다 심각하고 비참한 결과를 초래했습니다. 하나님의 진노를 받아 영원한 형벌을 받아 육체뿐만 아니라, 영혼까지 심판을 받게 된 것입니다. 그렇다면 어떤 구원자가 인간을 깨끗하게 만들어 줄 수 있을까요? 인간을 구원하기 위한 구원자는 앞서 15과에서 보았듯이 참사람이며, 참하나님이어야 합니다. 오늘 예배에서는 왜 참사람이어야 하는지 생각해 보겠습니다.

　구원자가 참사람이라는 뜻은 우리와 똑같은 인간이지만 어떤 죄도 없고 하나님의 모든 율법에 모두 순종하시고 하나님께 의롭다고 인정을 받은 분을 말합니다. 왜 참사람은 이렇게 완전하고 온전하며 거룩한 사람이어야 할까요? 죄를 가진 사람은 다른 사람의 죄를 대신해서 죽을 수 없기 때문입니다. 죄를 가진 사람은 다른 사람의 죄를 보상할 수가 없습니다. 죄를 가진 사람은 자기 죄에 대해서 벌을 받아야 합니다. 이미 사망이라는 벌이 선고된 사람은 동일한 다른 죄를 가진 사람들의 죄를 대신할 수가 없습니다. 죄인은 자신이 지은 죄에 대해 상응하는 벌을 받아야 합니다. 다른 사람의 죄를 감당할 자

격이 되지 않기 때문입니다. 죄를 대신하고자 한다면, 죄에 대한 대가를 감당하기 위해서 어떤 죄도 없는 사람이어야 합니다. 즉, 하나님께서 요구하시는 모든 율법의 말씀에 대해서 단 한 점의 어김도 없이 평생 동안 완전하게 순종해서, 하나님께 의로운 사람이라는 인정을 받은 사람이어야 합니다. 오직 완전한 의인만이 죄인을 대신할 수가 있습니다. 그런데 인간의 죄에 대한 형벌은 영원하고 무한한 형벌입니다. 그리고 무한한 형벌을 대신 감당할 수 있는 사람은 무한히 의로운 사람이어야 합니다. 즉, 출생할 때 물려받은 원죄도 없고, 살아가면서 드러나는 자범죄도 없어야 합니다. 오직 의로운 하나님의 사람만이 죄인을 대신할 수 있는 것입니다.

이사야서 53장 11절 후반부를 함께 읽어 봅시다.
"나의 의로운 종이 자기 지식으로 많은 사람을 의롭게 하며"

우리를 대신하는 구원자는 참사람으로서 어떤 죄도 범하지 않았고, 그 입에 어떤 거짓도 없습니다. 인생을 사는 동안 하나님에 대한 사랑과 이웃 사랑을 완전하게 실천하고 평생 동안 사용하는 모든 언어는 하나님의 말씀만을 전하고 실천하는 분이십니다. 그분이 바로 참사람이신 예수님이십니다.

오늘 예배하면서, 우리를 위해 참사람으로 오신 예수님께 감사하고 찬양합시다. 너무나 거룩하고 선하신 분으로서 죄인 된 우리를 위해 죽으신 사랑을 더욱 마음 깊이 알아갈 수 있도록 기도합시다.

✤ **16문: 중보자는 왜 참인간이고 의로운 분이셔야 합니까?**
✤ **답:** 하나님의 의는 죄지은 인간이 죗값 치르기를 요구하나, 죄인인 사람으로서는 다른 사람을 위해 값을 치를 수 없기 때문입니다..

❧ **기도하기**
하나님 아버지, 우리의 죄를 감당하기 위해서 참사람이신 예수님을 이 땅에 보내어 주셔서 감사합니다. 우리가 예수님의 참사랑에 감사하며 그 사랑을 본받아 살아갈 수 있게 도와주시기를 원합니다.

왜 우리의 구원자는 참하나님이어야만 합니까?

✤ 찬송   287장(예수 앞에 나오면)

✤ 주제 구절   베드로전서 3장 18절

그리스도께서도 한 번 죄를 위하여 죽으사 의인으로서 불의한 자를 대신하셨으니 이는 우리를 하나님 앞으로 인도하려 하심이라 육체로는 죽임을 당하시고 영으로는 살리심을 받으셨으니

가벼운 죄는 가벼운 처벌을 받고, 무거운 죄는 중한 처벌을 받습니다. 자동차가 속도 위반을 하는 경우에는 범칙금이 부과됩니다. 그러나 자동차를 훔치게 되면 절도범이 되어 징역형을 선고받습니다. 죄의 크기에 따라서 처벌받는 벌의 무게가 달라지는 것입니다.

하나님의 말씀을 어긴 인간에게는 어떤 처벌이 주어질까요? 일시적인 죽음이 하나님 말씀을 어긴 죄에 대한 합당한 처벌이 될 수는 없습니다. 인간을 구원하기 위해서 치러야 하는 죄의 범위는 세상의 시작부터 세상의 마지막까지 저질러지는 모든 죄입니다. 얼마나 크고 얼마나 무거울까요? 그래서 일시적인 죽음만으로는 이 모든 죄에 대한 처벌이 될 수 없습니다. 인간의 죄의 범위와 정도는 너무나 크고 심각해서 처벌의 대가는 영원한 저주와 심판입니다. 인간의 구원을 위해서 영원한 심판과 저주를 감당하고 죄에 대한 대가를 치르고 난 후에 하나님과의 관계를 회복할 수 있으려면 어떤 능력이 있어야 할까요? 참인간으로서는 부족합니다. 엄중하고 영원한 진노로 소멸 될 수밖에 없습니다. 엄청난 진노의 무게를 감당하고 다시 구원을 줄 수 있는 능력은 오직 하나님의 능력밖에 없습니다. 이것이 구원자는 참사람일 뿐만 아니라, 참하나님이어야 하는 이유입니다.

요한복음 3장 16절을 함께 읽어 봅시다.

"하나님이 세상을 이처럼 사랑하사 독생자를 주셨으니 이는 저를 믿는 자마다 멸망치 않고 영생을 얻게 하려 하심이니라."

우리의 구원자는 참하나님이십니다. 하나님이시기에 무한한 형벌을 대신 받으시고 모든 죄에 대해서 보상을 하실 뿐만 아니라, 죄인에게 잃어버렸던 의와 생명을 회복시켜주실 수 있었습니다. 우리의 구속자는 참하나님으로서 죽음의 권세를 이기고 부활 승천하십니다. 성령님을 보내어 주심으로 구속받은 자를 교회로 부르시고 그 안에 임재하셔서 수많은 은택을 베풀어 주시며 구원받은 백성을 보호하시고 다스릴 수 있게 되었습니다. 참하나님이시기 때문에 한 번 십자가에 달려 희생제물이 되시더라도 우리의 모든 죄를 도말하시고 의롭게 하실 수 있었습니다. 앞으로 오는 어떤 사람이라도 예수님의 십자가를 믿고 회개하면 모든 죄를 용서받고 하나님의 자녀가 되는 놀라운 은혜를 받았습니다.

오늘 예배하면서, 예수님이 참사람이면서 동시에 참하나님이시라는 사실에 감사합시다. 전능하신 하나님의 능력으로 죽음의 권세를 이기시고 부활의 첫 열매가 되어, 우리에게 하나님의 자녀 된 권세까지 허락하신 은혜를 감사합시다.

✤ 17문: 중보자는 왜 동시에 참하나님이셔야 합니까?
✤ 답: 그의 신성(神性)의 능력으로, 하나님의 진노의 짐을 그의 인성(人性)에 짊어지시며, 또한 의와 생명을 획득하여 우리에게 돌려주시기 위함입니다.

🌱 기도하기

하나님 아버지, 참하나님이신 예수님께서 이 땅에 오셨기에 우리가 멸망치 않고 영생을 얻었습니다. 놀라운 은혜를 우리에게 허락해 주셔서 감사합니다. 영원한 생명을 주신 하나님을 경배하고 찬양합니다.

chapter 018

참하나님이신 동시에 참사람이신
구원자는 누구입니까?

❖ 찬송   94장(주 예수보다 더 귀한 것은 없네)

❖ 주제 구절   디모데전서 2장 5절

하나님은 한 분이시요 또 하나님과 사람 사이에 중보자도 한 분이시니 곧 사람이신 그리스도 예수라

부모는 자녀를 위한 희생을 아끼지 않습니다. 직장에서 힘든 일이 있어도 참고 인내하며 계속 다니는 많은 이유 중에 하나는 바로 가족 때문입니다. 가족을 사랑하기 때문에 부모는 온갖 어려움과 모욕까지 참으면서 열심히 일합니다. 자녀가 장성해서 가정을 이루기 전까지 오랜 기간 수고하고 땀 흘릴 수 있는 이유는 사랑입니다. 자녀를 위한 이런 사랑은 오직 부모만이 감당할 수 있습니다. 다른 어떤 사람도 부모의 자리를 대신할 수 없습니다. 사랑하기에 오직 부모만이 감당할 수 있습니다.

　죄를 지어 비참한 처지에 놓인 인간을 위해서 누가 자기 영광을 버리고 목숨까지 버려가며 인간을 살릴 수 있을까요? 원수 된 자를 위해서 피 흘리는 고난과 희생을 누가 감당할 수 있을까요? 오직 성자 하나님, 우리 주 예수 그리스도밖에 없습니다. 참하나님이시며 참사람이신 예수님께서 십자가에 자신의 몸을 내어 주셨습니다.

　요한일서 5장 20절 말씀을 함께 읽어 봅시다.

　"또 아는 것은 하나님의 아들이 이르러 우리에게 지각을 주사 우리로 참된 자를 알게 하신 것과 또한 우리가 참된 자 곧 그의 아들 예수 그리스도 안에 있는 것이니 그는 참 하나님이시요 영생이시라."

인간의 죄에 대한 결과는 너무나 참혹하고 비참한 결과이며 영원한 저주입니다. 무한한 하나님의 진노에 대해 어떤 인간도 대신할 수 없기 때문에, 하나님이 사람이 되어 형벌을 당하실 수밖에 없었습니다. 인간의 죄를 위해서 하나님의 진노를 받고 지옥 형벌까지 경험한 후에 인간의 원래 창조된 지위를 회복시켜 줄 수 있는 분은 예수님밖에 없습니다. 그러면 누가 어떻게 예수님을 이 땅에 보내기로 하셨을까요? 성부 하나님은 우리의 구원을 계획하시고 예정하셨습니다. 성자 하나님은 성부 하나님의 계획과 예정을 실행하시고 성취하십니다. 성령 하나님은 성자 하나님의 구원 실행을 앞으로 오는 택함 받은 모든 백성에게 적용시켜 주십니다. 성부 하나님의 계획에 따라 성자 하나님만이 우리의 유일한 중보자와 구원자가 되실 수 있습니다. 성자 하나님은 사랑과 긍휼에 풍성하심으로 본래 원수 된 자였던 우리에게 은혜를 베푸실 수 있었습니다. 사랑과 긍휼에 풍성한 은혜로 우리가 하나님의 자녀로 입양되어 의롭다함을 얻고, 믿음 가운데서 떨어지지 않도록 보호받으며 악한 사탄 마귀로부터 지키시며 말씀으로 다스려 주십니다.

오늘 예배하면서, 우리를 위한 중보자로서 성자 하나님께서 이 땅에 오신 사실에 감사합시다. 우리를 살리고 영원한 하나님 나라로 인도해 주실 사랑과 은혜에 감사합시다.

❖ **18문: 그러나 누가 참하나님이시며 동시에 참인간이고 의로우신 중보자입니까?**

❖ **답:** 우리 주 예수 그리스도, 즉 하나님께로서 나와서 우리에게 지혜와 의로움과 거룩함과 구속(救贖)함이 되신 분입니다.

🌱 **기도하기**

하나님 아버지, 독생자 예수 그리스도를 우리를 위한 구원자로 보내어 주셔서 감사드립니다. 유일한 아들을 십자가에 내어 주시고 우리의 죄를 가져가며 우리에게 의를 주셔서 감사드립니다. 이 은혜를 깊이 마음에 새기고 찬양합니다.

chapter **019**

예수님이 구원자라는 것을 어떻게 압니까?

❖ 찬송   199장(나의 사랑하는 책)
❖ 주제 구절   요한복음 5장 39절
너희가 성경에서 영생을 얻는 줄 생각하고 성경을 상고하거니와 이 성경이 곧 내게 대하여 증거하는 것이로다

어둠은 스스로 어둡다는 사실을 알지 못합니다. 빛이 비추일 때 비로소 어둠이 드러나게 됩니다. 빛을 통해서만 어둠은 빛을 알 수 있고 어둠을 벗을 수가 있습니다.

어둠 가운데 있던 죄인이 어떻게 스스로 빛이신 하나님을 알 수 있을까요? 어둠은 스스로 빛을 찾을 수 없습니다. 오직 빛이 어둠을 향해 밝음을 보여 줄 때만 알 수 있습니다. 하나님께서 죄인을 향해서 빛을 비추어 주실 때만 죄인은 스스로 얼마나 어둠 속에 있었는지 깨닫게 됩니다. 하나님은 죄인인 인간을 향해서 진리의 빛을 비추어 주셨습니다. 하나님은 말씀을 통해서 우리에게 빛을 비추어 주셨고, 우리가 얼마나 비참한 죄악 가운데 있는지 깨닫게 해 주셨습니다. 하나님께서 인간의 언어를 통해서 말씀을 주심으로 무엇이 선이고 무엇이 악인지 알게 해 주셨습니다. 우리가 어떻게 구원을 얻고, 영생할 수 있는지에 관한 진리를 말씀의 계시를 통해서 우리에게 주셨습니다.

성자 하나님 예수 그리스도가 우리의 중보자요 구원자라는 사실은 오직 성경을 통해서만 알 수 있습니다. 성경 말씀을 통하지 않고 인간 스스로 참선과 기도와 수행을 통해서 알 수 없습니다. 아무리 지혜가 뛰어난 인간이라도 중보자 예수님을 찾을 수 없는 이유는 죄 때문입니다. 인간의 죄는 마음과 생각과 지성에도 영향을 미쳐 항상 오류의 가능성을 가지고 있기 때문에 구원에 관한 완전한 지식을 가질 수 없습니다. 인간의 의지와 능력으로는 누가 중보자이며 구원자인지 알 수 없습니다. 따라서 일반 종교는 결코

인간의 구원자를 알 수 없습니다. 오직 하나님께서 알려주시는 말씀으로만 알 수 있습니다. 하나님의 말씀은 성경으로 기록되어 있습니다. 성경에서 계시한 예수 그리스도만이 우리의 유일한 구원자이십니다.

요한복음 14장 6절을 함께 읽어 봅시다.
"예수께서 이르시되 내가 곧 길이요 진리요 생명이니 나로 말미암지 않고는 아버지께로 올 자가 없느니라."

성경에서 예수님은 자신을 유일한 구원자로 계시하셨습니다. 성경이 하나님의 말씀으로 믿는 사람은 예수님만이 유일한 구원자라는 사실을 믿습니다. 구원을 얻는 길은 오직 예수님밖에 없습니다. 영원한 생명을 얻고, 하나님의 자녀로서 복된 삶의 길로 불러주신 은혜를 찬양합시다.

오늘 예배하면서 우리에게 빛을 비추어 주셔서 다른 길로 가지 않고 예수님을 알고 믿을 수 있는 은혜를 주신 하나님께 감사합시다. 오직 예수님만이 우리에게 영생과 복을 주시는 분이라는 사실을 고백합시다.

✣ **19문: 당신은 이것을 어디에서 압니까?**
✣ **답: 거룩한 복음에서 압니다.** 하나님께서는 이 복음을 처음에 낙원에서 친히 계시하셨고, 후에는 족장들과 선지자들을 통해 선포하셨으며, 또한 율법의 제사들과 다른 의식(儀式)들로써 예표하셨고, 마지막에는 그의 독생자를 통해 완성하셨습니다.

🌱 **기도하기**
하나님 아버지, 성경을 통해 예수님이 구원자라는 복음을 알려주셔서 감사드립니다. 성경에 계시된 예수님의 말씀을 믿고 예수님의 말씀을 따라 살 수 있도록 도와주시옵소서.

chapter 020

모든 사람이 구원을 받습니까?

✤ 찬송   90장(주 예수 내가 알기 전)
✤ 주제 구절   요한복음 3장 36절
아들을 믿는 자에게는 영생이 있고 아들에게 순종하지 아니하는 자는 영생을 보지 못하고 도리어 하나님의 진노가 그 위에 머물러 있느니라

이스라엘 백성들이 광야를 지날 때 하나님에 대한 원망으로 징계를 받은 여러 사건이 있습니다. 그 중에 하나가 민수기 21장에 나오는 놋뱀 사건입니다. 가나안으로 들어가기 위해서 에돔 땅을 지나야 하는데, 에돔 왕이 허락하지 않자, 백성들은 멀고 험한 길로 돌아가야 했습니다. 이 문제로 백성들이 모세와 하나님을 원망하자, 하나님은 이들을 불뱀으로 징계했습니다. 이때 모세가 놋뱀을 만들어 장대에 높이 달고 놋뱀을 쳐다보는 사람은 살게 된다고 말씀하자, 놋뱀을 쳐다본 사람들은 모두 살게 됩니다. 이 말을 믿지 않고 쳐다보지 않은 자는 불뱀의 징계로 죽었습니다.

  믿음으로 바라보는 자에게 놋뱀이 효력이 있었듯이, 예수님의 십자가 고난을 믿는 자만이 구원의 은혜를 누리게 됩니다. 예수님께서 우리를 위해서 십자가에 죽으신 대속의 은혜는 인간의 모든 죄를 속죄하기에 충분합니다. 더 이상 다른 속죄가 필요하지 않습니다. 예수님의 속죄는 하나님의 진노로 인한 영원한 형벌을 모두 감당하고 하나님의 정의를 모두 만족할 정도로 큽니다. 그러나 예수님의 속죄는 모든 사람에게 효력이 있는 것이 아닙니다. 오직 믿음으로 놋뱀을 바라보듯이 믿음으로 예수님의 속죄를 믿고 의지하며 예수님을 영접하고 하나님의 자녀가 된 사람들에게만 속죄의 효력이 발생합니다.

요한복음 3장 14-15절을 함께 읽어 봅시다.

"모세가 광야에서 뱀을 든 것 같이 인자도 들려야 하리니 이는 그를 믿는 자마다 영생을 얻게 하려 하심이니라."

예수님의 속죄를 성경을 통해 알지만 실제로 믿지 않는다면, 예수님의 속죄는 믿음이 없는 자에게 효력이 없습니다. 오직 믿음으로 반응하는 사람만이 성령님을 통해서 자신의 죄를 바라보고 탄식하며 예수님의 공로에 감사하고 십자가의 고난을 믿고 동참하게 됩니다. 예수님의 속죄가 모든 사람에게 효력을 미치지 않는다는 것은 속죄에 효력이 약하다는 의미가 아닙니다. 효력은 충분하지만, 믿음으로 받지 않는 사람에게 효력이 없다는 뜻입니다.

오늘 예배하면서 우리에게 예수님의 속죄로 모든 죄를 사함받고 예수님의 의를 우리에게 전가시켜 주신 하나님의 은혜에 감사합시다. 우리의 능력으로 믿어진 것이 아니라, 오직 하나님의 선택으로 인해 믿음을 선물로 받아 예수님의 속죄를 깨닫게 되었음을 감사합시다.

✤ **20문: 아담을 통해 모든 사람이 멸망한 것처럼 그리스도를 통해 모든 사람이 구원받습니까?**

✤ **답:** 아닙니다. 참된 믿음으로 그리스도에게 연합되어 그의 모든 은덕(恩德)을 받아들이는 사람들만 구원을 받습니다.

🌱 **기도하기**

하나님 아버지, 예수님의 대속하신 은혜를 믿는 믿음을 허락해 주셔서 감사드립니다. 이 믿음으로 대속의 은혜에 참여하게 되어 예비하신 복을 누리게 되었습니다. 하나님께서 선택한 자녀에게 주시는 한량없는 은혜 가운데 참 평안과 기쁨을 누릴 수 있게 도와주시옵소서.

chapter 021

참된 믿음이란 무엇입니까?

✤ 찬송   310장(아 하나님의 은혜로)
✤ 주제 구절   요한복음 17장 3절
영생은 곧 유일하신 참하나님과 그의 보내신 자 예수 그리스도를 아는 것이니이다

믿음이란 어떤 사실에 대한 지적인 동의뿐만 아니라, 굳은 신뢰이며 신뢰를 바탕으로 그 사실에 의지하고 실천하는 것을 말합니다. 믿음에도 여러 종류가 있습니다. 일시적인 믿음이나 지적인 동의로서, 믿음이나 이적을 통한 믿음입니다. 일시적인 믿음은 잠시 잠깐 감동이나 깨달음은 있지만, 마음으로 신뢰하지 않는 믿음입니다. 성경에 나오는 감동적이고 극적인 스토리를 보고 잠시 기쁨과 감동이 있다고 해서 성경 말씀을 온전히 믿는 것은 아닙니다. 일시적인 믿음은 어려움이나 고난이 닥칠 때 하나님을 의지하지 않고 다른 것을 찾고 의지하게 됩니다. 또한 지적인 동의로서의 믿음은 머리로 이해는 하지만, 실제로 과거 성경시대에는 그럴 수 있지만, 지금 형편에서는 경험될 수는 없다고 생각합니다. 성경을 단지 지식을 채우기 위한 도구로 생각하는 것입니다. 그러나 이런 지식은 사단도 가지고 있는 지식입니다. 사단은 예수님을 시험할 때 시편의 말씀을 모두 인용하지만, 사단의 목적을 위해서 교묘하게 이 지식을 이용했을 뿐입니다. 이렇듯 지적으로 동의한 지식은 자신의 욕심을 위해 사용될 수도 있습니다. 마지막으로 이적을 통한 믿음은 보고 믿는 것을 말합니다. 눈앞에 기적적인 현상이 일어날 때만 하나님을 믿고 의지하는 것입니다. 광야에서 사십 년간 방황하던 이스라엘 백성들은 수없는 기적을 보았음에도 하나님을 원망하고 모세를 대적한 사건이 많았습니다. 예수님의 제자 도마는 눈으로 봐야지만 예수님의 부활을 믿겠다고 했지만, 예수님은 도마에게 나타나서, 보지 않고 믿는 자가 복되다고 말씀하셨습니다.

에베소서 2장 8절을 함께 읽어 봅시다.

"너희가 그 은혜를 인하여 믿음으로 말미암아 구원을 얻었나니 이것이 너희에게서 난 것이 아니요 하나님의 선물이라."

구원에 이르는 참된 믿음은 하나님의 말씀이 모두 진리이고 합당하고 이해할 만한 말씀일 뿐만 아니라, 철저히 신뢰하여 그 말씀대로 행하며 실천하고 사는 것을 말합니다. 마치 의사를 신뢰할 때 의사의 처방을 믿고 약을 먹으며 주사를 맞고, 생활 속에서 지켜야 할 규칙을 모두 지키는 것과 같습니다. 하나님 말씀이 영원한 생명을 주는 진리의 생수라고 한다면, 철저하게 신뢰하며 그 말씀대로 살기에 주저하지 않습니다.

오늘 예배를 드리면서, 내가 가진 믿음이 어디에 속한 믿음인지 한번 점검해 봅시다. 하나님의 말씀을 인정하고, 온전히 신뢰해서 그 말씀대로 살기로 다짐하며, 실제로 실천해 보는 믿음인지 돌아보며, 온전한 믿음을 위해서 기도합시다.

❧ **21문: 참된 믿음이란 무엇입니까?**

❧ **답:** 참된 믿음은 하나님께서 그의 말씀을 통해 우리에게 계시하신 모든 것이 진리라고 여기는 확실한 지식이며, 동시에 성령께서 복음으로써 내 마음속에 일으키신 굳은 신뢰입니다. 곧 순전히 은혜로, 오직 그리스도의 공로 때문에 하나님께서 죄 사함과 영원한 의로움과 구원을 다른 사람뿐 아니라 나에게도 주심을 믿는 것입니다.

🌱 **기도하기**

하나님 아버지, 우리에게 참된 믿음을 주시옵소서. 마음으로 믿고 입으로 시인하며 삶으로 살아내는 믿음이 되게 도와주시고 일평생 변하지 않게 인도해 주시옵소서.

chapter 022

우리는 무엇을 믿어야 합니까?

✤ 찬송 542장(구주 예수 의지함이)
✤ 주제 구절 마가복음 1장 15절
가라사대 때가 찼고 하나님 나라가 가까웠으니 회개하고 복음을 믿으라 하시더라

어떤 집에 가면 거실 벽에 가훈이라는 액자가 걸려 있습니다. 가훈은 가족이 함께 지키고 기억해야 할 중요한 교훈으로, 어르신들께서 인생을 살아보니 가장 중요한 가치가 무엇인지에 관해서 짧은 문구로 기록해 놓습니다. 어떤 가정의 가훈은 정직, 성실을 기록해 놓기도 합니다. 어떤 가정은 사랑, 믿음이라는 가훈을 기록하기도 합니다. 이렇게 짧은 문구나 짧은 단어로 된 가훈은 다른 가정과 구별하고, 우리 가정만의 가장 중요한 가치를 지키고 후손의 번영에 목적을 둡니다.

하나님은 자기 백성을 위해서 성경 66권의 말씀을 주셨습니다. 방대한 분량의 이 말씀은 하나님이 어떤 분이시고, 우리는 무엇을 믿고 실천하며 살아야 할 지에 대해서 기록하고 있습니다. 이 많은 분량의 성경을 쉽고 짧은 형태로 정리한 글을 신조라고 합니다. 이 신조는 하나님께 부름을 받고 예수님을 영접하기로 결심한 사람이 믿고 살아야 하는 성경의 핵심을 요약한 글입니다.

마태복음 16장 16절을 함께 읽어 봅시다.
"시몬 베드로가 대답하여 가로되 주는 그리스도시요 살아계신 하나님의 아들이시니이다."

기독교 역사에서 가장 오래된 신조는 "사도신경"입니다. 열두 개의 문장으로 되어 있고, 세 부분으로 나누어집니다. 성부 하나님, 성자 하나님, 성령 하나님으로 나누어진

열두 개의 문장이 성경을 가장 잘 요약한 신앙고백입니다. 이 신앙고백이 우리의 믿음에 대한 핵심적인 내용입니다. 사도신경은 거의 2,000년 가까이 사용돼 왔습니다. 지금도 우리가 예배드리기 전에 사도신경을 외우는 이유는 성경을 가장 잘 요약한 고백이며, 오랫동안 교회에서 고백돼온 매우 중요한 기독교의 전통이기 때문입니다. 그래서 기독교가 무엇인가라는 질문에 대해서 사도신경은 다른 종교와는 비교할 수 없는 성경만의 진리를 잘 요약한 고백입니다. 종교마다 믿는 내용이 무엇인지 요약된 형태의 글이 있습니다. 기독교는 오랫동안 사도신경을 중요하게 고백하고 믿고 신뢰하는 성경의 핵심으로 공예배에서 공식적으로 암송해 오고 있는 것입니다. 이 사도신경에는 네 가지 유익이 있습니다. 첫째, 신앙의 요점을 쉽게 외우고 배울 수 있게 도와줍니다. 둘째, 하나님에 관한 진리를 반복적으로 고백함으로 위로와 확신을 줍니다. 셋째, 흩어져 세워진 교회들이 나중에 만나도 하나의 교회라는 것을 확인시켜 줍니다. 넷째, 이단들을 분별하는 중요한 기준입니다. 사도신경에 나오는 모든 단어는 성경에서 나온 단어들로 가장 중요하게 믿어야 하는 핵심적인 진리가 잘 정리되어 있습니다.

오늘 예배하면서, 기독교 신앙이 이 천년 가까이 변질되지 않고 오늘날 우리에게 올수 있도록 교회를 지켜주신 하나님께 감사합시다. 앞으로 배우게 될 사도신경을 통해서, 하나님에 대한 더욱 굳건한 신뢰를 가질 수 있도록 기도합시다.

✤ **22문: 그러면 그리스도인은 무엇을 믿어야 합니까?**
✤ **답:** 복음에 약속된 모든 것을 믿어야 합니다. 이 복음은 보편적이고 의심할 여지 없는 우리의 기독교 신앙의 조항들인 사도신경이 요약하여 가르쳐 줍니다.

🌱 **기도하기**

하나님 아버지, 성경 말씀을 우리에게 허락해 주시되, 지금까지 변질 되지 않고 세상의 많은 핍박과 이단의 유혹에서 이 천년 동안 잘 보존해 주셔서 감사합니다. 특별히 성경의 요약인 사도신경을 지금도 믿음으로 고백할 수 있는 은혜를 주셔서 감사합니다.

chapter 023

사도신경의 12문장은 무엇입니까?

✤ 찬송   366장(어두운 내 눈 밝히사)

✤ 주제 구절   요한복음 20장 31절

오직 이것을 기록함은 너희로 예수께서 하나님의 아들 그리스도이심을 믿게 하려 함이요 또 너희로 믿고 그 이름을 힘입어 생명을 얻게 하려 함이니라

시험을 잘 보고 좋은 성적을 얻기 위해서는 교과서를 정확하게 잘 요약해야 합니다. 요약을 잘하고 핵심을 잘 정리한 사람이 좋은 성적을 얻습니다. 성경 66권은 두껍고 분량이 방대합니다. 성경의 핵심을 가장 잘 요약한 글은 무엇일까요? 요약하더라도, 조금씩 다를 수 있습니다. 하나님은 교회를 위해 이단으로부터 보호되고 신앙의 중요한 요점을 잘 기억하도록 교회의 역사를 통해서 신조를 주셨습니다. 가장 오래되고 가장 신뢰받는 신조가 바로 사도신경입니다. 사도신경의 초기 형태는 주후 150년경 이전에 사용되었다고 합니다. 사도신경의 역사는 약 1,900년 전에 시작되었다고 할 수 있습니다.

사도신경은 12개의 교리적 내용으로 구성되어 있습니다. 이것을 외우는 것도 중요하지만, 한 문장씩 의미와 내용을 좀 더 자세히 알고 믿으면 우리가 무엇을 의지하고 믿어야 하는지 분명하게 가르쳐 줍니다. 십 년 정도 교회를 다녔다면, 사도신경은 천 번 정도 외웠다고 볼 수 있습니다. 그렇다면 내용과 의미를 알고 외운다면 신앙에 더욱 큰 유익을 주게 됩니다. 12개의 문장을 함께 읽어 보도록 하겠습니다.

✤ **23문: 사도신경의 조항들은 무엇입니까?**

❖ **답**❖: I. 1. 전능하사 천지를 만드신 하나님 아버지를 내가 믿사오며,

Ⅱ. 2. 그 외아들 우리 주 예수 그리스도를 믿사오니,

3. 이는 성령으로 잉태하사 동정녀 마리아에게 나시고,

4. 본디오 빌라도에게 고난을 받으사 십자가에 못 박혀 죽으시고,❖❖

5. 장사한 지 사흘 만에 죽은 자 가운데서 다시 살아나시며,

6. 하늘에 오르사 전능하신 하나님 우편에 앉아 계시다가,

7. 저리로서 산 자와 죽은 자를 심판하러 오시리라.

Ⅲ. 8. 성령을 믿사오며

9. 거룩한 공회와, 성도가 서로 교통하는 것과

10. 죄를 사하여 주시는 것과

11. 몸이 다시 사는 것과

12. 영원히 사는 것을 믿사옵나이다. 아멘.

🌱 **기도하기**

하나님 아버지, 우리에게 사도신경을 통해 바른 신앙고백을 할 수 있도록 역사해 주셔서 감사드립니다. 앞으로 배우게 될 12문장의 고백으로 우리의 신앙이 더욱 굳건한 반석 위에 설 수 있도록 도와주시옵소서.

❖ 하이델베르크 요리문답 23문의 답은 사도신경 암송을 위해 한글(옛 번역) 사도신경을 넣었습니다.
❖❖ 사도신경 원문의 네 번째 문장에는 "장사되셨다"와 "음부에 내려가셨다"가 포함되어 있는데, 한글 사도신경에서 "장사되셨다"는 다섯 번째 문장에 포함되어 있고, "음부에 내려가셨다"는 생략되어 있습니다. 이에 대한 자세한 내용은 사도신경의 각 문장을 다룰 때 자세히 언급하도록 하겠습니다.

chapter 024

사도신경은 몇 부분으로 나누어집니까?

✤ 찬송   1장(만복의 근원 하나님)

✤ 주제 구절   요한복음 20장 31절

예수께서 세례를 받으시고 곧 물에서 올라오실새 하늘이 열리고 하나님의 성령이 비둘기같이 내려 자기 위에 임하심을 보시더니

우리가 누군가의 소개로 이성을 만날 때, 먼저 어떤 사람인지에 대해 묻습니다. 어떤 성격, 성품인지를 먼저 물어봅니다. 즉, 어떤 존재인가에 대해서 궁금해 합니다. 그 다음에 어떤 일을 하고 가족관계가 어떻게 되는지 등을 묻습니다. 대상을 알기 위해서는 먼저 존재를 알아야 합니다.

성경은 하나님에 관한 말씀입니다. 우리가 믿는 분이 누군지에 대해서 말씀하고 있습니다. 우리가 믿고 의지하는 하나님에 대해서 상세히 말씀하고 있습니다. 성경은 방대한 분량이어서 하나님을 한마디로 정의하기는 쉽지 않지만, 오래전부터 사도신경은 매우 잘 정리된 하나님에 대한 교리를 말하고 있습니다. 하나님은 삼위일체 하나님으로 존재합니다. 그래서 사도신경은 가장 먼저 하나님에 관해서 세 부분으로 나누어서 설명합니다. 하나님에 대한 세 부분에 대한 설명이 곧 사도신경의 구조입니다. 즉, 성부 하나님, 성자 하나님, 성령 하나님으로 나누어져 있습니다. 세 분 하나님을 믿는다는 고백으로 나눌 수 있습니다. 한글에는 믿는다는 말이 네 번 표현되어 있지만, 마지막에 나오는 믿는다는 표현은 한글의 표현상 추가된 문장이고, 원문에는 '삼위일체 하나님에 대해서 믿는다'라는 고백이 세 번입니다.✦ 사도신경은 성부 하나님을 믿고, 성자 하나님을 믿고,

---

✦   23문답에 나온 한글 사도신경 전문을 보면서 네 번의 "믿습니다."라는 표현이 어디에 나왔는지 자녀와 함께 찾아보면 좋습니다.

성령 하나님을 믿는다고 고백합니다. 삼위일체 하나님께서 하신 일을 짧게 요약한 내용이 사도신경입니다. 그러면 왜 삼위일체 하나님을 믿는다고 말할까요? 그냥 한 분 하나님만 믿는다고 말하면 안 될까요? 성경이 하나님의 존재에 대해서 삼위일체로 계시하고 있기 때문에, 삼위일체로 고백하고 있습니다. 우리를 위한 구원도 삼위일체 하나님의 사역입니다. 우리의 구원을 계획하신 분은 성부 하나님이시고, 우리의 구원에 대한 성부 하나님의 계획을 실행하신 분은 성자 하나님이시고, 이 천 년 전에 죽으시고 부활하신 성자 하나님의 공로가 나의 것이 되는 적용 사역을 성령 하나님께서 하셨습니다. 우리를 구원하시는 하나님의 사역은 삼위일체 하나님께서 하신 일입니다. 이것을 약 이천년 전부터 고백해 왔던 것입니다.

오늘 예배하면서, 우리를 위한 삼위일체 하나님의 사역에 대해서 감사합시다. 삼위일체 하나님께서 지금도 우리를 지켜주시고, 협력하여서 모든 것을 선으로 이끄시는 계획에 감사합시다.

❖ **24문: 사도신경의 조항들은 어떻게 나누어집니까?**

❖ **답:** 세 부분으로 나누어집니다. 첫째, 성부 하나님과 우리의 창조, 둘째, 성자 하나님과 우리의 구속(救贖), 셋째, 성령 하나님과 우리의 성화(聖化)에 관한 것입니다.

🌱 **기도하기**

하나님 아버지, 사도신경을 통해서 성삼위일체 하나님에 대한 바른 고백을 할 수 있도록 도와 주셔서 감사드립니다. 성부 하나님과 성자 하나님과 성령 하나님에 관한 고백을 믿음으로 마음에 새겨 온전한 신앙으로 자랄 수 있게 도와주시옵소서.

chapter 025

삼위일체가 무엇입니까?

✤ 찬송   2장(찬양 성부 성자 성령)

✤ 주제 구절   신명기 6장 4절

이스라엘아 들으라 우리 하나님 여호와는 오직 하나인 여호와시니

우주에 얼마나 많은 별이 있을까요? 우주는 끝이 있을까요? 우리는 우주에 대해서 알지 못합니다. 너무나 크기 때문입니다. 우주를 만든 분은 누구일까요? 하나님께서 말씀으로 만드셨습니다. 그렇다면 우주를 만든 하나님은 얼마나 크신 분일까요? 우리의 지혜로 측량할 수 없습니다. 유한한 인간이 무한한 하나님을 모두 이해할 수 없습니다. 그렇지만 하나님은 우리를 위해서 스스로를 드러내 보여 주셨습니다. 이것을 계시라고 합니다. 하나님은 인간의 언어로 기록한 성경을 통해 우리에게 계시해 주셨습니다. 인간의 언어는 많은 한계를 지니고 있습니다. 말씀으로 무한한 하나님을 완전히 알 수는 없지만, 구원을 얻을 만한 지식을 얻기에 부족하지 않습니다. 성경에서 말하는 하나님은 삼위일체 하나님입니다. 성경에는 하나님을 세 분인 것처럼 표현된 말씀들이 있습니다. 예수님께서 세례를 받으실 때, 성부 하나님의 음성이 있었고, 성령님께서 비둘기처럼 임하셨습니다.

마태복음 3장 16-17절을 함께 읽어 봅시다.
"예수께서 세례를 받으시고 곧 물에서 올라오실째 하늘이 열리고 하나님의 성령이 비둘기같이 내려 자기 위에 임하심을 보시더니 하늘로서 소리가 있어 말씀하시되 이는 내 사랑하는 아들이요 내 기뻐하는 자라 하시니라."

성경은 하나님을 성부, 성자, 성령으로 표현하면서, 동시에 한 분으로 말씀합니다. 이 것을 삼위일체 하나님이라고 합니다. 삼위일체 하나님을 우리의 이성으로 모두 이해하 기는 어렵지만, 우리의 언어로 표현할 수 있는 최선이 삼위일체라는 말입니다. 이것을 325년에 열린 니케아 회의에서 이렇게 정리했습니다. 첫째, 유일하신 삼위일체 하나님 께서 계시는데, 곧 성부 하나님, 성자 하나님, 성령 하나님이십니다. 둘째, 성부 하나님, 성자 하나님, 성령 하나님은 분리되거나 나누어지지 않는 한 분 하나님이십니다. 셋째, 삼위일체 하나님은 구별된 위격으로 계십니다. 넷째, 성부 하나님, 성자 하나님, 성령 하 나님은 신적인 본질에 있어서 동일하십니다. 그래서 우리가 하나님을 말할 때 "한 분 하 나님은 삼위로 계신다."라고 고백하는 것이 가장 성경에 맞는 표현입니다. 삼위로 계신 하나님은 서로 갈등하거나 싸우지 않습니다. 아름다운 하나입니다. 구별된 위격은 서로 사랑하셔서 모든 다른 것들의 아름다운 연합에 대한 근거가 됩니다. 우리가 서로 다르 더라도, 하나님 안에서 서로 아름다운 연합이 될 수 있는 이유입니다.

오늘 예배하면서, 삼위일체 하나님께서 구별되지만, 분리되지 않는 아름다운 연합으 로 모든 것을 지으시고, 우리를 위한 구원을 계획하고 실행하고 적용해 주신 은혜를 찬 양하고 감사합시다. 우리가 서로 다르고 차이가 나더라도 하나 되고 연합해야 하는 이 유는, 삼위 하나님은 온전한 하나이기 때문입니다. 우리 가정이 하나님 안에서 하나 되 기를 위해 기도합시다.

✤ **25문: 오직 한 분 하나님만 계시는데, 당신은 왜 삼위, 곧 성부, 성자, 성령을 말합니까?**
✤ **답:** 왜냐하면 하나님께서 자신을 그의 말씀에서 그렇게 계시하셨기 때문입니다. 곧 이 구별된 삼위는 한 분이시요 참되고 영원하신 하나님이십니다.

🌱 **기도하기**
하나님 아버지, 한 분이신 하나님께서는 성부, 성자, 성령, 삼위로 계신다는 것을 믿음으로 고백합니 다. 우리가 삼위일체 교리에 담겨 있는 신비와 은혜, 그리고 큰 사랑을 더 깊이 깨달아 알게 해주세 요. 예수님의 이름으로 기도드립니다. 아멘.

chapter 026

성부 하나님에 대해 무엇을 믿습니까?

❖ 찬송 6장(전능왕 오셔서)

❖ 주제 구절 창세기 1장 1절

태초에 하나님이 천지를 창조하시니라

사도신경은 세 단락으로 나누어집니다. 성부 하나님, 성자 하나님, 성령 하나님으로 구분됩니다. 첫째 내용은 성부 하나님에 대한 고백입니다. 성부 하나님에 대해서 두 가지로 고백합니다. 첫째는 전능하셔서 천지를 창조하신 하나님입니다. 둘째는 우리의 아버지 되신 하나님이십니다. 이것은 하나님의 절대성과 인격성을 동시에 고백하는 내용입니다.

세상 사람들이 만들어낸 종교에서 신은 절대적이거나 인격적입니다. 절대적인 신은 무한한 능력과 힘을 가지고 있습니다. 이런 신은 인자와 자비가 없이 심판과 벌을 줍니다. 인격적인 신은 그리스 로마 신화에 나오는 신들처럼 인간적인 성품을 가지고 있지만, 절대적이지는 않습니다. 세상 사람들이 만든 신은 절대적인 면만 말하거나, 혹은 인격적인 면만을 말합니다. 그러나 성경에서 말하는 하나님은 절대적인 면과 인격적인 면을 모두 갖추고 계십니다. 이것을 비공유적 속성과 공유적 속성이라고 말하기도 합니다. 비공유적 속성은 무한하고 불변하며 영원하신 하나님의 존재를 말합니다. 공유적인 속성은 인간에게도 보여지는 사랑과 정의와 지혜와 같은 속성을 말합니다. 하나님은 전능하시고 무한하시며 불변하시는 영원한 존재로서, 우리를 불쌍히 여기시고 사랑하시며 복 내려주시기를 기뻐하시는 분입니다. 사랑 많으신 하나님께서 우리를 위해서 무한한 능력으로 돌보시며 지키시고 섭리해 주십니다.

로마서 8장 28절 말씀을 함께 읽어 봅시다.

"우리가 알거니와 하나님을 사랑하는 자 곧 그 뜻대로 부르심을 입은 자들에게는 모든 것이 합력하여 선을 이루느니라."

우리에게 일어나는 모든 고난과 고통을 무한한 지혜로, 우리를 향한 하나님의 선하신 목적을 이루시는데 사용하셔서 영광을 얻으십니다.

오늘 예배드리면서, 전능하셔서 천지를 만드신 하나님께서 우리를 지금도 돌보시는 은혜를 감사합시다. 또한 고난과 고통 중에 있더라도 무한한 지혜로 모든 문제를 해결해 주심을 믿고 기도합시다.

✤ **26문: "전능하신 성부 하나님, 천지의 창조주를 나는 믿사오며"라고 고백할 때 당신은 무엇을 믿습니까?**

✤ **답:** 우리 주 예수 그리스도의 영원하신 아버지께서 아무것도 없는 중에서 하늘과 땅과 그 가운데 있는 모든 것을 창조하셨고, 또한 그의 영원한 작정과 섭리로써 이 모든 것을 여전히 보존하고 다스리심을 믿으며, 이 하나님께서 그의 아들 그리스도 때문에 나의 하나님과 나의 아버지가 되심을 나는 믿습니다. 그분을 전적으로 신뢰하기에 그가 나의 몸과 영혼에 필요한 모든 것을 채워 주시며, 이 눈물 골짜기 같은 세상에서 당하게 하시는 어떠한 악도 합력하여 선을 이루게 하실 것을 나는 조금도 의심치 않습니다. 그는 전능하신 하나님이기에 그리하실 수 있고, 신실하신 아버지이기에 그리하기를 원하십니다.

🏺 **기도하기**

하나님 아버지, 전능하신 능력으로 천지를 지으시고 우리의 생사화복을 주관해 주시니 감사합니다. 어려운 일을 만날 때 무한한 지혜로 회복의 문을 열어 주시길 원합니다.

chapter 027

하나님의 섭리란 무엇입니까?

❖ 찬송   19장(찬송하는 소리 있어)

❖ 주제 구절   잠언 16장 33절

사람이 제비는 뽑으나 일을 작정하기는 여호와께 있느니라

자동차를 만들 때 가장 먼저 하는 일은 무엇일까요? 공장에서 만들어내기 위해서는 먼저 설계가 필요합니다. 설계는 자동차의 디자인과 부품에 대한 세부적인 정보가 포함이 됩니다. 수많은 부품이 한 치의 오차도 없이 잘 만들어지고 난 후에 공장에서 조립을 하게 됩니다. 모든 제품도 이와 동일합니다. 먼저 설계를 하고 난 후에 제작을 합니다.

이 세상은 하나님께서 즉흥적으로 만드시지 않고 이미 영원 전부터 작정하셔서 계획대로 만드셨습니다. 시간과 공간을 포함해서 모든 눈에 보이는 것을 만드셨습니다. 만드신 후에 보시기에 좋다고 말씀하셨습니다. 무한한 지혜로 창조하셨기 때문에 천지는 한 치의 오차도 없이 운행되고 있습니다. 우리 인생에 대한 계획도 실패가 없습니다. 완전한 계획으로 우리를 만드셔서 시간과 공간에서 일어나는 모든 것을 지금도 운행해 가십니다. 비록 인간의 죄악으로 원래 형상이 훼손되었다 하더라도 하나님은 죄가 들어온 세상을 다스려 가십니다. 죄가 하나님의 계획을 막을 수 없습니다. 창조를 통해서 하나님은 영광을 받으십니다. 인간의 범죄에 불구하고 하나님은 영원토록 영광과 찬양을 받으십니다. 비록 인간의 죄악으로 우리에게 고통과 고난이 있고 하나님의 말씀에 순종하지 못하는 죄가 있다고 하더라도 하나님의 자녀에게 일어나는 모든 일을 합력해서 하나님의 계획을 이루는 데 사용하십니다.

마태복음 10장 29-30절 말씀을 함께 읽어 봅시다.

"참새 두 마리가 한 앗사리온에 팔리는 것이 아니냐 그러나 너희 아버지께서 허락지 아니하시면 그 하나라도 땅에 떨어지지 아니하리라 너희에게는 머리털까지 다 세신바 되었나니."

혹시 지금 우리에게 일어난 일이 이해되지 않는다고 하더라도, 하나님은 측량할 수 없는 지혜로 우리의 모든 것을 다스려 가십니다. 또한 우리가 구원에서 떨어지지 않도록 보존하시며 하나님의 영광을 위해서 고난까지도 합력해서 선을 이루십니다.

오늘 예배하면서, 이해하기 어려운 일을 만나서 어려움이 있다면 하나님의 섭리를 믿는 믿음을 구합시다. 하나님은 자녀된 우리를 포기하지 않으시고 합력해서 선을 이루신다는 사실을 고백할 수 있는 은혜를 달라고 기도합시다.

✤ **27문: 하나님의 섭리란 무엇입니까?**

✤ **답:** 섭리란, 하나님의 전능하고 언제 어디나 미치는 능력으로, 하나님께서 마치 자신의 손으로 하듯이, 하늘과 땅과 모든 피조물을 여전히 보존하고 다스리시는 것입니다. 그리하여 잎새와 풀, 비와 가뭄, 풍년과 흉년, 먹을 것과 마실 것, 건강과 질병, 부와 가난, 참으로 이 모든 것이 우연이 아니라 아버지와 같은 그의 손길로 우리에게 임합니다.

🌱 기도하기

하나님 아버지, 무한한 지혜와 능력으로 만물을 보존하시고 통치하시고 협력하여 선을 이루어 주셔서 감사드립니다. 우리에게 오는 어려움까지 합력하여 선을 이루시는 하나님을 믿고 신뢰하며 항상 평안 가운데 살아갈 수 있도록 도와주시옵소서.

chapter 028

왜 창조와 섭리를 알아야 합니까?

✤ 찬송　79장(주 하나님 지으신 모든 세계)

✤ 주제 구절　데살로니가전서 5장 18절

범사에 감사하라 이는 그리스도 예수 안에서 너희를 향하신 하나님의 뜻이니라

인생은 우연한 일들의 연속입니다. 일하다가 우연히 만난 사람인데, 오랫동안 도움을 주고받으며 좋은 관계로 지내는 경우가 있는가 하면, 때로는 우연한 사고 때문에 큰 손해를 볼 때도 있습니다. 살아가는 모든 순간은 우연이라는 시간과 연결되어 있습니다.

　우리에게 일어나는 우연한 일은 하나님과 아무런 상관이 없을까요? 하나님도 간섭하기 힘든 일들일까요? 그렇지 않습니다. 하나님은 우연한 일이라도 모두 하나님의 영광을 위해서 다스리십니다. 혹시 우연한 사고로 고난을 당한다고 하더라도 하나님은 선하게 사용하십니다. 모든 일은 하나님의 뜻과 계획 안에 있습니다. 하나님의 의지 안에서 통치해 가십니다. 하나님은 창조로 이 세상을 만드시고, 섭리로 이 세상의 모든 일을 다루어 가십니다. 창세기에 요셉이 나옵니다. 요셉은 어릴 때 형들의 시기로 미디안 상인들에게 노예로 팔립니다. 갖은 고생을 다하고 감옥까지 가게 됩니다. 요셉은 단지 아버지에게 사랑을 받고 하나님께서 허락하신 꿈으로 가정에 대한 하나님의 구원계획을 말했을 뿐입니다. 그러나 요셉은 형들에게 미움을 받게 되고 생각지도 못한 고난을 당하며 젊은 시간을 노예로 살다가 누명을 쓰고 감옥에서 고생하게 됩니다. 그러나 하나님은 요셉에게 일어난 모든 일을 사용하십니다. 하나님께서 아브라함에게 약속하셨던 큰 민족에 대한 계획을 요셉에게 일어난 고통스러운 사건을 모두 사용하셔서 하나님의 구원 계획을 이루고야 마십니다. 아무리 인간이 하나님의 계획을 막으려고 해도 우연한 사건과 사고조차도 놀라운 하나님의 지혜로 선을 이루시는 데 사용하십니다. 우연한 사

건조차도 하나님은 모두 사용하십니다.

로마서 8장 39절 말씀을 함께 읽어 봅시다.
"높음이나 깊음이나 다른 아무 피조물이라도 우리를 우리 주 그리스도 예수 안에 있는 하나님의 사랑에서 끊을 수 없으리라."

왜 우리에게 일어나는 모든 것을 사용하실까요? 우리는 하나님의 자녀이기 때문입니다. 선택하신 자녀를 사랑하시고 악한 자에게서 보호하시며 구원을 완성시키고야 마십니다. 아무리 사단이 유혹하고 시험하더라도 이길 힘과 견딜 만한 인내를 더해 주셔서 결국 승리하게 하십니다.

오늘 예배하면서 하나님의 섭리 안에 우리가 있다는 사실을 다시 한 번 확신합시다. 고난과 어려움 중에서 하나님의 다스려 가시는 섭리를 고백하며 인내 가운데서 하나님의 역사를 경험할 수 있기를 함께 기도합시다.

✤ **28문: 하나님께서 모든 것을 창조하시고 섭리로써 여전히 보존하심을 아는 것이 우리에게 어떤 유익을 줍니까?**

✤ **답**: 우리는 어떠한 역경에서도 인내하고, 형통할 때에 감사하며, 또한 장래 일에 대해서도 우리의 신실하신 하나님 아버지를 굳게 신뢰하여 어떠한 피조물이라도 우리를 하나님의 사랑에서 끊을 수 없으리라 확신합니다. 모든 피조물이 완전히 하나님의 손안에 있으므로 그의 뜻을 거슬러 일어나는 일은 하나도 없습니다.

🌱 **기도하기**

하나님 아버지, 우리를 향한 하나님의 섭리를 믿습니다. 어떤 고난 중에서라도 흔들리지 않고 견고한 인내를 주심을 믿으며 이길 수 있도록 도와주시옵소서. 인내로서 믿음 가운데 하나님을 소망할 때, 어떻게 우리의 모든 것을 다스려 가시는지 경험할 수 있게 도와주시옵소서.

chapter 029

예수님이라는 이름의 뜻은 무엇입니까?

❖ 찬송　91장(슬픈 마음 있는 사람)

❖ 주제 구절　마태복음 1장 21절

아들을 낳으리니 이름을 예수라 하라 이는 그가 자기 백성을 저희 죄에서 구원할 자이심이라 하니라

사도신경은 세 단락으로 나누어집니다. 오늘 29문부터 두 번째 단락입니다. 성자 하나님이신 독생자 예수 그리스도에 대한 믿음입니다. 여러 이름 중에 먼저 예수라는 이름에 대해서 생각해 보겠습니다. 예수라는 말은 구원을 베풀어 주는 분이라는 뜻입니다. 원래 하나님이셨던 예수님은 인간으로 이 땅에 오시면서 사람의 이름을 가지셨습니다. 사람이 태어날 때 이름을 부모가 붙여 줍니다. 인간적인 혈통에 따라서 태어나기 때문입니다. 그러나 예수님은 다윗의 자손으로서 하나님의 약속으로 태어나시긴 했지만, 아버지 요셉의 씨에서 태어나지 않았습니다. 혈통은 다윗의 자손이지만, 실제로 잉태된 것은 성령님으로 인해서 잉태 되었습니다.

　인간의 방법으로 출생하지 않으셨습니다. 인간의 이름을 가졌지만, 인간의 방법으로는 오시지 않았습니다. 왜냐하면 인간의 씨로 오게 되면, 구원자가 될 수 없기 때문입니다. 오직 성령으로 잉태되셔야만 원죄로부터 자유로울 수 있기 때문입니다. 아담 이래로 모든 인간은 육신의 혈통을 따라 태어나면서 원죄를 가지고 태어납니다. 원죄를 가진 모든 사람은 자범죄를 짓게 됩니다. 즉, 씨앗은 반드시 열매를 맺기 때문입니다. 원죄의 씨앗은 죄의 성향을 가진 사람으로 성장하게 됩니다. 예수님께서 원죄를 가지고 요셉이라는 사람의 혈통에 따라 나셨다면, 원죄를 물려 받을 수밖에 없습니다. 그렇다면, 인간의 죄를 위해서 대신 죽으실 만한 가치와 인간을 대표할 만한 자격이 되지 않습니다. 예수님은 절대 사람의 씨로 태어나서는 안 됩니다. 우리의 구원자가 되기 위해서는

오직 사람의 씨가 아닌 성령으로 잉태되어야만 합니다.

마태복음 1장 18절을 함께 읽어 봅시다.
"예수 그리스도의 나심은 이러하니라 그 모친 마리아가 요셉과 정혼하고 동거하기 전에 성령으로 잉태된 것이 나타났더니"

구원자는 어떤 죄와도 상관이 없는 거룩하고 흠결이 없는 어린 양으로서 세상의 어떤 인간과 비교할 수 없는 고결하고 숭고한 아름다움을 가진 하나님의 아들이어야만 합니다. 인간의 죄는 너무나 깊고 엄중합니다. 하나님의 극심한 진노를 받아 영원한 형벌에 떨어질 수밖에 없을 정도로 비참합니다. 앞으로 오는 모든 세대의 죄까지도 짊어지고, 인류를 대표하는 사람이 되기 위해서는 오직 성령으로만 잉태되어야 합니다. 이 방법 외에는 다른 방법이 없습니다. 이렇게 거룩하신 자로 나서야 우리를 위해 대속의 죽음을 당하시고 하나님의 모든 공의를 만족하실 수 있습니다. 예수님의 이름은 그래서 너무나 존귀한 이름이며 이 세상의 어떤 이름과 비교할 수 없는 아름답고 숭고하며 거룩한 이름입니다.

오늘 예배하면서, 우리를 위해서 이 땅에 오신 예수님의 은혜에 감사합시다. 우리를 위해서 하늘 영광을 버리고 오신 예수님의 사랑을 깊이 알 수 있도록 기도합시다.

✤ 29문: 왜 하나님의 아들을 예수, 곧 구주(救主)라 부릅니까?
✤ 답: 그가 우리를 우리 죄에서 구원하시기 때문이고, 또 그분 외에는 어디에서도 구원을 찾아서도 안 되며 발견할 수도 없기 때문입니다.

🌱 기도하기
하나님 아버지, 우리를 위해서 독생하신 예수님을 이 땅에 보내 주셔서 감사드립니다. 우리가 예수님의 사랑으로 죄 사함을 얻어 구원을 얻었습니다. 이 은혜와 사랑을 찬양하고 높여드립니다. 그 사랑으로 살아갈 수 있도록 인도해 주시옵소서.

chapter 030

예수님만이 유일한 구원자입니까?

✤ 찬송   542장(구주 예수 의지함이)

✤ 주제 구절   디모데전서 2장 5절

하나님은 한 분이시요 또 하나님과 사람 사이에 중보도 한 분이시니 곧 사람이신 그리스도 예수라

세상 사람들은 오직 기독교에만 구원이 있다는 사실에 반감을 가지고 있습니다. 독단적인 종교라고까지 말합니다. 세상의 모든 종교가 구원을 준다고 말하며, 등산로는 여러 갈래이지만, 결국 하나의 정상에 이르게 된다고 주장합니다. 과연 맞는 주장일까요? 그렇지 않습니다. 인간의 이성과 마음은 타락해서 바른 구원의 진리를 분별할 수 없습니다. 칼뱅은 『기독교강요』에서 세상 사람들의 종교에 대해서 이런 비유로 말합니다. 어떤 사람이 아주 어두운 밤길을 헤매며 집으로 가는 길을 찾지 못하고 있는데, 갑자기 하늘에서 번개가 쳐서 아주 짧게 집으로 가는 길이 보였다고 하더라도, 그 짧은 순간의 기억을 따라서 집으로 가는 길을 정확히 찾기는 어렵다고 합니다. 즉, 인간에게 구원에 이르는 희미한 의식은 있지만, 이미 죄로 너무나 어두워져서, 바른 길을 결코 찾을 수 없다는 것입니다.

기독교가 유일한 구원을 주는 이유는 무엇입니까? 오직 예수님만이 구원에 이르는 유일한 길이기 때문입니다. 하나님은 영생을 얻는 방법을 예수님 말고 다른 방법을 알려주시지 않았습니다.

요한복음 14장 6절 말씀을 함께 읽어 봅시다.

"예수께서 가라사대 내가 곧 길이요 진리요 생명이니 나로 말미암지 않고는 아버지께로 올 자가 없느니라."

인간이 지혜롭고 많은 깨달음을 얻었다 하더라도 여전히 원죄와 자범죄에 머물러 있기 때문에 구원의 바른 길을 찾을 수 없습니다. 오직 하나님께서 알려주셔야 인간은 참된 구원의 길을 알 수 있습니다. 인간의 이성은 완전하지 않습니다. 인간의 생각과 마음도 불완전합니다. 완전하신 하나님께서 성경 말씀으로 알려주신 계시로만 오직 구원의 길을 찾을 수 있습니다. 하나님께서 천하에 구원 얻을 만한 다른 이름을 주신 일이 전혀 없습니다. 예수님 외에 그 어떤 이름도 구원을 줄 수 없습니다. 예수님만이 우리에게 참된 구원이요, 진리요, 영생입니다.

오늘 예배하면서, 우리가 구원을 얻을 수 있는 참된 진리의 길을 알려주신 하나님께 감사합시다. 예수님을 영접할 수 있는 믿음을 허락하신 하나님께 감사하며, 예수님만을 나의 주인으로 온전히 모시고 살아갈 수 있게 기도합시다.

✤ 30문: 그렇다면 자신의 구원과 복을 소위 성인(聖人)에게서, 혹은 자기 자신이나 다른 데서 찾는 사람들도 유일한 구주이신 예수를 믿는 것입니까?

✤ 답: 아닙니다. 그들은 유일한 구주이신 예수를 말로는 자랑하지만 행위로는 부인합니다. 예수가 완전한 구주가 아니든지, 아니면 참된 믿음으로 이 구주를 영접한 자들이 그들의 구원에 필요한 모든 것을 그에게서 찾든지, 둘 중의 하나만 사실입니다.

🌱 **기도하기**

하나님 아버지, 예수님만이 유일한 구원자이심을 고백합니다. 세상 사람은 멸망의 길로 가지만, 우리에게 영생의 길로 인도해 주셔서 감사합니다. 오직 예수님만 의지하며 살아갈 수 있게 인도해 주시옵소서.

chapter 031

예수님이 '그리스도'라는 말이 무슨 뜻입니까?

✤ 찬송   353장(십자가 군병 되어서)

✤ 주제 구절   누가복음 4장 18절

주의 성령이 내게 임하셨으니 이는 가난한 자에게 복음을 전하게 하시려고 내게 기름을 부으시고 나를 보내사 포로 된 자에게 자유를, 눈먼 자에게 다시 보게 함을 전파하며 눌린 자를 자유케 하고

사도신경에서 고백하는 성자 하나님의 명칭은 모두 네 가지입니다. 외아들, 예수님, 그리스도, 주입니다. 그리스도라는 말은 '기름 부음을 받은 자'라는 뜻입니다. 히브리어로는 '메시아'라고 합니다. 메시아와 그리스도는 같은 말입니다. 그러면 왜 그리스도라는 이름이 별도로 있을까요? 예수라는 이름은 인간으로 사실 때 가진 이름입니다. 그리스도는 직분에 대한 이름입니다. 예수님은 어떤 일을 하셨는지 그리스도라는 이름에 들어 있습니다. 본래 구약 시대 때 기름 부음을 받은 직분은 세 종류였습니다. 왕, 선지자, 제사장이었습니다. 세 직분은 구약 시대에 하나님의 뜻과 말씀과 통치를 보여 주기 위해서 특별하게 선택된 사람들이었습니다. 구약 시대의 세 가지 직분을 모두 다 이루신 분이 바로 예수님이십니다.

구약 시대 세 직분은 모두 온전하지 않았습니다. 하나님께 기름 부음을 받고 하나님 나라의 통치를 보여 주어야 하는 왕은 모두 다 타락해서 죄를 지었습니다. 다윗도 통치하면서 많은 죄를 지었습니다. 그럼에도 하나님이 다윗을 비롯한 다른 왕들을 버리지 않은 이유는 하나님의 언약 때문이었습니다. 이스라엘 왕의 혈통을 통해서 영원한 왕을 보내 주시겠다고 언약하셨기 때문에, 영광의 왕 예수 그리스도를 보내어 주셨습니다. 제사장들도 하나님께 예배하며 백성을 대표해서 제사로 섬겼지만, 일시적인 섬김일 뿐이었고, 짐승의 피가 인간의 모든 죄를 사할 수 없었습니다. 어린양의 피로 장차 오실 예수 그리스도를 바라보며 믿는 믿음 가운데서 '의롭다 함'을 얻었습니다. 예수 그리스도

는 희생 제물이 되셔서 한 번에 완전한 제사를 드리셨습니다. 선지자들도 기름 부음을 받았지만, 선지자의 가르침을 백성들이 받아들이지 못하고 끊임없이 범죄 했습니다. 그러나 예수 그리스도께서 이제 그 말씀을 우리 심령에 새겨주셔서 성령님을 통해서 깨닫고 회개하며 하나님께 순종하는 마음과 의지를 더하여 주십니다.

사도행전 3장 22절 말씀을 함께 읽어 봅시다.
"모세가 말하되 주 하나님이 너희를 위하여 너희 형제 가운데서 나 같은 선지자 하나를 세울 것이니 너희가 무엇이든지 그 모든 말씀을 들을 것이라."

예수 그리스도는 선지자, 왕, 제사장의 모든 직분을 완전하게 모두 실행하셨습니다. 예수님께서 우리를 위한 그리스도로 오셔서, 완전한 왕으로 통치하시며, 온전한 선지자로서 우리를 가르치시고, 거룩한 제사장으로서 우리를 위해 희생제물이 되셨습니다.

오늘 예배하면서, 예수님께서 그리스도로 우리를 통치하시고, 가르치시고, 하나님과 화목케 하신 은혜를 감사합시다. 지금도 어려운 중에라도 우리를 위한 예수님의 사랑을 의지하며 살아갈 때, 회복의 은혜와 복을 허락해 주시길 기도합시다.

✤ 31문: 그분을 왜 그리스도, 곧 '기름 부음을 받은 자'라 부릅니까?
✤ 답: 왜냐하면 그분은 성부 하나님으로부터 임명을 받고 성령으로 기름 부음을 받으셨기 때문입니다. 그분은 우리의 큰 선지자와 선생으로서 우리의 구원을 위한 하나님의 감추인 경영과 뜻을 온전히 계시하시고, 우리의 유일한 대제사장으로서 그의 몸을 단번에 제물로 드려 우리를 구속(救贖)하셨고, 성부 앞에서 우리를 위해 항상 간구하시며, 또한 우리의 영원한 왕으로서 그의 말씀과 성령으로 우리를 다스리시고, 우리를 위해 획득하신 구원을 누리도록 우리를 보호하고 보존하십니다.

🌱 기도하기
하나님 아버지, 예수님이 그리스도이심을 고백합니다. 우리를 위해 선지자로, 제사장으로, 왕으로 이 땅에 오신 그리스도께 감사드립니다.

chapter 032

왜 우리를 그리스도인이라고 합니까?

✤ 찬송 333장(충성하라 죽도록)

✤ 주제 구절 베드로전서 2장 9절

오직 너희는 택하신 족속이요 왕 같은 제사장들이요 거룩한 나라요 그의 소유된 백성이니 이는 너희를 어두운 데서 불러내어 그의 기이한 빛에 들어가게 하신 자의 아름다운 덕을 선전하게 하려 하심이라

자녀는 부모를 닮습니다. 얼굴, 말투, 걸음걸이도 닮습니다. 자녀는 부모와 함께 살고 수많은 대화를 하며 많은 경험을 공유하기 때문입니다. 예수님을 믿는 우리는 그리스도인✦이라고 불립니다. 그리스도인이라는 뜻은 그리스도를 닮은 사람이라는 뜻입니다.

이 단어는 사도행전에 안디옥이라는 지역에 있던 제자들을 향해서 붙여진 이름이었습니다. 예수님처럼 사랑하고 섬기고 인내하며 예배할 뿐만 아니라 예수님의 향기를 드러내는 사람들이었습니다. 그리스도인은 스스로 붙인 이름이 아니라, 주변 사람들이 붙여준 이름이었습니다. 왜 이들은 이런 이름을 가지게 되었을까요? 사람은 항상 생각하고 묵상하며 존경하는 대상을 닮기 마련입니다. 제자들은 복음을 증거하면서 항상 예수님을 닮고 예수님처럼 살기에 힘을 썼습니다. 예수님을 닮은 것은 예수님의 기름 부음에 참여하는 것입니다. 예수님의 선지자, 왕, 제사장의 일을 우리가 받게 됩니다. 우리도 선지자로서 예수님의 이름에 대한 살아 있는 증인이 되어 말씀을 증거하고 말씀대로 살기로 힘을 내게 됩니다. 우리는 제사장으로서 나 자신을 하나님과 이웃을 위한 산 제물이 되어 감사의 제사를 날마다 드리며 죄에 대해 죽고 의에 대해서 날마다 살아나게 됩니다. 또한 우리는 왕으로서 말씀을 통해 변화된 심령과 선한 양심으로 죄와 마귀에 맞

✦ 그리스도인을 영어로 'Christian'(크리스천)이라고 하는데, 이는 그리스도를 의미하는 'Christ'(크라이스트)에서 파생된 단어입니다. 또한 기독교의 '기독(基督)'이라는 단어도 '그리스도'를 한자로 음역한 표현입니다.

서서 싸우고, 이후로는 그분과 함께 모든 피조물을 다스리게 됩니다.

이제 우리는 예수님을 좇으며 어려운 중에도 감사의 고백으로 고난을 이길 수 있게 되고, 말씀을 통해서 주시는 은혜를 따라 하나님께 순종하기를 배워, 모든 시험과 환란을 대적하고 이길 수 있게 됩니다.

에베소서 4장 15절을 함께 읽어 봅시다.
"오직 사랑 안에서 참된 것을 하여 범사에 그에게까지 자랄지라 그는 머리니 곧 그리스도라."

그리스도인은 가장 중요한 우리의 또 다른 이름입니다. 어떤 직분과 은사보다 앞서는 중요한 우리의 정체성입니다. 우리는 그리스도를 따르며 그에게까지 자라야 하는 하나님의 자녀입니다.

오늘 예배하면서, 내가 참된 그리스도인으로 살 수 있기를 위해서 함께 기도합시다. 그리스도인으로서 부족한 부분이 있다면 무엇인지 고백하고, 온전한 그리스도인으로 예수님 안에서 자라나기를 위해서 기도합시다.

✤ **32문: 그런데 당신은 왜 그리스도인이라 불립니까?**

✤ **답:** 왜냐하면 내가 믿음으로 그리스도의 지체(肢體)가 되어 그의 기름 부음에 참여하기 때문입니다. 나는 선지자로서 그의 이름의 증인이 되며, 제사장으로서 나 자신을 감사의 산 제물로 그에게 드리고, 또한 왕으로서 이 세상에 사는 동안은 자유롭고 선한 양심으로 죄와 마귀에 대항하여 싸우고, 이후로는 영원히 그와 함께 모든 피조물을 다스릴 것입니다.

🌱 **기도하기**
하나님 아버지, 우리를 그리스도인으로 불러주셔서 감사드립니다. 우리가 선지자, 제사장, 왕으로서 충성스럽게 살아가도록 도와주세요. 예수님의 이름으로 기도드립니다. 아멘.

chapter ## 033

예수님이 '하나님의 외아들'이라는 말이 무슨 뜻입니까?

✤ 찬송 523장(어둔 죄악 길에서)

✤ 주제 구절 요한복음 1장 14절

말씀이 육신이 되어 우리 가운데 거하시매 우리가 그 영광을 보니 아버지의 독생자의 영광이요 은혜와 진리가 충만하더라

사도신경에서 고백하는 성자 하나님의 명칭은 모두 네 가지입니다. 예수님, 그리스도, 주, 외아들입니다. 사도신경을 외울 때 성부 하나님에 대한 고백에서 제일 먼저 나오는 고백이 외아들을 믿는다는 고백입니다. 외아들이란 하나밖에 없는 독생자를 말합니다. 성부 하나님은 아들이 있습니다. 성자 하나님이십니다. 그런데 육신적인 의미의 아들이 아닙니다. 성자 하나님은 성부 하나님에게서 나오긴 했지만, 두 가지 점에서 인간적 출생과 다릅니다. 첫째는 출생한 시점이 없습니다. 영원 전에 나셨다고 표현합니다. 이해하기 힘들겠지만, 성자 하나님이 태어난 시점을 지정하는 순간, 성자 하나님도 피조물이 되고 존재하지 않았던 시기가 생겨버리게 됩니다. 그렇게 되면, 성경에 나오는 성자 하나님과 성부 하나님의 동일한 본성과 본질에 대한 말씀에 모순이 생겨버립니다. 그래서 오래전 교회 역사에서 성부 하나님과 성자 하나님을 동일한 본질을 가진 하나님으로 고백하고 있습니다. 그래서 두 번째로 인간적 출생과 다른 점, 똑같은 성부 하나님과 똑같은 본질을 가지시고 동등한 영광을 가지고 계신 분이십니다. 본질에 있어서 완전히 같습니다.

요한복음 14장 9절을 함께 읽어 봅시다.

"예수께서 가라사대 빌립아 내가 이렇게 오래 너희와 함께 있으되 네가 나를 알지 못하느냐 나를 본 자는 아버지를 보았거늘 어찌하여 아버지를 보이라 하느냐."

사도신경은 이렇게 성부 하나님과 성자 하나님이 동일한 본질을 가진 하나님으로서 영광과 위엄이 같지만, 우리를 위한 사역은 구별되는 점을 고백하고 있습니다. 성부 하나님께서 전능하신 우리의 아버지로서 우리를 위한 구원을 계획하셨고, 성자 하나님이신 독생자 예수 그리스도께서 성부 하나님의 계획을 인간으로 오셔서 실행하셨다는 것을 말씀하고 있습니다. 우리를 위한 구원 사역은 성부 하나님, 성자 하나님, 성령 하나님께서 동일한 본질로 한 분 하나님의 능력 가운데서 행하신 능력입니다.

이제 우리가 하나님의 자녀가 되었다는 사실은 성자 하나님께서 성부 하나님의 아들이라는 의미와 다릅니다. 성자 하나님은 영원부터 아들이셨고, 원래 영광과 권능이 충만하셨던 분입니다. 우리는 본질상 진노의 자녀였지만, 그 은혜로 인하여 믿음으로 말미암아 구원을 얻은 자녀로서 입양되었습니다. 믿음을 선물로 받아 예수님을 나의 주인으로 고백할 때 하나님의 아들로 입양이 되어 예비하신 복과 유업을 누리게 되었습니다.

오늘 예배하면서, 우리를 위해서 성부 하나님의 아들로 오신 예수님께서 우리를 구속하시고 하나님의 자녀로 입양시켜 주신 은혜에 감사합시다. 하나님의 자녀 된 권세로 기도하며 하나님의 인도와 보호 가운데 살기를 기도합시다.

✤ 33문: 우리 역시 하나님의 자녀인데, 그분을 왜 '하나님의 독생자'라 부릅니까?
✤ 답: 왜냐하면 오직 그리스도만 본질로 하나님의 영원한 아들이시기 때문입니다. 우리는 그리스도로 말미암아 은혜로 입양된 하나님의 자녀입니다.

🌱 기도하기

하나님 아버지, 예수님께서 성부 하나님과 동일한 본질이신 하나님이라는 사실을 믿습니다. 하늘 영광을 버리고 우리를 위해서 이 땅에 오셔서 낮아지신 겸손으로 우리가 하나님의 자녀로 입양이 되었습니다. 이 사실을 항상 감사하며 하나님의 사랑 안에 거할 수 있게 도와주시옵소서.

chapter 034

예수님이 '우리 주'라는 말이 무슨 뜻입니까?

✤ 찬송　211장(값비싼 향유를 주께 드린)

✤ 주제 구절　사도행전 2장 36절

그런즉 이스라엘 온 집이 정녕 알지니 너희가 십자가에 못 박은 이 예수를 하나님이 주와 그리스도가 되게 하셨느니라 하니라

고대 사회에서 노예는 사고 파는 물건처럼 다루어졌습니다. 노예의 주인이 되려면 상당한 금액을 지불해야 했습니다. 주인이 생긴 노예는 몸에 주인의 소유물이라는 표시를 했습니다. 그런데 가끔 어떤 주인은 약하고 병든 노예를 위해서 상당한 금액을 지불하고 자신의 소유로 삼은 것이 아니라, 자유를 주는 경우도 있었습니다. 그는 이제 사람의 종이 아니라, 자유의 종이 될 수 있었습니다.

　본래 우리는 죄의 종이었습니다. 에베소서에는 우리가 공중 권세 잡은 자의 종노릇을 하고 있었다고 말씀하고 있습니다. 하나님은 죄의 종으로 살아가던 우리를 위해서 독생자이신 예수 그리스도를 보내어 주셔서 죄의 속박에서 벗어나게 하셨습니다. 우리에게 참 자유와 행복을 주셨습니다. 이제 우리는 사단에 속한 죄의 종이 아니라, 예수님께 속한 의의 종이 되었습니다. 이것은 또 다른 속박이 아니라, 참된 자유와 진리에 속한 사람으로서 참된 하나님의 형상을 회복시켜 주시며 하나님의 의와 진리와 거룩으로 지음 받았던 원래 모습으로 돌려주시는 은혜였습니다. 이제 우리가 예수님께 속한 사람이 되었습니다. 이것을 사도신경에서는 '주'라는 단어로 표현하고 있습니다. 예수님은 우리의 주인이라는 의미입니다. 억압하고 괴롭히는 주인이 아니라, 우리에게 넘치는 복을 주시는 주인이라는 의미입니다.

로마서 14장 8절 말씀을 함께 읽어 봅시다.

"우리가 살아도 주를 위하여 살고 죽어도 주를 위하여 죽나니 그러므로 사나 죽으나 우리가 주의 것이로라."

사도신경은 성자 하나님을 '주'라고 고백합니다. 성자 하나님의 이름은 '예수'입니다. 성자 하나님의 직분은 그리스도입니다. 성자 하나님과 우리의 관계는 주님이십니다. 주님은 우리의 주인이라는 뜻입니다. 무거운 멍에와 고통의 짐을 가볍게 하시며 복음 안에서 본래 아름다운 하나님의 형상을 회복시켜 주시는 참 좋으신 주님이십니다. 이스라엘 백성들이 애굽의 속박에서 신음할 때 하나님은 열 가지 재앙 속에서 백성들을 건져 내신 후에 노예 민족이 아니라, 참 자유가 있는 하나님 나라의 백성으로 삼아 주셨습니다. 예수님이 우리의 주인이시므로 우리는 예수님의 말씀을 가장 소중한 삶의 신념과 가치로 삼아 살아야 합니다.

오늘 예배하면서, 우리의 삶의 주인이 예수님 외에 다른 물질이나 사람이라면, 다시 예수님이 우리의 주인 되심을 고백합시다. 예수님이 참 주인이라면, 우리의 생명까지도 내 것이 아니라 예수님의 것이므로, 예수님께서 우리의 삶을 책임지고 인도해 가심을 믿읍시다.

✤ **34문: 당신은 왜 그분을 "우리 주"라 부릅니까?**
✤ **답:** 왜냐하면 그분이 금이나 은이 아니라 그의 보혈로써 우리의 몸과 영혼을 우리의 모든 죄로부터 구속(救贖)하셨고, 우리를 마귀의 모든 권세에서 해방하여 주의 것으로 삼으셨기 때문입니다.

🌱 **기도하기**
하나님 아버지, 독생자 예수 그리스도가 우리의 주인이심을 고백합니다. 주 되신 예수님께 우리의 모든 것을 맡기고 의뢰하며 참된 평안을 누릴 수 있게 도와주시옵소서.

chapter O35

예수님이 '성령으로 잉태되고 동정녀에게서 태어났다'는 것은 무슨 말입니까?

✤ 찬송   122장(참 반가운 성도여)

✤ 주제 구절   누가복음 1장 35절

천사가 대답하여 가로되 성령이 네게 임하시고 지극히 높으신 이의 능력이 너를 덮으시리니 이러므로
나실 바 거룩한 자는 하나님의 아들이라 일컬으리라

사람은 부모에게서 태어납니다. 부모 없이 태어날 수 없습니다. 아버지의 씨와 어머니
의 밭으로 태아가 만들어져 사람으로 자랍니다. 예수님도 사람으로 태어나셨습니다. 그
런데 예수님의 탄생은 일반적인 상식으로 이해하기 힘든 방법이었습니다. 육신의 아버
지 요셉으로부터 씨를 받은 것이 아니라, 성령님으로 인해 태어나셨습니다. 어머니 마
리아의 몸에서 우리 인간과 같이 10개월을 지난 후에 육신으로 나셨습니다.

왜 예수님은 육신의 아버지 요셉의 씨를 받지 않으셨을까요? 요셉을 포함한 모든 인
간은 원죄를 가지고 있기 때문입니다. 인류의 대표자인 아담이 범죄한 후로 모든 인간
은 죄를 가지고 태어나며, 죄는 계속해서 유전이 됩니다. 원죄 없이 태어나는 사람은 없
습니다. 예수님께서 원죄를 물려받지 않고, 거룩하고 의로운 참된 인성을 가진 사람으
로 나시기 위해서 어떻게 해야 할까요? 사람의 씨로 나서는 인류를 대속하는 희생제물
이 될 수가 없습니다. 하나님의 모든 진노를 감당하고, 앞으로 오는 모든 세대의 죄까지
감당하기 위해서는 인류를 대표할 만큼 가치 있고 고결하고 순결하며 의로운 사람으로
나서야 대속할 수 있습니다. 육체로 오셔야지만 실제로 죽음의 형벌을 감당할 수가 있
습니다. 예수님은 육체로 오시되 죄가 없으셔야 합니다. 예수님께서 성령님으로 잉태
하신 것은 다른 방법이 없기 때문입니다. 오직 성령님으로 잉태되어 성육신하셔야지만,

우리를 위한 흠 없는 어린양으로서 대속의 제물이 되실 수 있는 것입니다. 성령으로 잉태된 예수님은 우리와 똑같은 육신의 몸으로 더위와 추위, 질병과 고통을 모두 경험하셨습니다.

히브리서 4장 15절 말씀을 함께 읽어 봅시다.
"우리에게 있는 대제사장은 우리 연약함을 체휼하지 아니하는 자가 아니요 모든 일에 우리와 한결같이 시험을 받은 자로되 죄는 없으시니라."

오늘 예배하면서, 어떤 죄도 없는 예수님께서 우리를 위해 성령으로 잉태되어 육신으로 오신 사실에 대해 감사합시다. 우리를 위해 받으신 인생의 모든 고난을 생각하며 신앙생활로 인해 당하는 우리의 고난을 믿음으로 이겨냅시다.

✤ **35문: "그분은 성령으로 잉태 되사, 동정녀 마리아에게서 나셨으며"라는 말로 당신은 무엇을 고백합니까?**
✤ **답:** 하나님의 영원한 아드님은 참 되고 영원한 하나님이시며 여전히 참 되고 영원한 하나님으로서, 성령의 사역(使役)으로 동정녀 마리아의 살과 피로부터 참된 인성(人性)을 취하셨습니다. 그리하여 또한 다윗의 참된 자손이 되고 모든 일에서 그의 형제들과 같이 되셨으나 죄는 없으십니다.

🌱 기도하기
하나님 아버지, 우리를 위해서 육신의 방법이 아닌 하나님의 방법으로 성육신하신 사실에 감사드립니다. 우리를 위해 육체로 오셔서 아무 죄도 없음에도 십자가 형벌을 당하시고 우리를 구원해 주셔서 감사드립니다.

chapter 036

예수님의 거룩한 잉태와 탄생은 누구를 위한 것입니까?

✤ 찬송   255장(너희 죄 흉악하나)

✤ 주제 구절   베드로전서 3장 18절

그리스도께서도 한 번 죄를 위하여 죽으사 의인으로서 불의한 자를 대신하셨으니 이는 우리를 하나님 앞으로 인도하려 하심이라 육체로는 죽임을 당하시고 영으로는 살리심을 받으셨으니

창세기에서 노아는 방주에서 나온 후 정착했습니다. 어느 날 노아가 술에 취해서 벌거벗고 누웠습니다. 이때 셈과 야벳은 겉옷을 걸치고 뒷걸음으로 들어가 아버지 노아의 부끄러움을 덮어 주었습니다. 노아는 자신의 부끄러움을 가린 셈과 야벳에게 복을 내리고, 비웃은 가나안 아들에게 저주를 했습니다.

사랑은 부끄러움을 덮고 가려주는 것입니다. 사랑은 허물을 덮어 주는 것입니다. 예수님은 이땅에 오셔서 우리의 죄를 가려 주셨습니다. 왜 예수님은 우리의 죄와 허물을 덮어 주셨을까요? 우리가 예수님을 위해서 먼저 선행을 베푼 것도 아니었습니다. 하나님과 원수 되었던 존재였지만, 예수님께서 육신으로 오셔서 우리 죄를 덮어 주셨습니다. 이것은 우리를 위한 사랑입니다. 우리의 죄와 허물로 죽을 수밖에 없었지만, 우리를 하나님 앞에 거룩한 자로 세우기 위해서 자신을 화목제물로 드리셔서 우리를 흠이 없는 자로 만들어 주셨습니다.

시편 32편 1절을 함께 읽어 봅시다.

"허물의 사함을 얻고 그 죄의 가리움을 받은 자는 복이 있도다."

복은 우리의 죄를 더 이상 하나님 앞에서 드러나지 않게 하는 은혜입니다. 아무리 우리가 스스로의 힘으로 죄를 가리기 위해 공로를 많이 쌓고 선한 행실을 많이 하더라도 죄를 덮을 수는 없습니다. 세상 종교는 스스로의 힘으로 죄를 덮고 해탈에 이르고 성인이 되어 하나님에게 이를 수 있다고 말합니다. 아무리 인간이 스스로 수행을 많이 하더라도 마음속에 있는 탐심과 욕망은 제어할 수 없습니다. 털끝만한 나쁜 상상 한 번만이라도 이것은 하나님 앞에서 심판을 면할 수 없습니다. 그러나 예수님은 완전하고 거룩한 분으로 이 땅에 오셔서, 우리의 죄를 가려 주셨습니다. 예수님은 완전하게 말씀에 순종하며 어떤 거짓과 죄가 없는 분으로 우리의 죄를 덮기에 충분한 능력이 있습니다. 인간으로 오신 것은 너무나 큰 고난이지만, 이것은 우리를 위한 고귀한 희생적 사랑이었습니다.

오늘 예배드리면서, 우리를 위해 어떤 죄도 없이 이 땅에 오신 예수님의 사랑을 감사합시다. 예수님으로 인해서 우리의 죄가 덮어진 사실을 고백했다면, 우리 또한 형제자매와 가족의 죄와 허물을 가릴 수 있기를 위해 기도합시다.

✤ **36문: 그리스도의 거룩한 잉태와 탄생은 당신에게 어떤 유익을 줍니까?**

✤ **답:** 그리스도는 우리의 중보자이시므로 잉태되고 출생할 때부터 가지고 있는 나의 죄를 그의 순결함과 온전한 거룩함으로 하나님 앞에서 가려줍니다.

🌱 **기도하기**

하나님 아버지, 우리의 죄인 된 모습을 가리기 위해서 독생자 예수님을 보내어 주셔서 감사드립니다. 그 어떤 흠도 없으신 어린 양 예수님께서 나의 허물을 가려주시고 중보자로 하나님의 은혜 보좌 앞에 나갈 수 있게 인도해 주셔서 감사드립니다. 이 사랑과 은혜 가운데 살아갈 수 있게 도와주시옵소서.

chapter 037

'고난을 받으사'라는 말이 무슨 뜻입니까?

✤ 찬송 150장(갈보리 산 위에)

✤ 주제 구절 마태복음 8장 17절

이는 선지자 이사야로 하신 말씀에 우리 연약한 것을 친히 담당하시고 병을 짊어지셨도다 함을 이루려 하심이더라

욥기서는 우리 인생에 관해 '고난을 위해서 태어난 인생'이라고 말씀합니다. 시편에서 모세는 우리 인생의 연수가 길더라도 그 자랑은 수고와 슬픔뿐이라고 말씀하고 있습니다. 성경에 나오는 모든 신앙인의 삶도 고난의 연속이었습니다. 이 땅에서 인생으로 살아가는 것은 고난의 연속입니다. 쉬운 인생은 하나도 없습니다. 이런 고단한 인생을 예수님께서 모두 경험하셨습니다.

예수님께서 하늘 영광을 버리고 인간으로 태어나신 것 자체도 고난이지만, 우리와 동일한 몸을 입고 살아가셨던 시간 자체가 고난이었습니다. 예수님은 나사렛이라는 작고 외진 시골마을에서 자랐습니다. 아버지 요셉의 가난한 가정에서 태어나 많은 동생과 더불어 살았습니다. 사역을 하시며 머리 둘 곳조차 없을 정도로 가난했습니다. 3년 동안 사역하시면서 제자들을 가르쳤지만, 그들은 모두 배신하고 저주하며 스승인 예수님을 떠났습니다. 십자가 형벌을 앞두고 유대인들에게 싫어 버린 바 되어 심한 욕설과 비아냥과 오해를 받으셔야만 했습니다. 가난하고 소외된 유대인들을 고치고 낫게 하셨지만, 이 모든 기적과 사랑을 보았던 유대인들은 환호에서 저주로 바꾸며 결국 빌라도 앞에서 십자가 형에 처하라는 누명을 씌웠습니다. 그 누구보다 하나님 말씀에 온전하게 순종하셨지만, 하나님을 모독한 죄명을 받아 유대인의 왕이라는 십자가 푯말 아래 참혹한 죽음을 당하셔야만 했습니다. 예수님은 몸이 너무나 약했습니다. 십자가를 지고 올라

갈 힘이 없어 시몬이 대신 지고 올라갔습니다. 십자가 처형을 당하고 나서 일반 사형수는 3일 정도 견디다 죽었지만, 예수님은 달리신 당일 운명하셨습니다. 예수님께서 이 땅에서 살 때, 모든 삶이 고단하고 힘겨운 삶이었지만, 이 모든 고난은 우리를 위한 사랑이었습니다.

이사야서 53장 4절을 함께 읽어 봅시다.
"그는 실로 우리의 질고를 지고 우리의 슬픔을 당하였거늘 우리는 생각하기를 그는 징벌을 받아 하나님께 맞으며 고난을 당한다 하였노라."

오늘 예배하면서, 예수님의 고난이 얼마나 큰 고통이었는지 생각해 봅시다. 나를 위한 이 땅에서의 모든 고난에 대해서 예수님께 감사합시다. 이 사랑을 간직하며 예수님처럼 복음을 위해 수고할 수 있는 믿음을 위해 기도합시다.

✤ **37문: "고난을 받으사"라는 말로 당신은 무엇을 고백합니까?**
✤ **답:** 그리스도는 이 세상에 사셨던 모든 기간에, 특히 생의 마지막 시기에 모든 인류의 죄에 대한 하나님의 진노를 자신의 몸과 영혼에 짊어지셨습니다. 그분은 유일한 화목제물로 고난을 당함으로써 우리의 몸과 영혼을 영원한 저주로부터 구원하셨고, 우리를 위해 하나님의 은혜와 의와 영원한 생명을 얻으셨습니다.

🌱 **기도하기**
하나님 아버지, 아무런 죄가 없는 예수님께서 우리를 위해서 받으신 고난을 생각해 봅니다. 예수님의 모든 고난은 우리의 죄 때문이었습니다. 우리의 죄가 얼마나 크고 참혹한지 다시 한 번 돌아보게 하시고 항상 회개하는 마음으로 우리의 죄를 하나님께 자복하며 거룩함을 입을 수 있게 도와주시옵소서.

chapter

038

'본디오 빌라도에게'라는 말이 무슨 뜻입니까?

✤ 찬송   457장(겟세마네 동산의)
✤ 주제 구절   요한복음 19장 4절
빌라도가 다시 밖에 나가 말하되 보라 이 사람을 데리고 너희에게 나오나니 이는 내가 그에게서 아무 죄도 찾지 못한 것을 너희로 알게 하려 함이로다 하더라

판사는 죄를 지은 사람에게 판결로 형벌을 내립니다. 판결을 받은 모든 사람에게는 전과자라는 이름이 생기고 사회 질서를 어지럽히고 피해를 주었다는 낙인이 찍히게 됩니다. 판사가 판결하기 전까지 법정에서는 검사와 변호사가 법정 논쟁을 통해서 죄의 유무를 따지게 됩니다. 변호사가 죄인의 무죄를 판사에게 설득해서 받아들여지면 죄가 없는 자가 되고, 죄를 판결해 달라는 검사의 요구가 합당하고 죄의 증거가 명확할 때 판사는 비로소 판결로 죄인으로 인정해서 벌을 내리게 됩니다.

사도신경에서 본디오 빌라도라는 이름을 특정해서 짧은 지면에 기록한 이유는 두 가지입니다. 역사성과 정죄라는 두 가지 이유 때문입니다. 첫째 이유에 대해서 설명하면, 초대교회 당시에 예수님의 성육신을 부정하고 예수님의 신성만 강조한 이단이 있었습니다. 예수님은 육체로 오실 수 없다는 이유였습니다. 당시에 세속적인 사상은 육체를 악한 것으로 보았습니다. 거룩한 예수님이 악한 육체로 올 수 없기 때문에 육체로 오신 것처럼 보였을 뿐이라는 주장을 합니다. 그러나 본디오 빌라도라는 역사적 인물이 예수님에 대한 사형 선고를 내렸습니다. 이것은 역사책에서 증거하고 있습니다. 예수님은 시간과 공간 안에서 실존했고 실제로 육체로 오셔서 우리의 죄를 담당하셨습니다.

둘째 이유에 대해서 설명하면, 예수님께서 실제로 죄인으로 판결이 내려졌다는 사실입니다. 역사 안에서 실제로 죄인이라는 판결이 날 때 예수님은 십자가 형벌을 받을 수

있습니다. 아무런 죄를 발견하지 못한 채 우리를 위한 십자가 형벌을 받으실 수가 없습니다. 예수님은 육체로 오셔서, 세상의 재판관에게 사형의 형벌을 받으심으로 실제 정죄가 되었습니다. 이 정죄를 받으셨기 때문에, 실제로 사형을 당하실 수 있었습니다. 빌라도는 예수님의 무죄를 알고 있었지만, 무리들의 요구에 실제 사형을 받아야 했던 바라바를 놓아주고 무죄한 예수님을 십자가에 내어 줄 수밖에 없었습니다. 바라바를 보면 우리의 모습이 보입니다. 우리가 사형을 받아야 하지만, 예수님께서 정죄를 받으시고 십자가 처벌이 내려졌고, 대신 바라바는 자유를 얻었기 때문입니다.

이사야서 53장 6절 말씀을 함께 읽어 보겠습니다.
"우리는 다 양 같아서 그릇 행하여 각기 제 길로 갔거늘 여호와께서는 우리 모두의 죄악을 그에게 담당시키셨도다."

오늘 예배하면서, 빌라도에게 사형수로 판결 받으시므로, 나의 죄를 가져 가시고, 자유를 주신 예수님의 은혜에 감사합시다. 예수님으로 인한 자유로 육신의 기회를 삼지 않고, 하나님을 진심으로 예배하고 이웃을 위한 사랑을 드러낼 수 있도록 기도합시다.

✢ **38문:** 그분은 왜 재판장 "본디오 빌라도 아래에서" 고난을 받으셨습니까?
✢ **답:** 그리스도는 죄가 없지만 세상의 재판장에게 정죄(定罪)를 받으셨으며, 이로써 우리에게 임할 하나님의 준엄한 심판에서 우리를 구원하셨습니다.

🌱 기도하기
하나님 아버지, 우리를 대신해서 정죄를 받으신 예수님의 사랑에 감사드립니다. 우리 죄를 가져가시고 참 자유를 주신 은혜로 하나님과 이웃을 더욱 섬기며 사랑할 수 있도록 도와주시옵소서.

chapter 039

'십자가에 못 박혀'라는 말이 무슨 뜻입니까?

✤ 찬송   149장(주 달려 죽은 십자가)
✤ 주제 구절   갈라디아서 3장 13절
그리스도께서 우리를 위하여 저주를 받은 바 되사 율법의 저주에서 우리를 속량하셨으니 기록된 바 나무에 달린 자마다 저주 아래 있는 자라 하였음이라

로마제국에서 십자가 처형은 가장 큰 죄를 지은 사람에게 내리는 형벌이었습니다. 내란을 모의한 사람이나 심한 범죄를 저지를 사람에게 십자가 형벌을 내렸습니다. 잔인한 형벌이었기 때문에 로마 시민권을 가진 사람에게는 집행되지 않았습니다. 십자가 처형을 당한 사람은 보통 3일 정도 신음하다가 죽음을 맞이하게 됩니다. 낮에는 뜨거운 태양과 밤에는 차가운 바람을 견디며 사람들에게 수치를 당해야 했습니다. 매달린 채 숨을 쉬는 것이 매우 어려웠습니다. 그래서 못이 박힌 팔과 손에 힘을 써서 폐에 공간을 만들어 주어야 숨을 쉴 수 있었습니다. 못 박힌 손과 발에 가중되는 통증 때문에 나중에는 숨을 쉬지 못하고 폐가 눌려 대부분 심장 파열로 사망하게 되었습니다.

  예수님의 육체는 약했습니다. 성화에 나오는 그림처럼 잘 생기거나, 근육이 많은 건장한 육체가 아니었습니다. 이사야 53장은 예수님이 얼마나 약한 몸을 가지고 계셨는지 증거하고 있습니다. 실제로 예수님은 십자가에 달리신 후에 약 6시간만에 운명하셨습니다. 예수님은 골로다 언덕을 올라갈 때 힘이 없으셔서 십자가를 지고 가지 못하고 구레네 사람 시몬이 대신 지고 올라갔습니다. 예수님은 우리 인생이 겪는 모든 질고와 아픔을 아셨습니다. 이 땅에서 사신 동안 많은 고난을 당하시고, 십자가 형벌을 몸으로 받으셨습니다. 예수님께서 죽으신 형벌이 십자가인 이유는 이미 신명기에서 하나님의 진노와 저주에 관한 말씀에 예고 되어 있었습니다.

신명기 21장 23절을 함께 읽어 봅시다.

"그 시체를 나무 위에 밤새도록 두지 말고 당일에 장사하여 네 하나님 여호와께서 네게 기업으로 주시는 땅을 더럽히지 말라 나무에 달린 자는 하나님께 저주를 받았음이니라."

구약 시대에 이미 나무에 달아서 처형하는 방법은 하나님의 저주를 받고 버림받은 사람이라는 말씀으로 죄에 대한 하나님의 진노와 형벌을 예고했습니다. 모든 이스라엘 사람들은 나무에 달린 사람을 하나님께 저주 받은 사람이라 믿었습니다. 하나님은 아담의 악한 의지로 지은 참혹한 죄의 비참한 결과들을 독생자이신 예수님을 보내심으로 죄인들인 우리에 대한 하나님의 사랑을 증거해 보여 주셨습니다. 십자가는 하나님의 사랑입니다.

오늘 예배하면서, 예수님의 십자가를 다시 한 번 묵상해 봅시다. 우리 죄를 위해서 참혹한 그 십자가에 달리신 이유는 우리의 죄 때문이었습니다. 이 시간 우리의 죄를 하나님께 고백합시다. 그 십자가의 사랑과 은혜가 우리 마음속 깊이 자리 잡기를 위해서 기도합시다.

✤ **39문: 그리스도께서 "십자가에 못 박히심"은 달리 돌아가신 것보다 특별한 의미가 있습니까?**

✤ **답:** 그렇습니다. 십자가에 달린 자는 하나님께 저주를 받은 자이므로 그가 십자가에 달리심은 내게 임한 저주를 대신 받은 것이라고 나는 확신하게 됩니다.

🌱 **기도하기**

하나님 아버지, 너무나 극심한 고통 가운데 십자가 형벌 당하신 예수님의 고난을 생각해 봅니다. 예수님께서 채찍에 맞음으로 우리가 나음을 입었고, 징계받음으로 우리가 평화를 누리게 되었습니다. 우리의 죄악이 얼마나 깊은지 보게 해주시고, 회개함으로 날마다 거룩에 이르게 해 주시옵소서. 하나님의 사랑 안에서 살아가는 은혜를 우리에게 허락해 주시옵소서.

chapter 040

'죽으시고'라는 말이 무슨 뜻입니까?

♣ 찬송   149장(주 달려 죽은 십자가)

♣ 주제 구절   빌립보서 2장 8절

사람의 모양으로 나타나셨으매 자기를 낮추시고 죽기까지 복종하셨으니 곧 십자가에 죽으심이라

미국에서 있었던 일입니다. 2011년 1월에 애리조나 주에서 기퍼즈 의원을 향한 총기 난사 사건이 있었습니다. 이때 안타깝게도 여섯 명이 숨졌습니다. 이 사건을 보도한 언론 기사 중에 "아내 구하고 사망한 70대"라는 제목으로 한 남성에 대한 기사가 실렸습니다. 사건 당일 총기가 난사 될 때 노인 부부가 현장에 있었는데, 총소리를 듣자 할아버지는 할머니를 엎드리게 하고 그 위에 자신의 몸으로 보호했습니다. 안타깝지만 할아버지는 아내 대신 총을 맞고 그 자리에서 숨졌습니다. 노인 부부는 독실한 그리스도인으로 알려진 분들이었습니다.

누군가를 위해서 내 목숨까지도 줄 수 있는 헌신이 최고의 사랑이 아닐까요. 아내를 구한 남편의 희생이 이토록 숭고하게 여겨진다면, 온 인류를 위한 희생은 얼마나 더 가치가 있을까요? 예수님의 죽으심은 한 사람이 아니라, 앞으로 오는 모든 세대를 향한 희생이었습니다. 그 무엇과도 비교될 수 없는 최고의 사랑이며 숭고한 헌신입니다.

예수님께서 이 땅에 오셔서 갖은 고난을 다 받으시고 십자가에 죽으신 사실은 오늘날 우리 모두에게 주시는 은혜입니다. 모두를 위한 희생이면서 우리 한 사람 한 사람을 살리기 위한 놀라운 은혜입니다. 만약에 이 지구상에 나 혼자 살았다고 하더라도, 예수님은 나를 위해 성육신 하셔서 나를 위해 십자가에 죽으셨을 것입니다.

갈라디아서 1장 4절 말씀을 함께 읽어 봅시다.

"그리스도께서 하나님 곧 우리 아버지의 뜻을 따라 이 악한 세대에서 우리를 건지시려고 우리 죄를 위하여 자기 몸을 드리셨으니"

이 세상에서 나를 위해서 죽을 정도로 나를 사랑하는 사람이 있을까요? 부모라도 쉽지 않습니다. 그러나 오직 예수님은 나를 위해서 대속 제물이 되어서 십자가의 모진 고통을 당하시고, 나의 죄를 모두 가려 주셨습니다. 하나님께 진노를 받아 영원한 저주로 심판받을 수밖에 없는 죄를 하나님 앞에서 나의 변호인이 되어 주셔서, 나의 죄를 모두 가리고, 예수님의 의를 나에게 입혀 주셔서, 담대하게 은혜의 보좌 앞으로 나아갈 수 있게 인도해 주셨습니다.

오늘 예배하면서, 나를 위한 예수님의 사랑을 더욱 깊이 알 수 있도록 기도합시다. 그 사랑이 내 마음에 가득 차서 사랑 가운데 생각하고 행하며 실천할 수 있기를 위해서 기도합시다.

✤ **40문: 그리스도는 왜 "죽으시기"까지 낮아져야 했습니까?**
✤ **답: 하나님의 공의와 진리 때문에 우리의 죗값은 하나님 아들의 죽음 이외에는 달리 치를 길이 없습니다.**

🌱 **기도하기**

하나님 아버지, 우리를 위해서 이 땅에 예수님을 보내어 주셔서 감사드립니다. 하나님의 말씀에 죽기까지 순종하셔서 우리의 죄를 도말하시고 의를 전가시켜 주셔서 감사드립니다. 하나님의 사랑으로 지금까지 살아왔고 앞으로 살아가게 될 것을 믿습니다. 이 은혜 가운데 모든 고난과 환란까지도 이길 수 있게 도와주시옵소서.

chapter 041

'장사한지'*라는 말이 무슨 뜻입니까?

✤ 찬송   147장(거기 너 있었는가)
✤ 주제 구절   골로새서 2장 12절
너희가 세례로 그리스도와 함께 장사한 바 되고 또 죽은 자들 가운데서 그를 일으키신 하나님의 역사를 믿음으로 말미암아 그 안에서 함께 일으키심을 받았느니라

사도신경은 예수님을 낮아지심과 높이 되심으로 고백합니다. 예수님은 성육신하셔서 인간으로 탄생하시고, 우리와 같은 인생을 사시며 고난을 받으셨고, 십자가 처형으로 수치와 죽음의 고통을 당하셨고, 장사지낸 바 되셨습니다. 사도신경 원문에는 장사 후에 음부에 내려가셨다는 고백까지 있습니다. 장사와 음부는 비슷한 의미로, 실제로 육체로 죽으셨고, 지옥 형벌과 같은 극심한 고통을 당하셨다는 것을 말씀하고 있습니다. 예수님은 운명하시기 전, 왜 나를 버리셨냐고 고통스러운 외침을 남기셨습니다.

마태복음 27장 46절 말씀을 함께 읽어 봅시다.
"제 구 시 즈음에 예수께서 크게 소리 질러 가라사대 엘리 엘리 라마 사박다니 하시니 이는 곧 나의 하나님, 나의 하나님, 어찌하여 나를 버리셨나이까 하는 뜻이라."

이것은 우리 죄의 고통과 크기가 얼마나 크며 하나님으로부터 유기되는 죄의 결과가 얼마나 참혹한 지를 보여주는 말씀입니다. 사도신경에서 장사지내셨다는 고백은 예수

◆   23과에서 언급했듯이 한글(옛 번역) 사도신경의 다섯 번째 문장에 포함되어 있는 "장사되셨다"는 사도신경 원문에서는 네 번째 문장("본디오 빌라도로부터 고난을 받으셨고 십자가에 못 박히셨고 죽으셨고 '장사되셨고' 음부에 내려가셨다")에 포함되어 있습니다.

님께서 죽으셔서 무덤에 누이셨다는 것입니다. 예수님의 낮아지심은 실제로 무덤에 묻히신 사실로 정점에 이릅니다. 예수님께서 무덤에 들어가셨다는 사실은 육체가 시신이 되어 치욕과 수치를 끝까지 당하셨다는 것입니다. 예수님은 무덤에 묻히셨지만, 부활하셨습니다. 예수님의 장사는 우리를 위한 고난의 마지막 순간을 고백함과 동시에, 무덤에 들어가심으로 우리를 위한 참 안식을 예비하신다는 의미가 있습니다. 예수님의 장사되심으로 우리의 무덤을 거룩하게 하셨습니다. 우리도 언젠가 죽게 되지만, 그 즉시로 우리의 영혼은 하나님의 영광 가운데 들어갑니다. 이것은 우리의 공로가 아니라, 오직 예수님의 공로입니다. 예수님께서 사망을 직접 경험하시고 무덤에 머물렀기 때문에, 우리가 무덤에 갇히더라도 저주가 아니라, 잠시 잠깐 자는 것이며 우리의 영혼은 영원한 안식 가운데 들어갑니다. 예수님의 장사되심으로 하나님의 진노를 피하고 예수님의 공로로 죽음 즉시 영광 가운데 들어갈 수 있게 된 것입니다.

오늘 예배하면서, 예수님께서 무덤에 묻히심으로 육체가 실제로 죽으신 사실을 묵상하며 우리를 위한 참 안식에 들어가셨음을 감사합시다. 우리가 예수님 안에서 죽을 때, 즉시로 하나님의 영광에 들어가게 된 것은 오직 예수님의 공로이기에 우리의 구원을 감사합시다.

✤ 41문: 그리스도는 왜 "장사"되셨습니까?
✤ 답: 그리스도의 장사 되심은 그가 진정으로 죽으셨음을 확증합니다.

🌱 기도하기

하나님 아버지, 예수님의 장사 되심으로 우리가 참 안식을 얻게 하심을 감사드립니다. 예수님의 육체가 무덤에 장사 되었기 때문에 더 이상 우리가 죽음으로 하나님의 진로를 더 이상 받지 않고, 보혈을 의지해서 하나님의 영광에 이르게 하심을 감사드립니다. 이 은혜 가운데 영원히 살게 인도해 주시옵소서.

chapter 042

우리의 죽음에는 어떤 의미가 있습니까?

✤ 찬송　521장(구원으로 인도하는)

✤ 주제 구절　요한복음 11장 26절

무릇 살아서 나를 믿는 자는 영원히 죽지 아니하리니 이것을 네가 믿느냐

예수님은 사랑하는 친구가 있었습니다. 마리아와 마르다의 오빠였던 나사로였습니다. 어느 날 나사로의 집과 멀지 않은 곳에서 예수님이 사역하고 있었습니다. 누군가 급하게 와서 예수님께 나사로의 위태로운 상황을 알렸습니다. 나사로가 병에 걸려서 사경을 헤매고 있다는 것이었습니다. 예수님이 계시던 곳에서 머물다가 나사로의 집에 갔을 때는 이미 죽은 다음이었습니다. 나사로의 형제들은 왜 일찍 오지 않으셨냐고 원망합니다. 이때 예수님은 나사로의 죽음을 보시고 "잔다"라고 말씀하십니다.

　요한복음 11장 11절 후반부 말씀을 함께 읽어 봅시다.

　"우리 친구 나사로가 잠들었도다 그러나 내가 깨우러 가노라."

　예수님을 믿는 사람들도 언젠가 육신의 숨이 멈추는 날이 있습니다. 성도의 죽음은 더 이상 공포나 두려움의 시간이 아닙니다. 예수님을 믿지 않는 사람들에게 죽음은 영혼의 심판을 받는 시간이지만, 예수님 안에서 죽은 모든 사람들의 죽음은 안식입니다. 육체는 잠시 잠깐 잠을 자는 것입니다. 예수님께서 다시 오시는 날 우리의 육체는 부활합니다. 우리가 죽음의 저주와 영혼의 심판을 받지 않고 즉시로 안식에 들어가는 이유가 무엇일까요?

　그것은 예수님께서 우리 대신에 죽으시고, 무덤에 들어가 하나님과 단절되는 지옥

의 고통까지 당하셨기 때문입니다. 하나님의 엄중한 저주를 예수님이 우리 대신 죽음으로 감당하셨기 때문입니다. 만일 우리가 죄를 해결받지 않고 죽는다면, 죄에 대한 대가를 치러야 합니다. 그 대가는 하나님의 저주와 심판을 모두 겪어야 하는 고통입니다. 어떤 이는 어떻게 하나님은 그렇게 잔인하고 고통스러운 형벌을 인간에게 내릴 수 있는지 반문합니다. 하나님의 영원하고 측량할 수 없는 사랑으로 인한 구원의 은혜를 받지 않는 자들은, 하나님의 영원하고 무한한 저주를 받을 수밖에 없습니다. 하나님은 사랑이시지만 동시에 공의이시기 때문입니다. 공의로 우리 죄에 대한 처벌과 대가를 독생자를 통해서 모두 실행하셨습니다. 사실 이것은 우리가 당해야 하는 처벌이었습니다. 그러나 예수님은 친히 몸으로 이것을 모두 받으시고, 우리를 위한 대속 제물로 드려져, 우리가 죽음에 대한 고통을 맛보지 않고 영원한 안식과 기쁨 가운데 들어갈 수 있게 해 주셨습니다.

오늘 예배하면서, 예수님으로 인해 우리의 죽음은 죄의 대가로 인한 형벌이 아닌, 참 안식으로 들어가는 은혜임을 기억합시다. 십자가 죽으심으로 우리에게 영원한 소망과 안식을 주신 예수님께 감사합시다.

❖ **42문: 그리스도께서 우리를 위해서 죽으셨는데 우리도 왜 여전히 죽어야 합니까?**
❖ **답:** 우리의 죽음은 자기 죗값을 치르는 것이 아니며, 단지 죄 짓는 것을 그치고, 영생에 들어가는 것입니다.

🌱 **기도하기**
하나님 아버지, 우리에게 죽음은 더 이상 고통이 아니라, 영원한 안식에 들어가는 순간이라는 사실을 깨닫게 해 주셔서 감사드립니다. 우리를 위한 예수님의 십자가 공로를 감사하며 영원히 하나님과 함께 하는 본향을 소망하며 살 수 있게 도와주시옵소서.

chapter 043

예수님의 죽으심에서 어떤 유익을 더 얻습니까?

✤ 찬송 143장(웬 말인가 날 위하여)

✤ 주제 구절 로마서 6장 6절

우리가 알거니와 우리 옛 사람이 예수와 함께 십자가에 못 박힌 것은 죄의 몸이 멸하여 다시는 우리가 죄에게 종노릇 하지 아니하려 함이니

노예는 자유가 없이 주인이 시키는 일만 해야 하는 신분입니다. 자신의 의지보다 주인의 의지에 따라서 행동을 해야 합니다. 나쁜 일을 시켜도 해야 합니다. 하기 싫은 일도 해야 합니다. 주인에게 벗어날 때 비로소 참된 자유를 누릴 수 있게 됩니다.

인간은 타락 이후 선을 향한 의지보다 죄를 향한 의지가 더 강합니다. 루터는 이것을 노예의지라고 불렀습니다. 노예의지는 하나님의 말씀을 행하고 선을 사랑하기보다 자기 자신의 유익을 먼저 구하고, 탐심과 욕망에 따라서 사는 것을 말합니다. 이것은 형제들 사이를 보아도 쉽게 볼 수 있습니다. 사이가 좋은 모습보다 싸울 때가 더 많습니다. 우리 내면을 보아도 하나님께 영광을 돌리려는 의지보다 자기 자신의 이익을 위한 의지가 강합니다. 이웃을 돕고 섬기는 의지보다 나의 안위를 위한 의지가 더 강합니다. 죄인인 인간은 노예의지로 살아갑니다.

그러나 예수님께서 우리를 위해서 죽으심으로 우리를 죄의 종에서 해방시켜 주셨습니다. 죄를 향한 의지가 강했던 우리에게 선을 향한 의지를 심어 주셨습니다. 어떻게 우리에게 선의 의지가 생기게 되었을까요? 성령님께서 이 천년 전의 십자가 사건을 지금 일어난 사건처럼 믿어지는 믿음을 허락해 주심으로 예수님과 연합하도록 도와 주셨기 때문입니다. 이제 예수님을 영접한 사람은 내 안에 예수님께서 주인되어 주셔서, 죄를 깨닫도록

도와주시고, 말씀을 사모하고 말씀을 따라 살 수 있는 힘과 의지를 더해 주신 것입니다.

로마서 6장 17-18절 말씀을 함께 읽어봅시다.
"하나님께 감사하리로다 너희가 본래 죄의 종이더니 너희에게 전하여 준바 교훈의 본을 마음으로 순종하여 죄에게서 해방되어 의에게 종이 되었느니라."

예수님을 진실로 영접했다면, 이전과 다른 삶을 사는 변화가 시작됩니다. 오직 나의 유익만을 구하던 사람이 이웃을 돌아보기 시작합니다. 물질과 명예를 섬기던 사람이 하나님을 가장 우선순위에 두고 예배하기 시작합니다. 세상의 어떤 유혹이 와도 쉽게 넘어갔지만, 이제는 유혹과 시험에 저항할 힘이 생기며, 선하고 거룩한 삶을 사모하게 됩니다. 성령님께서 우리 안에 계신 증거는 거룩한 삶을 향한 의지입니다. 이제 더 이상 죄에 종노릇 하지 않고 오직 예수님만 주인으로 섬기며 우리에게 맡겨주신 모든 것을 청지기로서 감당할 수 있게 됩니다. 예수님께서 죽으심으로 이제 우리는 노예의지를 벗게 되었고, 거룩한 하나님의 자녀로 거듭나게 되었습니다.

오늘 예배하면서, 죄를 향한 의지보다 말씀을 따라 사는 의지를 더해 주신 예수님의 공로를 감사합시다. 예수님의 죽으심으로 우리를 죄에 종노릇 하던 노예신분에서 하나님의 자녀로 입양되어 거룩한 삶을 살 수 있는 의지를 허락하신 하나님께 감사합시다.

✤ **43문: 그리스도의 십자가의 제사와 죽으심에서 우리가 받는 또 다른 유익은 무엇입니까?**
✤ **답:** 그리스도의 죽으심의 공효(功效)로 우리의 옛사람이 그와 함께 십자가에 달리고 죽고 장사되며, 그럼으로써 육신의 악한 소욕(所欲)이 더 이상 우리를 지배하지 못하게 되고, 오히려 우리 자신을 그분께 감사의 제물로 드리게 됩니다.

🌱 기도하기
하나님 아버지, 예수님의 죽으심으로 우리를 죄의 종에서 의의 종으로 삼아 주심을 감사드립니다. 우리의 마음을 항상 정결케 인도하시고, 우리의 삶이 말씀을 따라 기쁘게 순종하는 삶이 될 수 있도록 인도해 주시옵소서.

chapter 044

'음부에 내려가셨으며'*라는 말이 무슨 뜻입니까?

✤ 찬송　298장(속죄하신 구세주를)

✤ 주제 구절　이사야 53장 5절

그가 찔림은 우리의 허물을 인함이요 그가 상함은 우리의 죄악을 인함이라 그가 징계를 받음으로 우리가 평화를 누리고 그가 채찍에 맞음으로 우리가 나음을 입었도다

사도신경은 성자 하나님에 관해서 낮아지심과 높이 되심을 고백합니다. 낮아지심은, 성육신, 탄생, 고난, 십자가 형벌, 죽으심, 장사 되심, 음부에 내려가심으로 고백합니다. 높이 되심은 부활, 승천, 하나님 우편에 앉으심, 재림을 고백합니다. 한글 사도신경은 원래 음부에 내려가심에 대한 고백이 있었지만, 1908년 장로교와 감리교의 〈합동 찬송가〉를 발행하면서 감리교의 주장을 받아들여 음부에 대한 고백을 삭제하고 지금까지 오게 되었습니다.

음부라는 말은 지옥이라는 말입니다. 그런데 대부분 정통교리를 가르치는 신학자들은 음부를 상징으로 해석합니다. 즉 예수님께서 진짜 지옥에 내려가신 것이 아니라, 지옥 고통과 같은 극심한 형벌을 당하셨다는 것을 표현합니다. 삼위일체 하나님은 분리될 수 없기 때문에 성자 하나님만 음부에 내려가실 수 없습니다. 음부는 원래 우리가 죄의 형벌로 받아야 하는 저주였습니다. 죄에 대한 하나님의 진노는 매우 엄중하고 매우 큰 저주입니다.

마태복음 27장 46절 말씀을 함께 읽어 봅시다.

◆　23과에서 언급했듯이 "음부에 내려가셨다"는 사도신경의 원문 네 번째 문장에 포함되어 있습니다. 한글 (옛 번역) 사도신경에서는 이 부분이 빠져 있습니다.

"제 구 시 즈음에 예수께서 크게 소리 질러 가라사대 엘리 엘리 라마 사박다니 하시니 이는 곧 나의 하나님, 나의 하나님, 어찌하여 나를 버리셨나이까 하는 뜻이라."

하나님은 어떤 단 하나의 죄라도 허락하지 않으십니다. 하나님께서 완전한 거룩이시고 완전하게 의로우시고 일점 일획의 거짓도 없기 때문에 하나님은 불의나 죄와 함께 할 수 없기 때문입니다. 죄인은 반드시 하나님의 저주 아래 지옥 형벌을 받습니다. 그러나 예수님께서 우리가 당해야 하는 모든 죄에 대한 참혹하고 영원한 저주를 직접 모두 감당하셨습니다. 그 고통은 하나님께 버려지는 것과 같은 고통이며, 이 세상의 어떤 저주와 형벌로도 표현될 수 없는 두렵고 무서운 저주입니다. 우리를 위해서 예수님은 모두 감당하셨습니다. 이제 우리는 육체의 죽음을 경험하더라도 결코 지옥의 고통을 경험하지 않습니다. 오직 천국의 영광만이 우리에게 남아 있습니다.

오늘 예배하면서, 우리를 위한 지옥의 고통을 모두 경험하시고, 우리를 하나님 나라로 옮겨주신 예수님의 고난을 생각해 봅시다. 나를 위한 참혹한 형벌을 모두 감당하신 예수님께 감사합시다. 더 이상 죽음이 우리에게 형벌이 아니라, 영원한 안식일 수 있는 이유는 바로 예수님의 십자가 보혈이었음을 다시 한번 고백하고 그 사랑 가운데 살기를 위해서 기도합시다.

✤ **44문: "음부에 내려가셨으며"라는 말이 왜 덧붙여져 있습니까?**
✤ **답:** 내가 큰 고통과 중대한 시험을 당할 때에도 나의 주 예수 그리스도께서 나를 지옥의 두려움과 고통으로부터 구원하셨음을 확신하고 거기에서 풍성한 위로를 얻도록 하기 위함입니다. 그분은 그의 모든 고난을 통하여 특히 십자가에서 말할 수 없는 두려움과 아픔과 공포와 지옥의 고통을 친히 당하심으로써 나의 구원을 이루셨습니다.

🌱 **기도하기**
하나님 아버지, 우리가 당해야 하는 음부의 극심한 고통을 예수님께서 대신 당하고 우리에게 참 안식 주셨음을 너무나 감사드립니다. 우리를 위한 그 사랑을 더욱 깊이 묵상하며 그 사랑을 실천하며 살 수 있게 도와주시옵소서.

chapter 045

예수님의 부활에서 어떤 유익을 얻습니까?

❖ 찬송   164장(예수 부활했으니)

❖ 주제 구절   고린도전서 15장 17절

그리스도께서 다시 사신 것이 없으면 너희의 믿음도 헛되고 너희가 여전히 죄 가운데 있을 것이요

사도신경은 성자 하나님에 관해서 낮아지심과 높이 되심을 고백합니다. 높이 되심은 부활, 승천, 하나님 우편에 앉으심, 재림을 고백합니다. 그 첫 번째가 부활입니다. 고린도전서 15장은 만약에 부활이 없다면, 복음은 거짓된 사실이고, 믿음도 헛것이라고 강조하며, 예수님의 부활로 인해서 우리에게 주신 은혜와 유익을 말씀합니다. 예수님께서 만약 죽으시기만 하고 부활이 없다면, 우리에게는 어떤 소망도 없습니다. 예수님은 죽으시고 장사 되신 후에 음부의 고통까지 당하셨습니다. 이것은 우리의 죄를 소멸하시고, 우리를 다시 살리기 위한 과정이었습니다. 우리가 진정으로 하나님의 형상으로 회복되고, 영원한 소망을 가지기 위해서 예수님은 부활 하셔야만 합니다.

부활은 과학적으로 접근할 문제가 아니라, 우리의 영원한 생명과 구원에 관한 문제입니다. 오늘 문답 45문에서 부활로 인해 우리가 얻게 되는 영원한 생명의 이유를 말합니다. 그 이유는 예수님의 의가 우리에게 전가되었기 때문입니다. 예수님은 낮아지셔서 우리를 위해 고난받으시고 우리의 죄를 가져 가셔서, 대신 죽으시고 형벌을 받으셨습니다. 죄가 없어진 것만으로 하나님께 거룩함을 인정받을 수 없습니다. 우리가 하나님의 영광에 이르기 위해서는 한 가지가 더 필요합니다. 그것은 완전한 의로움입니다. 하나님은 죄인을 심판하시고 의인을 구원하십니다. 어떻게 우리가 의인이 될 수 있을까요? 의인은 믿음으로 산다고 말씀합니다. 하나님의 기준에 맞는 공의는 완전한 공의입니다. 어떤 흠도 없어야 하는 완벽한 의를 요구하십니다. 이 의를 예수님의 부활로 우리

가 가질 수 있게 되었습니다. 즉, 예수님께서 십자가의 저주까지 받으심으로 하나님의 말씀에 완벽하게 순종하시고, 모든 예언의 말씀을 이루심으로 하나님께 의가 되었습니다. 예수님께서 이루신 하나님의 모든 말씀에 대한 의를 이제 우리가 가질 수 있게 된 것입니다. 예수님의 부활을 믿는 자는 예수님의 의를 전가 받아서, 하나님 앞에 설 때 비로소, 죄가 없이, 오직 의만 남아서, 우리를 의롭다고 칭해 주십니다. 이것을 칭의라고 합니다. 칭의는 오직 예수님의 부활의 공로입니다. 부활을 믿음으로 인해서 우리가 비로소 의를 얻게 되었습니다. 하나님 앞에서 흠이 없는 의는 오직 부활의 예수님을 믿을 때만 받을 수 있는 은혜입니다.

로마서 4장 25절 말씀을 함께 읽어 봅시다.
"예수는 우리 범죄함을 위하여 내어줌이 되고 또한 우리를 의롭다 하심을 위하여 살아나셨느니라."

오늘 예배하면서, 예수님의 부활로 인해 비로소 우리에게 의를 전가해 주신 은혜를 감사합시다. 예수님의 부활로 인해 비로소 우리가 의롭다함을 얻어 하나님을 아바 아버지라 부르며 하나님의 섭리 가운데 살 수 있게 해 주시는 예수님의 은혜에 감사합시다.

✤ **45문: 그리스도의 "부활"은 우리에게 어떤 유익을 줍니까?**
✤ **답:** 첫째, 그리스도는 부활로써 죽음을 이기셨으며, 죽으심으로써 얻으신 의에 우리로 참여하게 하십니다. 둘째, 그의 능력으로 말미암아 우리도 이제 새로운 생명으로 다시 살아났습니다. 셋째, 그리스도의 부활은 우리의 영광스러운 부활에 대한 확실한 보증입니다.

🌱 **기도하기**
하나님 아버지, 예수님의 부활로 인해 우리에게 의를 전가시켜 주셔서 감사합니다. 우리가 예수님의 의를 가짐으로 비로소 하나님 앞에 나갈 수 있게 되었습니다. 하나님 앞에 나와 아버지라 부르며, 하나님의 긍휼과 자비 안에서 섭리의 은혜를 받으면 살게 해 주셔서 감사드립니다.

chapter 046

'하늘에 오르사'라는 말이 무슨 뜻입니까?

✤ 찬송   174장(대속하신 구주께서)

✤ 주제 구절   히브리서 4장 14절

그러므로 우리에게 큰 대제사장이 있으니 승천하신 자 곧 하나님 아들 예수시라 우리가 믿는 도리를 굳게 잡을지어다

사도신경은 성자 하나님에 관해서 낮아지심과 높이 되심을 고백합니다. 높이 되심은 부활, 승천, 하나님 우편에 앉으심, 재림을 고백합니다. 이 중에서 두 번째는 승천입니다. 승천은 하늘에 오르셨다는 고백입니다. 여기서 하늘이라고 하는 의미는 눈에 보이는 물리적인 하늘을 말하지 않습니다. 성경에서 말하는 하늘은 많은 경우에 있어서 축복을 받은 자들이 거하는 곳을 의미합니다. 이들은 하나님과 함께 영원토록 영광 가운데 거합니다. 성경에서 많은 경우 하나님은 하늘에 거한다고 말씀합니다. 하늘은 우주 가운데 특정한 장소를 의미하는 것이 아니라, 영적인 의미로 하나님께서 영광 가운데 완전하게 통치하시며 천군 천사와 선택받은 모든 하나님의 자녀들이 영원토록 하나님을 예배하는 곳입니다. 성경은 이것을 새 하늘, 하늘의 예루살렘, 아브라함의 품과 같은 말씀으로 표현합니다.

이사야 66장 1절 후반부 말씀을 함께 읽어 봅시다.
"하늘은 나의 보좌요, 땅은 나의 발판이니"

하늘은 하나님께서 온전히 거하시는 성소입니다. 예수님께서 하늘로 올라가셨다는 말씀은 우주의 어떤 행성이나 특정한 장소에 머문다는 것이 아니라, 하나님께서 완전히

통치하시고 임재하시는 성소에 들어가셨다는 말씀입니다. 히브리서 9장 24절에서 "그리스도께서 참 것의 그림자인 손으로 만든 성소에 들어가지 아니하시고 바로 하늘에 들어가사"라고 말씀하며 예수님의 승천은 하늘의 성소에 들어가셨다는 것으로 말씀하고 있습니다. 성소는 구약 시대 성막에서 하나님의 임재를 상징하고 대제사장이 하나님의 임재 가운데 말씀을 듣는 곳으로 지극히 거룩한 곳입니다. 예수님께서 승천하시며 하늘 성소에 오르실 때, 제자들에게 직접 이 장면을 보여 주셨습니다. 예수님의 승천은 보이지 않게 은밀하게 이루어지지 않았습니다. 제자들이 보는 가운데서 예수님은 승천을 바라보는 자들을 축복하시며 오르셨습니다. 오르실 때 가리운 구름 또한 하나님의 영광의 임재를 상징하는 구름이었습니다. 하나님의 영광스러운 임재 가운데서 예수님은 제자들을 축복하시며 하늘 성소에 들어가셨습니다. 예수님은 부활 승천하셔서 원래 가지셨던 영광을 회복하셨습니다. 우리는 이 땅에 살지만, 언젠가 하늘 영광 가운데 하나님과 영원히 함께 거하면서 하나님을 예배하며 참 기쁨과 평안 가운데 살게 됩니다.

오늘 예배하면서, 우리가 이 땅에서 살지만, 우리 시민권은 하늘에 있다는 사실을 감사함으로 고백합시다. 예수님께서 하늘 성소에서 영원토록 하나님과 함께 거하시듯이 우리도 언젠가 부활 승천해서 하늘 영광 가운데 영원히 살게 됩니다. 이 소망을 가지고 이 땅의 모든 고난을 이길 수 있도록 기도합시다.

✤ **46문: "하늘에 오르셨고"라는 말로 당신은 무엇을 고백합니까?**
✤ **답:** 그리스도는 제자들이 보는 가운데 땅에서 하늘로 오르셨고, 우리의 유익을 위하여 거기에 계시며, 장차 살아 있는 자들과 죽은 자들을 심판하러 다시 오실 것입니다.

🌱 **기도하기**

하나님 아버지, 예수님의 부활 승천을 고백할 때마다, 우리도 언젠가 부활 승천하여 하늘 영광 가운데 살게 될 것을 소망할 수 있게 도와주시옵소서. 이 땅에서 당하는 고난이 아무리 크더라도 영원히 하나님과 함께 할 소망으로 이겨낼 수 있게 도와주시옵소서.

chapter 047

예수님께서는 승천하셨는데
어떻게 우리와 함께 계십니까?

✤ 찬송   325장(예수가 함께 계시니)

✤ 주제 구절   마태복음 28장 20절

내가 너희에게 분부한 모든 것을 가르쳐 지키게 하라 볼지어다 내가 세상 끝 날까지 너희와 항상 함께

있으리라 하시니라

사도신경에서 우리는 예수님의 승천을 고백합니다. "하늘에 오르사"는 예수님의 승천으로서 하나님의 영광 가운데 들어가셨음을 의미합니다. 성경은 예수님의 제자들이 예수님의 승천을 직접 보았다는 사실을 말씀하고 있습니다. 그렇다면 예수님은 더 이상 우리 가운데 계시지 않게 된 것일까요? 그렇지 않습니다. 예수님은 승천하셨지만, 여전히 우리와 함께하고 계십니다. 마태복음 28장 20절은 세상이 끝날 때까지 우리와 함께하신다는 사실을 약속하고 있습니다. 이 땅에 이제는 계시지 않지만 어떻게 우리와 함께하실까요?

예수님은 참사람이시면서 동시에 참하나님이십니다. 참사람 되심을 인성이라고 하고 참하나님 되심을 신성이라고 합니다. 인성으로서는 우리 눈에 보이지 않지만, 신성으로 우리와 함께 계십니다. 승천하신 예수님은 육신으로 지금 나와 함께하지 않지만, 신성으로 우리와 함께 계십니다. 그렇다고 예수님의 인성과 신성이 분리되어 우리와 함께 있는 것은 아닙니다. 예수님의 인성과 신성은 분리되지 않습니다. 두 본성은 연합되어 있으면서 신성과 인성의 고유한 속성을 그대로 유지한 채 구별되실 뿐입니다. 예수님의 신성은 예수님의 인성 안에도 계시고, 밖에도 계실 수 있습니다. 인성과 신성의 연합을 모두 이해하기는 어렵지만, 확실한 사실은 예수님은 신성의 속성으로 지금 우리와 함께

하십니다.

신성으로 함께 하심에 관해서 어거스틴은 예수님의 세상 끝날 때까지 우리와 함께하신다는 약속이 예수님의 위엄과 은혜로 반드시 성취된다고 말합니다. 우리가 육신의 눈으로 예수님을 볼 수는 없으나 믿음의 눈으로 예수님의 임재와 은혜를 마치 직접 본 것처럼 확신할 수 있습니다. 그래서 예수님은 신성으로서 우리와 함께하십니다. 성령님께서 우리를 예수님과 연합시켜 주셔서 예수님의 지체가 되게 하십니다. 예수님과 함께하셨던 성령님께서 우리 안에 믿음을 주셔서 예수님의 부활 승천의 사실을 눈으로 본 것처럼 확신케 하시고 예수님의 증인이 되게 하십니다.

고린도전서 12장 3절 말씀을 함께 읽어 봅시다.
"그러므로 내가 너희에게 알게 하노니 하나님의 영으로 말하는 자는 누구든지 예수를 저주할 자라 하지 않고 또 성령으로 아니하고는 누구든지 예수를 주시라 할 수 없느니라."

오늘 예배하면서, 부활 승천하신 예수님은 나와 멀리 계신 분이 아니라, 지금 나의 삶의 현장에도 함께하시며 내 안에 내주하실 뿐만 아니라 우리를 위해 친히 하나님께 간구하고 계신 분이심을 믿습니다. 우리를 홀로 내버려 두지 않으시고 어렵고 힘들 때 항상 함께하시고 우리의 모든 상황을 돌아보실 뿐만 아니라, 보호한다는 사실을 믿고 확신합시다.

✤ **47문**: 그렇다면 세상 끝날까지 우리와 함께 있으리라는 그리스도의 약속은 어떻게 됩니까?
✤ **답**: 그리스도는 참 인간이고 참하나님이십니다. 그의 인성(人性)으로는 더 이상 세상에 계시지 않으나, 그의 신성(神性)과 위엄과 은혜와 성령으로는 잠시도 우리를 떠나지 않으십니다.

🌱 **기도하기**
하나님 아버지, 부활 승천하신 예수님께서 지금도 나와 함께하도록 은혜를 베풀어 주셔서 감사합니다. 어렵고 힘들 때마다, 부활의 권능으로 우리의 삶을 돌아보시고 위로와 평안을 허락해 주시옵소서.

chapter 048

예수님의 신성과 인성은 서로 나뉠 수 있습니까?

✤ 찬송   138장(햇빛을 받는 곳마다)

✤ 주제 구절   골로새서 2장 9절

그 안에는 신성의 모든 충만이 육체로 거하시고

예수님은 참사람이면서 동시에 참하나님이십니다. 참사람 되심을 인성이라고 부르며, 참하나님 되심을 신성이라고 합니다. 예수님의 인성과 신성을 한 번에 이해하기가 어렵습니다. 오래전 교회는 인성과 신성에 관한 이해를 돕기 위해서 긴 회의를 거쳐 주후 451년 칼케돈 회의에서 정리했습니다. 이 내용을 세 가지로 요약하면 다음과 같습니다. 첫째, 예수님께서는 두 가지 본성을 가지고 계십니다. 둘째, 예수님의 두 가지 본성은 서로 나누어지지 않습니다. 셋째, 예수님의 두 가지 본성은 하나로 연합되어 있습니다.

예수님은 단지 참사람이시며 동시에 참하나님입니다. 두 가지 속성은 인격적으로 결합 되어 있습니다. 하늘로 승천하신 육체는 지금 우리와 떨어져 있지만, 예수님의 신성은 인성 안에 계실 뿐만 아니라, 인성 밖에도 계실 수 있으므로 예수님을 영접하는 모든 사람 안에 영원히 내주하시며 함께하십니다. 신성은 인성 안에 있으나 밖에 있으나 동일한 속성을 가지며 완전한 하나님으로 계십니다. 예수님의 신성은 성령으로 지금도 은혜와 위엄 가운데 함께 하고 있습니다. 우리가 성찬식을 할 때 특별히 인성과 신성을 이해하는 가운데 참여해야 합니다. 가톨릭은 예수님의 인성을 성찬식의 떡과 동일시하면서 하늘에 올리우신 예수님을 오해하는 잘못을 범했습니다. 성찬식은 참여하는 사람의 믿음을 통해서 임재하시므로 은혜를 주시고 십자가 공로에 동참케 하십니다. 기독교는 가톨릭처럼 떡을 실제적인 육체로 이해하지 않습니다. 믿음으로 받는 사람은 하늘에 계신 예수님과 성령님을 통해서 신령한 교제를 나누게 됩니다. 또한 예수님은 지금 참인간과 참하나님으로서 우리를 위해 중보사역을 하시며, 우리와 지금도 함께하고 계십니다. 예수님은 신성의 능력으로 지금도 우리가 고난당할 때 위로하시고, 절망 가운데 말씀해 주시고, 믿음이 약해질 때 힘과 능력을 더해 주십니다. 우리는 이 땅에 발을 딛고 살지만, 우리의 믿음에서 떨어지지 않도록 지금도 우리를 위해서 중보 하시며 돕고 계십니다.

히브리서 7장 25절을 함께 읽어 보겠습니다.
"그러므로 자기를 힘입어 하나님께 나아가는 자들을 온전히 구원하실 수 있으니 이는 그가 항상 살아서 저희를 위하여 간구하심이니라."

오늘 예배하면서, 예수님은 지금도 하나님의 권세와 능력으로 우리와 함께하고 계심을 믿읍시다. 어떤 환란과 고난 가운데서 우리를 보호하고 믿음에서 떨어지지 않도록 붙들고 계시며, 모든 소원과 간구에 응답하심을 믿고 바라봅시다.

✤ **48문:** 그런데 그리스도의 신성이 있는 곳마다 인성이 있는 것이 아니라면, 그리스도의 두 본성이 서로 나뉜다는 것입니까?
✤ **답:** 결코 그렇지 않습니다. 신성은 아무 곳에도 갇히지 않고 어디나 계십니다. 그러므로 신성은 그가 취하신 인성을 초월함이 분명하며, 그러나 동시에 인성 안에 거하고 인격적으로 결합되어 있습니다.

🌱 **기도하기**

하나님 아버지, 예수님께서 하늘에 오르셨지만, 하늘의 권세와 능력으로 지금도 우리와 함께하심을 믿습니다. 죽음을 이기고 부활하신 능력으로 모든 어려움을 이기고 회복될 수 있도록 인도해 주시옵소서.

chapter 049

예수님의 승천에서 어떤 유익을 얻습니까?

✤ 찬송   85장(구주를 생각만 해도)

✤ 주제 구절   요한복음 16장 7절

그러하나 내가 너희에게 실상을 말하노니 내가 떠나가는 것이 너희에게 유익이라 내가 떠나가지 아니하면 보혜사가 너희에게로 오시지 아니할 것이요 가면 내가 그를 너희에게로 보내리니

사도신경에서 예수님의 승천을 고백합니다. 예수님께서 하늘에 오르셨다는 승천은 우리에게 세 가지 점에서 은혜로운 유익을 줍니다.

첫째, 승천하신 예수님께서는 하늘에서 우리의 변호자가 되어 주십니다. 예수님은 하늘에 오르셔서 원래 영광을 회복하신 후에 아무것도 하지 않고 쉬는 것이 아니라, 우리를 위해서 변호자가 되어 주십니다. 성부 하나님께 우리의 기도와 간구를 올리며 우리의 의로움을 대변해 주십니다. 여전히 우리는 이 땅에서 연약한 가운데 있지만, 예수님께서 십자가에서 이루신 모든 공로를 우리의 공로로 전가시켜 주셔서 우리의 의로움으로 삼아 주시고, 우리의 의를 대변해 주십니다.

둘째, 승천하신 예수님은 우리도 부활하고 승천할 것이라는 확실한 보증입니다. 예수님은 모든 부활의 첫 열매가 되셔서, 우리의 부활을 확증해 주셨습니다. 또한 예수님은 승천하신 모습 그대로 재림하셔서, 무덤에서 잠자는 모든 하나님 자녀의 육신을 부활시켜 영광스러운 몸으로 하나님 앞에 나가도록 해주십니다. 예수님의 부활 승천으로 우리도 부활하고 하나님 앞으로 이르게 될 것입니다. 영원토록 썩지 않을 영광스러운 몸으로 하나님을 기쁨 가운데 예배하게 됩니다.

셋째, 승천하신 예수님께서는 우리에게 성령님을 보내 주십니다. 예수님은 승천하시며 우리에게 성령님을 보내 주셨습니다. 성령님은 선택된 자녀를 빛 가운데 불러서

회개할 수 있는 은혜를 주시고, 믿음을 선물로 주셔서 예수님의 십자가 공로와 부활의 역사에 참여하도록 역사해 주십니다. 지금도 말할 수 없는 탄식으로 우리를 위해 기도하시며 돕는 분이십니다.

요한일서 2장 1절 말씀을 함께 읽어 봅시다.
"나의 자녀들아 내가 이것을 너희에게 씀은 너희로 죄를 범치 않게 하려 함이라 만일 누가 죄를 범하면 아버지 앞에서 우리에게 대언자가 있으니 곧 의로우신 예수 그리스도시라."

오늘 예배하면서, 우리는 혼자가 아니라는 사실을 기억합시다. 고독하고 외로운 순간에 우리 옆에 계시며, 우리의 변호자가 되어 주셔서 우리가 절망하지 않도록 힘과 능력을 더해 주십니다. 이 사실을 의지해서 힘들 때 더욱 예수님만 의지하고 기도합시다.

✤ **49문: 그리스도께서 하늘에 오르심은 우리에게 어떤 유익을 줍니까?**
✤ **답:** 첫째, 그리스도는 우리의 대언자(代言者)로서 하늘에서 우리를 위해 그의 아버지 앞에서 간구하십니다. 둘째, 우리의 몸이 그리스도 안에서 하늘에 있으며, 이것은 머리 되신 그리스도께서 그의 지체(肢體)인 우리를 그에게로 이끌어 올리실 것에 대한 확실한 보증입니다. 셋째, 그리스도는 그 보증으로 그의 성령을 우리에게 보내시며, 우리는 성령의 능력으로 말미암아 그리스도께서 하나님 우편에 앉아 계신 위의 것을 구하고 땅의 것을 구하지 않습니다.

🌱 **기도하기**
하나님 아버지, 예수님의 부활 승천으로 우리에게 영원한 소망을 주셔서 감사드립니다. 이 땅은 고난이 많고 우리의 연약함으로 인한 시험과 넘어짐도 있지만, 장차 예수님처럼 부활의 몸으로 영원히 하나님 앞에서 평안과 위로를 얻게 될 사실을 바라봅니다. 이 소망으로 모든 어려움을 이기도록 도와주시옵소서.

chapter 050

'전능하신 하나님 우편에 앉아 계시다가'라는 말이 무슨 뜻입니까?

✤ 찬송   80장(천지에 있는 이름 중)

✤ 주제 구절   에베소서 1장 20절

그 능력이 그리스도 안에서 역사하사 죽은 자들 가운데서 다시 살리시고 하늘에서 자기의 오른편에 앉히사

사도신경은 성자 하나님에 관해서 낮아지심과 높이 되심을 고백합니다. 높이 되심은 부활, 승천, 하나님 우편에 앉으심, 재림을 고백합니다. 높이 되심 중에서 세 번째는 "하나님 우편에 앉으심"입니다. 예수님께서 하나님의 오른쪽에 앉아 계신다는 것은 하늘에 어떤 행성이나 우주 공간에 인간처럼 자리를 잡고 앉아 계신다는 의미가 아니라, 예수님께서 원래 성자 하나님으로서 지위와 권능과 영광을 회복하셨다는 것을 말합니다. 예수님은 원래 만물을 창조하실 때 계셨고 만물을 운행하시는 분이십니다. 예수님께서 인간으로 시간과 공간 사이로 오신 사건은 매우 큰 고난이었습니다. 타락한 세상에 인간으로 태어난 것은 하늘 영광을 모두 버리시고 스스로 피조물이 되어 한없이 낮아지신 사건입니다. 예수님께서 원래 계셔야 하는 곳은 하늘 보좌에서 만물을 통치하시는 자리였습니다. 예수님께서 부활 승천하시고 하나님 우편에 앉으셨다는 고백은 인간으로 오시기 전의 원래의 지위와 권능으로 돌아가셨다는 뜻입니다. 특별히 성경에서 우편이라는 말씀은 비유적인 표현입니다. 오른쪽은 보통 누군가를 우대할 때 사용하는 표현입니다. 성부 하나님의 오른편이라는 것은 하나님과 함께 통치하는 권능의 자리, 영예의 자리, 영광의 자리를 의미합니다.

시편 118장 16절을 함께 읽어 봅시다.

"여호와의 오른손이 높이 들렸으며 여호와의 오른손이 권능을 베푸시는도다."

예수님께서 하나님의 우편에 계신다는 사실은 세 가지 특징이 있습니다. 첫째, 현재형입니다. 세상에 다시 오실 때까지 계속해서 우편에 계십니다. 우편에서 만물을 통치하고 계시며 하나님의 자녀를 돌보시고 통치하십니다. 둘째, 우리를 위해서 친히 간구하고 계십니다. 로마서 8장 34절에서 "우편에 계신 자요 우리를 위하여 간구하시는 자시니라"고 말씀하고 있습니다. 셋째, 우리도 하늘 보좌에 앉게 됩니다. 물론 예수님의 우편 자리와는 다릅니다. 예수님은 하나님 우편에서 만물을 통치하시던 영광스러운 자리이지만, 우리는 하나님 앞에 앉아 영원토록 예배와 찬양을 올리며 승리의 노래를 부르는 자리입니다.

오늘 예배하면서, 하나님 우편에 좌정하신 예수님을 바라봅시다. 예수님은 지금 이 시간에도 하나님 우편에서 우리를 위해서 친히 간구하시며 우리를 돌보고 계십니다. 우리의 간구와 소원을 고백합시다. 예수님께서 우리의 기도를 하나님께 올려 하나님의 섭리 안에서 선한 열매로 응답해 주심을 믿읍시다.

✤ **50문: "하나님 우편에 앉아 계시며"라는 말이 왜 덧붙여졌습니까?**
✤ **답:** 그리스도는 거기에서 자신을 그의 교회의 머리로 나타내기 위해서 하늘에 오르셨으며, 성부께서는 그를 통하여 만물을 다스리십니다.

🌱 **기도하기**
하나님 아버지, 예수님을 높이셔서 아버지 우편에 앉게 하시고 예수님을 통해 우리를 선한 능력으로 다스려 주심을 감사드립니다. 우리가 환란과 어려움에서 고통당할 때 우리를 위한 섭리와 통치를 확신하며 소망 가운데 이겨낼 수 있도록 인도해 주시옵소서.

chapter 051

예수님이 우리의 머리라는 말이 무슨 뜻입니까?

❖ 찬송   382장(너 근심 걱정 말아라)

❖ 주제 구절   시편 110편 1절

여호와께서 내 주에게 말씀하시기를 내가 네 원수로 네 발등상 되게 하기까지 너는 내 우편에 앉으라

하셨도다

사도신경에서 예수님은 하나님 우편에 앉으셨다고 고백합니다. "앉으셨다"는 고백은 우리의 완전한 대제사장으로서 한 번에 완전한 제사를 드리셨기 때문입니다. 구약시대 제사장들은 자신들의 사역이 완전히 끝나지 않았다는 의미로 제사를 드릴 때 앉지 않고 서 있었습니다. 제사 중에 앉지 않음으로 제사가 아직 완전하게 성취되지 않았다는 것을 보여 줍니다. 그러나 예수님은 하나님의 보좌 우편에 앉으심으로 우리를 위한 제사가 완전히 이루어졌다는 사실을 보여 주고 있습니다.

예수님께서 우편에 "앉으셔서" 하시는 일을 네 가지로 요약해 볼 수 있습니다. 첫째는 성령을 보내어 주십니다. 예수님은 성부 하나님으로부터 성령을 받아 이 땅에 보내 주셨습니다. 사도행전 2장 33절에서 "하나님이 오른손으로 예수를 높이시매 그가 약속하신 성령을 아버지께 받아서 너희가 보고 듣는 이것을 부어 주셨느니라."고 말씀합니다. 둘째는 보내신 성령님으로 인해 교회를 모으시고 교회와 만물을 다스리십니다. 우리를 교회로 모으실 때, 우리를 부르시고 믿음을 불러일으켜 주셔서 하나님 말씀이 진리이고 생명수임을 깨닫게 하십니다. 셋째는 성령님을 통해서 하늘의 은사를 부어 주십니다. 은사를 통해 교회를 견고하게 세워 가시고 교회를 통해 복음이 증거되고 말씀이 가르쳐지도록 하십니다. 넷째는 악한 사단 마귀와 원수로부터 우리를 보호하시고 환란과 핍박

가운데서 견고한 인내를 주셔서 견디고 이길 힘을 더해 주십니다.

골로새서 2장 19절 후반부 말씀을 함께 읽어 봅시다.
"온 몸이 머리로 말미암아 마디와 힘줄로 공급함을 얻고 연합하여 하나님이 자라게 하심으로 자라느니라."

오늘 예배하면서, 우리를 위한 예수님의 희생 제사의 완성을 감사합시다. 우리의 대제사장으로서 친히 제물이 되어 십자가에 죽으셔서 우리를 위해 한 번으로 완전한 산제사가 되셨습니다. 이로써 우리가 하나님의 보좌에 담대히 나가 아바 아버지라 부를 수 있게 되었습니다. 예수님의 공로에 감사하며 악으로부터 보호하시고 우리를 통치하시는 은혜를 구합시다.

✤ 51문: 우리의 머리 되신 그리스도의 이 영광은 우리에게 어떤 유익을 줍니까?
✤ 답: 첫째, 그리스도는 성령으로 그의 지체(肢體)인 우리에게 하늘의 은사들을 부어 주십니다. 둘째, 그는 그의 권능으로 우리를 모든 원수들로부터 보호하고 보존하십니다.

🌱 기도하기
하나님 아버지, 예수님의 좌정을 통해서 우리에게 통치와 보호의 은혜를 허락해 주셔서 감사드립니다. 두려움과 위기 가운데 있을 때 우리에게 힘과 용기를 더해 주셔서 악에게 지지 않고 하늘의 능력으로 이길 수 있게 도와주시옵소서.

chapter 052

예수님의 재림에서 어떤 위로를 얻습니까?

✤ 찬송　180장(하나님의 나팔 소리)
✤ 주제 구절　요한계시록 18장 20절

하늘과 성도들과 사도들과 선지자들아 그를 인하여 즐거워하라 하나님이 너희를 신원하시는 심판을 그에게 하셨음이라 하더라

사도신경은 성자 하나님에 관해서 낮아지심과 높이 되심을 고백합니다. 높이 되심은 부활, 승천, 하나님 우편에 앉으심, 재림을 고백합니다. 높이 되심 중에서 네 번째는 "재림"입니다. 재림에 대해서 사도신경은 이렇게 표현하고 있습니다. "저리로서 산 자와 죽은 자를 심판하러 오시라라"입니다. "저리로서"라는 말은 거기로부터입니다. 즉, 예수님은 하늘에 오르시고 하나님 우편에 앉으신 자리에서 내려오신다는 고백입니다.

　사도행전 1장 11절 말씀을 함께 읽어 봅시다.
　"가로되 갈릴리 사람들아 어찌하여 서서 하늘을 쳐다보느냐 너희 가운데서 하늘로 올리우신 이 예수는 하늘로 가심을 본 그대로 오시리라 하였느니라."

　하나님은 성경의 모든 약속은 반드시 이루십니다. 구약 성경의 말씀에서 예수님의 오심과 부활 성령님의 임재에 대해서 약속한 모든 말씀이 이루어졌습니다. 그렇다면 이 땅에 성자 하나님 예수님께서 하신 모든 말씀도 반드시 이루어집니다. 예수님은 반드시 이 땅에 다시 오십니다. 그날과 시간은 아무도 알 수 없다고 말씀하고 있지만, 약속하신 말씀을 이루시기에 승천하신 그대로 다시 오십니다. 우리는 다시 오실 예수님을 소망하며 기다려야 합니다. 예수님의 재림을 기다려야 하는 이유는 하나님의 모든 말씀에

대한 완전한 성취와 공의의 완성 때문입니다. 하나님이 최고의 선이시며 공의라는 사실을 드러내십니다. 성자 하나님의 성육신으로 하나님의 사랑을 드러내셨다면, 성자 하나님의 재림으로 하나님의 공의를 드러내십니다. 하나님은 사랑이시며 동시에 공의이십니다. 하나님께서 이 세상에 대한 최종적인 심판을 하지 않으신다면, 하나님께서 하신 말씀을 지키지 않는 분이 됩니다. 하나님은 최고의 선이시기 때문에 선과 악을 구별하시며, 하나님의 법을 따른 자에게 영원한 사랑으로 복을 주시고, 하나님의 법을 무시한 자에게 영원한 저주를 내리십니다. 독생자를 통해 무한한 사랑을 받은 자에게 영생 복락이 주어지고, 독생자를 통해 보여 주신 무한한 사랑을 거부한 자에게 영원한 심판이 주어집니다.

오늘 예배하면서 재림을 함께 소망합시다. 예수님의 재림으로 우리가 영원한 안식에 들어가 영원한 기쁨과 복을 누리게 될 것을 소망합시다. 재림이 무서운 날이 아니라, 승리의 날이라는 사실 앞에 감사합시다.

✤ **52문**: 그리스도께서 "살아 있는 자들과 죽은 자들을 심판하러 오실 것"은 당신에게 어떠한 위로를 줍니까?

✤ **답**: 내가 어떠한 슬픔과 핍박을 당하더라도, 전에 나를 대신하여 하나님의 심판대 앞에 서시사 내게 임한 모든 저주를 제거하신 바로 그분이 심판자로서 하늘로부터 오시기를 머리 들어 기다립니다. 그가 그의 모든 원수들, 곧 나의 원수들은 영원한 멸망으로 형벌하실 것이며, 나는 그의 택함을 받은 모든 사람들과 함께 하늘의 기쁨과 영광 가운데 그에게로 이끌어 들이실 것입니다.

🌱 **기도하기**

하나님 아버지, 이 땅의 불의와 악은 영원히 지속되지 않고 하나님의 공의로 악을 완전히 제하시고 완전한 통치의 날을 약속해 주셔서 감사드립니다. 우리가 예수님의 재림을 소망하는 믿음을 더해 주셔서, 악한 영의 시험과 환란으로 고난을 당하더라도 반드시 모든 악에 승리하고 영원한 기쁨과 복을 허락해 주실 그날을 기다리며 살아갈 수 있게 인도해 주시옵소서.

chapter 053

'성령을 믿사오며'라는 말이 무슨 뜻입니까?

✤ 찬송   187장(비둘기같이 온유한)
✤ 주제 구절   요한복음 14장 17절
저는 진리의 영이라 세상은 능히 저를 받지 못하나니 이는 저를 보지도 못하고 알지도 못함이라 그러나 너희는 저를 아나니 저는 너희와 함께 거하심이요 또 너희 속에 계시겠음이라

사도신경은 크게 세 부분으로 나누어집니다. 성부 하나님에 대한 고백, 성자 하나님에 대한 고백, 성령 하나님에 대한 고백입니다. 우리 구원에 관해서 삼위일체 하나님의 사역은 이렇게 구분이 됩니다. 성부 하나님은 구원을 '계획'하십니다. 성자 예수님은 구원을 '실행'하십니다. 성령 하나님은 구원을 '적용'하십니다.

사도신경 세 번째 단락은 성령 하나님에 대한 고백입니다. 성령 하나님은 성자 하나님께서 실행하신 성부 하나님의 구원 계획을 하나님의 모든 자녀에게 적용시켜 주십니다. 우리가 이 천년 전에 죽으시고 부활하신 예수님을 직접 눈으로 본 일은 없지만, 성령님의 도우심으로 우리가 눈으로 보고 현장에 있었던 것처럼 믿어지고 확신을 가질 수 있습니다. 예수님을 우리 힘과 지혜로 믿을 수 없습니다. 말씀에 나오는 모든 말씀이 오류가 없는 진리의 말씀이며 영생을 주기에 조금도 부족함이 없는 생명의 말씀이며 역사상 실제로 있었던 사실이라는 증거는 오직 성령님을 통해서 주시는 은혜입니다. 예수님을 만난 적은 없어도 마음으로 예수님에 대한 깊은 감사와 그 사랑에 대한 확신과 그 말씀에 대한 순종이 생기는 이유는 성령님의 역사에 있습니다. 성령님께서는 우리를 예수님과 연합되게 하시고 교회로 불러서 형제자매와 함께 예수님의 몸된 교회 안에서 지체가 되어 자라게 하십니다. 살아가며 오는 모든 고난 중에서 절망치 않고 믿음을 견지하고 끝까지 구원에서 멀어지지 않도록 붙잡아 주십니다. 성령님은 말할 수 없는 탄식으

로 항상 깨어 우리를 위해 간구하십니다. 성령님은 우리를 떠나지 않으시고 하나님 앞에 이를 때까지 보호하십니다.

로마서 8장 26절 말씀을 함께 읽어 봅시다.
"이와 같이 성령도 우리 연약함을 도우시나니 우리가 마땅히 빌 바를 알지 못하나 오직 성령이 말할 수 없는 탄식으로 우리를 위하여 친히 간구하시느니라."

오늘 예배하면서, 예수님의 부활 승천으로 보혜사 성령님을 보내 주신 은혜에 감사합시다. 성령님은 항상 우리를 위해 기도하시고 돕습니다. 외롭고 힘들 때마다 이 사실을 기억하고 기도합시다. 힘과 능력을 더해 주심을 믿고 기도합시다.

❖ **53문: 성령께 관하여 당신은 무엇을 믿습니까?**
❖ **답:** 첫째, 성령은 성부와 성자와 함께 참되고 영원한 하나님이십니다. 둘째, 그분은 또한 나에게 오셔서 나로 하여금 참된 믿음으로 그리스도와 그의 모든 은덕에 참여하게 하며 나를 위로하고 영원히 나와 함께하십니다.

🌱 **기도하기**
하나님 아버지, 우리를 위해서 보혜사 성령님을 보내어 주셔서 감사드립니다. 연약하고 지칠 때마다 우리를 위해 기도하시는 성령님을 기억하며 위로를 얻게 도와주시옵소서. 성령님의 도우시는 능력 가운데 어려움과 고난을 이겨낼 수 있게 인도해 주시옵소서.

chapter 054

'거룩한 공회'를 믿는다는 건 무슨 뜻입니까?

✤ 찬송   210장(시온성과 같은 교회)
✤ 주제 구절   에베소서 5장 27절
자기 앞에 영광스러운 교회로 세우사 티나 주름 잡힌 것이나 이런 것들이 없이 거룩하고 흠이 없게 하려 하심이니라

사도신경은 크게 세 단락으로 나누어집니다. 세 번째 단락은 성령 하나님에 대한 고백입니다. 성령님께서 하신 사역으로 고백하는 내용은, 거룩한 공회, 성도가 서로 교통하는 것, 죄를 사하여 주시는 것, 몸이 다시 사는 것, 영원히 사는 것입니다.

거룩한 공회라는 고백에서 "공회"라는 말은 보편적 교회라는 뜻입니다. 공회라는 말 때문에 사도신경이 로마가톨릭에 대한 믿음을 고백하는 것이 아닌지 오해하는 경우가 있습니다. 그러나 공회라는 의미는, 모든 교회가 하나라는 의미입니다. 이 천년 전에 세워진 교회와 지금 우리가 모이는 교회는 하나라는 의미입니다. 또한 한국에 있는 교회나 아프리카에 있는 교회가 하나라는 의미입니다. 교회가 하나라는 것은 이단을 포함하지 않습니다. 사도신경을 포함해서 건전한 신앙을 고백하는 교회는 하나라는 뜻입니다. 이러한 보편 교회가 하나라는 사실을 믿는다고 고백하는 이유는 무엇일까요?

모든 교회가 예수님을 머리로 하는 지체라는 뜻입니다. 한몸이기 때문에 함께 기도하고 함께 교제하고 함께 위로하고 함께 돕습니다. 한몸이며 지체이기 때문에 멀리 있는 교회의 어려움이 곧 우리의 어려움이 되어 힘을 다해 도울 수 있고, 때로는 중보로 기도할 수 있습니다. 성경은 멀리 있지만, 서로가 한 형제자매이기 때문에 어려울 때 돕고 위로하는 장면을 볼 수 있습니다.

사도행전 11장 29절 말씀을 함께 읽어 보겠습니다.

"제자들이 각각 그 힘대로 유대에 사는 형제들에게 부조를 보내기로 작정하고."

신약 성경에서 예루살렘이 있는 교회가 가뭄으로 매우 어려운 처지에 놓이게 됩니다. 이때 멀리 떨어진 여러 교회들이 함께 힘을 모아 구제 헌금을 보냅니다. 이것이 바로 한 몸이며 한 지체된 증거입니다. 가까이에 있는 교회는 나와 상관없는 교회가 아니라, 함께 복음을 위해서 수고하고 선교와 이웃 사랑을 위해서 함께 힘을 모아야 합니다. 힘들고 어려운 교회가 생기면 함께 힘을 모아 구제하고 위로할 수 있어야 합니다. 이것이 거룩한 공회를 믿는 성도의 바른 모습입니다.

오늘 예배하면서, 우리가 성령님으로 인해 예수님 안에서 형제자매 되어 한몸이 되었음을 감사합시다. 형제 자매 된 교회를 보면서 혹시 어려운 처지에 있다면 함께 기도하고 돕기를 실천해 봅시다. 이 땅의 모든 교회가 예수님의 몸으로 서로 더욱 사랑하기를 위해서 기도합시다.

✤ **54문: "거룩한 보편적 교회"에 관하여 당신은 무엇을 믿습니까?**

✤ **답:** 나는 하나님의 아들이 세상의 처음부터 마지막 날까지 모든 인류 가운데서 영생을 위하여 선택하신 교회를 참된 믿음으로 하나가 되도록 그의 말씀과 성령으로 자신을 위하여 불러 모으고 보호하고 보존하심을 믿습니다. 나도 지금 이 교회의 살아 있는 지체(肢體)이며 영원히 그러할 것을 믿습니다.

🌱 **기도하기**

하나님 아버지, 우리를 예수님 안에서 한몸이며 지체로 불러 주셔서 감사합니다. 어려운 지체와 교회가 있을 때 서로 돕고, 위해서 수고하는 마음을 허락하심으로 예수님의 사랑으로 우리가 더욱 하나 될 수 있도록 도와주시옵소서.

chapter 055

'성도가 서로 교통하는 것'을 믿는다는 건 무슨 뜻입니까?

❖ 찬송 220장(사랑하는 주님 앞에)

❖ 주제 구절 로마서 12장 5절

이와 같이 우리 많은 사람이 그리스도 안에서 한몸이 되어 서로 지체가 되었느니라

사도신경 세 번째 단락은 성령 하나님에 대한 고백입니다. 성령님께서 하신 사역으로 고백하는 내용은, 거룩한 공회, 성도가 서로 교통하는 것, 죄를 사하여 주시는 것, 몸이 다시 사는 것, 영원히 사는 것입니다. 지난 과에 이어서 이번에는 "성도가 서로 교통하는 것"에 관한 고백입니다. 예수님의 승천 후에 보혜사 성령님이 오셔서 하시는 많은 사역 가운데서 첫 번째는 교회를 이루는 사역이라고 사도신경은 고백했습니다.

두 번째는 교회 안의 성도가 예수님을 통해 하나의 몸이 된 지체임을 고백합니다. 우리가 성령님의 부르심으로 예수님을 영접하는 순간, 예수님과 연합하게 됩니다. 이 연합으로 우리는 예수님과 교제하게 됩니다. 이 교제는 예수님과 나와만 교제하는 것이 아니라, 예수님을 영접한 다른 지체와도 교제를 하며 교회를 이루게 됩니다. 이것을 교통이라고 합니다. 새롭게 번역된 사도신경은 교통을 교제로 번역하지만, 교통이 좋은 번역입니다. 왜냐하면 성령님으로 인해서 우리는 예수님 때문에 교제를 하게 되었습니다. 성도끼리 인간적인 사귐이라면 교제라고 하겠지만, 우리의 교제 가운데는 항상 예수님이 함께 계십니다. 그래서 예수님을 통해서 서로 서로 영적인 교제와 나눔과 동역과 중보와 사랑을 나누게 됩니다. 예수님이 없는 교제는 인간적인 모임이나 만남일 뿐입니다. 우리가 모일 때 항상 예수님에 대한 고백으로 예수님을 중심으로 한 교제가 될 때 참된 연합이 있고 예수님으로 인해 한몸으로 서로 참으며 불쌍히 여기고 서로를 위해

서 수고를 아끼지 않는 사랑을 베풀게 됩니다.

에베소서 4장 3절 말씀을 함께 읽어 봅시다.
"평안의 매는 줄로 성령의 하나 되게 하신 것을 힘써 지키라."

이렇게 예수님 안에서 성도가 서로 교통할 때 교회를 세우기 위해서 은사와 직분을 주십니다. 은사와 직분의 시작은 성도가 서로 교통하는 것에서 시작됩니다. 예수님의 몸 된 교회가 질서 가운데 성장하고 자라기 위해서 각양의 은사와 직분을 주셔서 서로가 사랑으로 수고할 수 있도록 능력을 더해 주십니다. 은사와 직분은 교회에서 자랑이 될 수 없습니다. 교회의 머리 되신 예수님처럼 성도를 위해 누구보다 수고하고 헌신하며 겸손하게 섬겨야 합니다.

오늘 예배하면서, 우리를 예수님과 연합할 수 있도록 은혜를 베풀어 주신 성령님께 감사합시다. 가정과 교회에서 서로 교제할 때, 항상 예수님이 중심이 되어 나를 내려놓고 예수님의 사랑만이 드러나기를 위해서 기도합시다. 예수님께서 죽기까지 자신을 낮추시며 섬긴 것처럼 가족 서로를 위해서 그리고 교회의 지체를 위해서 섬길 수 있도록 기도합시다.

❖ 55문: '성도가 서로 교통하는 것'을 당신은 어떻게 이해하나요?
❖ 답: 첫째, 신자는 모두, 또한 각각 그리스도의 지체로서 주 그리스도와 교제하며 그의 모든 부요와 은사에 참여합니다. 둘째, 각 신자는 자기의 은사를 다른 지체의 유익과 복을 위하여 기꺼이, 그리고 즐거이 사용할 의무가 있습니다.

🌱 기도하기

하나님 아버지, 우리를 예수님과 연합해 서로 한몸이 될 수 있게 도와주셔서 감사드립니다. 우리 가정에 더욱 예수님의 사랑 안에서 하나가 되어 서로를 위해 수고하고 섬길 수 있도록 인도해 주시옵소서.

chapter 056

'죄를 사하여 주시는 것'을 믿는다는 건 무슨 뜻입니까?

✤ 찬송   251장(놀랍다 주님의 큰 은혜)

✤ 주제 구절   에베소서 1장 7절

우리가 그리스도 안에서 그의 은혜의 풍성함을 따라 그의 피로 말미암아 구속 곧 죄 사함을 받았으니

사도신경 세 번째 단락은 성령 하나님에 대한 고백입니다. 성령님께서 하신 사역으로 고백하는 내용은, 거룩한 공회, 성도가 서로 교통하는 것, 죄를 사하여 주시는 것, 몸이 다시 사는 것, 영원히 사는 것입니다. 성령님에 대한 고백 중에서 세 번째 내용은 "죄를 사하여 주시는 것"에 대한 고백입니다.

성령님은 예수님의 공로를 우리에게 적용시켜 주십니다. 예수님은 우리의 죄를 위해서 십자가로 영원한 희생제물이 되셨습니다. 예수님의 대속은 앞으로 오는 모든 하나님의 자녀들을 위한 사역이었습니다. 이 천년 전에 죽으신 예수님의 대속을 지금 우리이 어떻게 알게 되었을까요? 우리가 십자가 현장에 있지 않았지만, 마치 본 듯이 믿는 것은 어떻게 가능할까요? 그것이 성령님께서 우리를 위해서 하신 일입니다. 성령님은 앞으로 태어날 모든 하나님의 자녀들에게 십자가 구속의 은혜를 적용시켜 주십니다. 또한 성령님은 우리를 부르셔서, 우리의 죄를 보게 하십니다. 십자가 은혜 말고 다른 방법으로 거룩에 이를 수 없다는 사실을 깨닫는 마음을 허락하십니다. 진리의 빛을 비추어 주심으로 십자가 앞에서 우리의 죄를 자복하게 하십니다. 성령님의 역사로만 우리는 우리의 죄를 알 수 있습니다. 어두움은 스스로 어둠을 깨닫지 못합니다. 빛이 비추일 때 비로소 우리가 얼마나 어두움 속에 있었는지 알게 됩니다. 성령님께서 우리를 교회로 부르시고, 성도들의 교제 가운데서 사랑을 알게 하시고, 말씀을 통해서 진리를 깨닫게 하심

으로 죄의 비참한 결과를 보게 하십니다. 오직 성령님의 은혜가 아니고서는 우리가 죄를 알 수 없고, 거룩에 이를 수도 없습니다. 성령님께서 임재하시고 역사하시는 가장 중요한 증거는 죄에 대한 각성입니다. 얼마나 깊은 어두움 속에서 우리가 그동안 살아 왔는지 알게 하십니다. 죄에 대한 깊은 각성과 회개 없이는 누구도 하나님 앞에 이를 수 없습니다. 예수님의 보혈의 공로가 생명만큼 소중한 진리라는 사실을 알게 하십니다. 우리가 죄를 깨닫고 회개를 통해 하나님 앞에 나올 때 비로소 예수님을 닮아가며 하나님의 거룩에 이르는 소망을 가지게 됩니다.

로마서 8장 1절 말씀을 함께 읽어 봅시다.
"그러므로 이제 그리스도 예수 안에 있는 자에게는 결코 정죄함이 없나니."

오늘 예배하면서, 하나님 앞에서 우리의 연약과 죄를 깨닫고 하나님의 거룩에 이르기를 위해 기도합시다. 성령님은 끊임없이 거룩에 이르도록 인도하십니다. 죄를 버리고 의를 사모하는 마음을 주십니다. 성령님께서 우리의 죄를 자복하고 온전히 말씀에 순종하는 자가 되기 위해서 기도합시다.

✤ **56문: "죄 사함"에 관하여 당신은 무엇을 믿습니까?**
✤ **답:** 그리스도께서 하나님의 의를 만족시키셨기 때문에 하나님께서는 나의 모든 죄와 내가 일평생 싸워야 할 나의 죄악 된 본성을 더 이상 기억하지 않으십니다. 오히려 하나님께서는 은혜로 그리스도의 의를 나에게 선물로 주셔서 결코 정죄함에 이르지 않게 하십니다.

🌱 **기도하기**
하나님 아버지, 성령님을 통해서 우리가 죄를 깨닫고, 우리에게 회개할 마음을 주셔서 감사드립니다. 하나님 앞에 나올 때마다 죄를 미워하고 의를 사모하며 하나님의 말씀에 온전히 순종하는 자녀가 될 수 있게 도와주시옵소서.

chapter 057

'몸이 다시 사는 것'을 믿는다는 건 무슨 뜻입니까?

✤ 찬송   492장(잠시 세상에 내가 살면서)

✤ 주제 구절   로마서 8장 11절

예수를 죽은 자 가운데서 살리신 이의 영이 너희 안에 거하시면 그리스도 예수를 죽은 자 가운데서 살리신 이가 너희 안에 거하시는 그의 영으로 말미암아 너희 죽을 몸도 살리시리라

사도신경 세 번째 단락은 성령 하나님에 대한 고백입니다. 성령님께서 하신 사역으로 고백하는 내용은, 거룩한 공회, 성도가 서로 교통하는 것, 죄를 사하여 주시는 것, 몸이 다시 사는 것, 영원히 사는 것입니다. 성령님에 대한 고백 중에서 네 번째 내용은 "몸이 다시 사는 것"에 대한 고백입니다.

성령님은 예수님의 공로를 우리에게 적용시켜 주십니다. 예수님은 부활하고 승천했습니다. 예수님의 부활처럼 우리 몸도 다시 살아납니다. 왜 영혼만 살면 되지 몸까지 부활하게 될까요? 인간의 죄로 인한 결과는 육체와 영혼의 사망입니다. 사람은 영과 육을 가진 하나의 인격체입니다. 둘을 분리해서 따로 생각할 수 없습니다. 사람에 대한 심판은 영과 육을 포함한 전 인격적 심판입니다. 이런 심판을 피하고 다시 본래 창조된 지위를 회복할 때, 영과 육을 포함한 전 인격이 새롭게 됩니다. 예수님께서 다시 살아나셨을 때, 영혼만 살아나신 것이 아니라, 육체도 포함하여 살아나셨습니다. 예수님을 믿는 모든 사람이 육체의 부활을 경험하게 됩니다. 예수님께서 사망 권세를 멸하고 하나님의 진노와 저주를 모두 온 몸으로 받아내셨기에 우리에게도 새로운 생명과 새로운 삶을 주실 수 있었습니다. 우리가 이 땅에서 숨을 거두는 날 영혼은 그 즉시로 하나님께 이릅니다. 육체는 예수님의 재림 때까지 잠을 잡니다. 재림하실 때 우리 육체는 모두 다시 살아

납니다.

요한복음 5장 29절 말씀을 함께 읽어 봅시다.
"선한 일을 행한 자는 생명의 부활로 악한 일을 행한 자는 심판의 부활로 나오리라."

육체의 부활은 예수님 안에 있던 사람뿐만 아니라, 예수님을 믿지 않는 사람에게도 일어납니다. 인간 역사의 끝에 하나님은 최종적인 결산을 하십니다. 예수님의 공로로 인해 의롭다고 인정을 받은 모든 사람은 생명의 부활로 거듭납니다. 그러나 예수님의 공로를 믿지 않고 하나님의 사랑을 거절한 모든 사람은 심판의 부활로 저주를 받게 됩니다. 이 모든 일은 성령님께서 우리를 위해서 행하십니다. 우리에게 마지막 날 육체의 부활은 저주의 날이 아니라, 이 땅에서 경험하지 못한 최고로 복된 날이 됩니다.

오늘 예배하면서, 우리에게 육체의 부활을 허락하신 하나님의 은혜에 감사합시다. 성령님께서 우리 안에 내주하셔서 예수님의 몸처럼 부활의 능력으로 마지막 때 영원한 생명을 허락해 주십니다. 영원한 안식에 들어갈 날을 소망합시다.

✦ **57문: "육신의 부활"은 당신에게 어떠한 위로를 줍니까?**
✦ **답:** 이 생명이 끝나는 즉시 나의 영혼은 머리 되신 그리스도에게 올려질 것입니다. 또한 나의 이 육신도 그리스도의 능력으로 일으킴을 받아 나의 영혼과 다시 결합 되어 그리스도의 영광스러운 몸과 같이 될 것입니다.

🌱 **기도하기**

하나님 아버지, 우리 힘으로 사망 권세를 이기지 못하고 저주 가운데 심판받아 영원한 고통을 당할 수밖에 없었지만, 오직 하나님의 선하신 뜻에 따라 우리를 선택해 주시고 성령님의 역사로 부활의 은혜를 주셔서 감사드립니다. 이 땅에서 아무리 힘들고 어려운 일이 있더라고, 우리의 영원한 부활을 소망하며 살아가도록 인도해 주시옵소서.

chapter 058

'영원히 사는 것'을 믿는다는 건 무슨 뜻입니까?

✤ 찬송　235장(보아라 즐거운 우리 집)

✤ 주제 구절　요한복음 3장 16절

하나님이 세상을 이처럼 사랑하사 독생자를 주셨으니 이는 저를 믿는 자마다 멸망치 않고 영생을 얻게

하려 하심이니라

사도신경 세 번째 단락은 성령 하나님에 대한 고백입니다. 성령님께서 하신 사역으로 고백하는 내용은, 거룩한 공회, 성도가 서로 교통하는 것, 죄를 사하여 주시는 것, 몸이 다시 사는 것, 영원히 사는 것입니다. 성령님에 대한 고백 중에서 다섯 번째 내용은 "영원히 사는 것"에 대한 고백입니다.

성령님께서 예수님을 믿는 모든 사람에게 영원한 생명을 주십니다. 이 생명은 영혼만이 아니라, 육신도 포함됩니다. 앞의 과에서 배웠듯이 우리는 생명의 부활로 다시 삽니다. 이때 얻은 새 생명은 영원한 생명입니다. 우리는 영원히 살게 됩니다. 사도신경의 마지막은 우리의 부활로 하나님 앞에서 영원히 예배하며 영원히 사는 것을 믿음으로 고백하고 있습니다. 이것은 세상 그 무엇으로도 얻을 수 없는 놀라운 은혜입니다.

과거 수많은 제국의 황제들은 영원히 살기 위한 방법을 찾았습니다. 중국의 진시황제는 불로초를 찾아 우리나라에까지 사신을 보내기도 했습니다. 모든 사람들의 꿈은 불로장생입니다. 아무리 의학이 발달하고 좋은 약이 개발된다 해도 인간의 죽음을 막을 수 없습니다. 영원히 살지 못합니다. 그러나 성경은 우리가 영원히 살게 된다고 말씀합니다. 본래 우리가 창조되었을 때 아담이 말씀에 완전하게 순종했다면, 하나님과 창조세계 안에서 영원히 안식하며 예배하는 백성으로 살 수 있었습니다. 안타깝게도 아담의 불순종으로 죄가 들어왔고, 인류는 죄로 인해 죽음의 저주를 받게 되었습니다. 이런 비

참한 결과에 대해서 은혜와 사랑이 충만하신 하나님은 아담의 불순종을 예수님의 완전한 순종을 통해 죄를 도말하시고 우리에게 의를 전가해 주셨을 뿐만아니라 영생을 주셨습니다. 예수님으로 인해 만물이 새롭게 되고 은혜의 날이 시작된 것입니다.

마태복음 25장 46절 말씀을 함께 읽어 봅시다.
"저희는 영벌에, 의인들은 영생에 들어가리라 하시니라."

부활로 얻은 새생명은 이 땅의 고통을 전혀 경험하지 않습니다. 어떤 아픔이나 슬픔 없이 오직 하나님 안에서 거하며 완전한 평안과 즐거움과 기쁨 가운데서 살게 됩니다. 성령님께서 우리 안에 내주하실 때, 결코 떠나지 않으시고 우리를 생명의 부활로 거듭날 때까지 붙들어 주시고 은혜와 복을 주십니다. 기적과 같은 이러한 은혜는 지금 이 땅에서 시작되었습니다.

오늘 예배하면서, 영원한 삶을 허락하신 하나님께 감사합시다. 우리 안에 내주하시는 성령님께서 우리의 구원에 실패 없이 영생에 이르도록 이 땅에서 보호하시고 지켜주십니다. 이 땅에서 어떤 문제와 어려움이 있더라고 영생을 주신 성령님을 의지하며 하늘의 평안과 위로를 알 수 있기를 위해 기도합시다.

✿ 58문: "영원한 생명"은 당신에게 어떠한 위로를 줍니까?
✿ 답: 내가 이미 영원한 즐거움을 마음으로 누리기 시작한 것처럼 이 생명이 끝나면 눈으로 보지 못하고 귀로도 듣지 못하고 사람의 마음으로도 생각지 못한 완전한 복락을 얻어 하나님을 영원히 찬양할 것입니다.

🌱 기도하기
하나님 아버지, 우리에게 영생의 복을 허락해 주셔서 감사드립니다. 영생은 이미 이 땅에서 시작되었음을 믿습니다. 하나님 앞에 나올 때마다 하늘의 평안과 위로를 맛보며 영원한 평안을 소망할 수 있게 도와주시옵소서.

chapter 059

사도신경을 믿으면 무엇을 얻습니까?

✤ 찬송　287장(예수 앞에 나오면)

✤ 주제 구절　로마서 5장 1절

그러므로 우리가 믿음으로 의롭다 하심을 얻었은즉 우리 주 예수 그리스도로 말미암아 하나님으로 더불어 화평을 누리자

복음은 하나님의 말씀입니다. 복된 소식은 어둠 가운데 우리를 빛 가운데로 인도하는 진리입니다. 하나님께서 이 진리를 선택한 사람들에게 비추어 주시고 영생에 이르게 하십니다. 복음을 가장 잘 요약했고 이 천년 가까이 외우고 있는 성경의 핵심 요약이 사도신경입니다. '기독교인은 무엇을 믿는가'라고 물을 때, 사도신경이라고 말할 수 있습니다. '기독교인은 어떻게 살아야 하는가'라고 물을 때, 십계명이라고 할 수 있습니다. '기독교인은 어떻게 기도해야 하는가'라고 물을 때 주기도문이라고 할 수 있습니다. 성경책 제일 앞과 뒤에 사도신경, 십계명, 주기도문이 기록된 이유는 하나님의 자녀가 반드시 알아야 할 핵심적인 요약이기 때문입니다. 사도신경은 성경 전체를 삼위일체 하나님의 고백으로 요약한 복음입니다. 우리는 삼위일체 하나님께서 우리를 위해 하신 모든 일을 믿습니다. 우리가 사도신경을 믿고 고백할 때 하나님은 이것을 우리의 의로 여겨 주십니다.

　로마서 3장 28절 말씀을 함께 읽어 보자.
　"그러므로 사람이 의롭다 하심을 얻는 것은 율법의 행위에 있지 않고 믿음으로 되는 줄 우리가 인정하노라."

하나님께서 하신 일에 대한 믿음은 사도신경으로 요약되어 있습니다. 그래서 사도신경을 고백할 때 진실로 믿는 마음으로 고백해야 합니다. 주문처럼 외우기만 하면 구원에 이르는 것이 아닙니다. 사도신경으로 요약된 복음을 진실하게 믿고, 믿는 바대로 살고 실천할 때 진실로 사도신경을 고백했다고 할 수 있습니다. 사도신경을 고백하지만, 죽음에 대한 두려움으로 가득 차 있다면, 성령님으로 인한 부활과 영생에 대한 불신앙입니다. 사도신경을 믿는 대로 우리가 성부 하나님의 계획과 성자 하나님의 공로와 성령 하나님의 적용을 진실로 나에게 이루어진 일임을 믿고 확신에 거할 때 우리에게 영적인 유익이 있습니다.

오늘 예배하면서, 진실로 사도신경을 믿는 마음으로 고백할 수 있기를 위해서 기도합시다. 사도신경의 구절 중에서 하나라도 믿어지지 않는다면, 믿음을 구합시다. 모든 사도신경은 반드시 우리에게 이루어지며 언제가 경험하게 되는 사실입니다. 사도신경을 외울 때마다 하나님에 대한 확신과 믿음으로 이 땅에서 참 평안과 기쁨이 있기를 기도합시다.

✤ 59문: 이 모든 것을 믿는 것이 당신에게 지금 어떤 유익을 줍니까?
✤ 답: 그리스도 안에서 나는 하나님 앞에 의롭게 되며 영원한 생명의 상속자가 됩니다.

🌱 기도하기

하나님 아버지, 사도신경을 오래 전에 우리에게 허락하시고, 지금까지 우리의 고백이 될 수 있게 도와주셔서 감사드립니다. 사도신경을 외울 때마다 모든 구절에 대한 확신과 믿음을 주시옵소서. 이 믿음을 통해서 우리를 의롭다 하실 하나님을 찬양하고 높여드립니다.

chapter **060**

계속 죄를 짓는데도 의롭다고 할 수 있습니까?

✤ 찬송   372장(그 누가 나의 괴롬 알며)

✤ 주제 구절   로마서 3장 22절

곧 예수 그리스도를 믿음으로 말미암아 모든 믿는 자에게 미치는 하나님의 의니 차별이 없느니라

우리는 사도신경의 모든 내용을 믿음으로 고백하고 받아들입니다. 이런 고백을 모두 받아들인 사람은 죄를 짓지 않고 살아야 하지 않을까요? 왜 우리는 다음날이 되면 또 죄를 짓고 살게 될까요? 어떤 학생은 내일 또 죄를 지을 텐데 왜 회개해야 하는지 묻기도 합니다.

우리에게 아직 죄의 성향이 남아 있어서 그렇습니다. 예수님께서 우리 죄를 위해서 죽으셨는데 아직도 죄의 성향이 남아 있는 이유가 무엇일까요? 이것을 이해하기 위해서는 죄의 결과에 대해서 먼저 이해를 해야 합니다. 아담이 죄를 짓고 나서 죄책과 오염이라는 두 가지 결과를 낳게 됩니다. 죄책은 범죄에 대한 책임으로서 모든 인류가 태어날 때부터 가지게 되는 죄입니다. 여기에 대해서 예수님은 십자가의 형벌로 죄에 대한 모든 책임을 감당하셨습니다. 예수님 안에서는 더 이상 심판과 저주는 없습니다. 우리는 예수님을 믿는 믿음 하나로 '의롭다함'을 얻게 되었습니다. '의롭다하심'을 믿을 때, 우리에게 변화가 시작됩니다. 죄책으로 자유를 얻은 사람은 이제 오염에 대한 변화가 시작되는데, 오염은 죄를 짓고 싶은 성향입니다. 이것을 위해서 하나님은 우리에게 성령님을 보내어 주셨습니다. 칭의로 죄책을 한 번에 해결하셨다면, 성화로 오염을 점진적으로 해결해 주십니다. 우리는 이 땅을 살면서 계속 죄의 오염과 싸워야 합니다.

로마서 7장 23절을 함께 읽어 봅시다.

"내 지체 속에서 한 다른 법이 내 마음의 법과 싸워 내 지체 속에 있는 죄의 법 아래로 나를 사로잡아 오는 것을 보는도다."

사도 바울조차도 자신의 내면을 보며 끊임없는 죄의 유혹과 싸울 수밖에 없었습니다. 이 땅에서 육신을 입고 있는 동안은 죄의 오염과 싸워야 합니다. 그래서 항상 성령님을 의지하고 예배할 때 우리의 죄와 허물을 고백하며 회개해야 합니다. 거룩을 좇아 살아야 합니다. 이 땅에서 우리 신앙의 가장 중요한 목표 중에 하나는 예수님을 닮아가는 거룩입니다.

오늘 예배하면서, 온전하지 못한 우리의 모습을 하나님 앞에 내어놓읍시다. 오늘도 죄로 인해 넘어진 문제들이 있다면, 회개하고 하나님 앞에서 거룩한 삶을 위해서 다시 한 번 다짐해 봅시다.

❖ **60문: 당신은 어떻게 하나님 앞에서 의롭게 됩니까?**

❖ **답:** 오직 예수 그리스도에 대한 참된 믿음으로만 됩니다. 비록 내가 하나님의 모든 계명을 크게 어겼고 단 하나도 지키지 않았으며 여전히 모든 악으로 향하는 성향이 있다고 나의 양심이 고소하지만, 하나님께서는 나의 공로가 전혀 없이 순전히 은혜로 그리스도의 온전히 만족케 하심과 의로움과 거룩함을 선물로 주십니다. 하나님께서는 마치 나에게 죄가 전혀 없고 또한 내가 죄를 짓지 않은 것처럼, 실로 그리스도께서 나를 위해 이루신 모든 순종을 내가 직접 이룬 것처럼 여겨 주십니다. 오직 믿는 마음으로만 나는 이 선물을 받습니다.

🌱 **기도하기**

하나님 아버지, 우리는 죄로 오염되어 날마다 죄를 짓습니다. 우리의 연약함을 볼 때마다 예수님을 바라보며, 거룩을 소망하며 살아갈 수 있게 도와주시옵소서.

chapter 061

내가 믿어서 의롭게 된다고 할 수 없습니까?

✤ 찬송   410장(내 맘에 한 노래 있어)

✤ 주제 구절   에베소서 2장 8절

너희가 그 은혜를 인하여 믿음으로 말미암아 구원을 얻었나니 이것이 너희에게서 난 것이 아니요 하나님의 선물이라

은혜라는 말은 자신의 힘으로 할 수 없는 일을 다른 사람에게 받을 때 갖는 감사입니다. 죽을 위기에서 누군가 도와주었을 때 큰 은혜를 입었다고 합니다. 은혜를 베푼 사람에게 우리는 평생 갚을 수 없는 빚을 지게 됩니다.

우리의 구원도 그렇습니다. 우리가 아무리 착한 일과 선행을 많이 하더라도 우리 힘으로 구원을 얻을 수 없습니다. 하나님께 이르는 구원을 얻기 위해서 우리는 평생 동안 단 한번의 나쁜 생각을 해서도 안 됩니다. 단 한 번의 나쁜 말을 해서도 안 됩니다. 만약 단 한 번의 죄를 짓지 않았다고 해도 태어날 때부터 원죄를 갖고 있기 때문에 결코 하나님께 이를 수 없고 구원을 받을 수 없습니다. 하나님은 작은 죄라도 용납할 수 없는 공의의 분이기 때문입니다. 이렇듯 구원은 우리 힘으로 절대 얻을 수 없기 때문에 하나님은 선물로 주셨습니다. 이 선물은 독생자 예수 그리스도를 통해서 우리에게 주어졌습니다.

로마서 5장 15절 말씀을 함께 읽어 봅시다.

"그러나 이 은사는 그 범죄와 같지 아니하니 곧 한 사람의 범죄를 인하여 많은 사람이 죽었은즉 더욱 하나님의 은혜와 또는 한 사람 예수 그리스도의 은혜로 말미암은 선물이 많은 사람에게 넘쳤으리라."

구원의 은혜라는 선물을 우리가 어떻게 받게 되었을까요? 오직 믿음으로 받게 되었습니다. 믿음은 우리 안에서 스스로 만들어낼 수 없습니다. 우리가 어느 날 우리 힘으로 믿어져서 믿게 된 것도 아닙니다. 이 믿음은 하나님의 선택받은 자녀에게 주어졌습니다. 그래서 우리는 우리가 얻은 구원에 대해서 어떤 자랑도 할 수 없습니다. 우리의 어떤 공로도 내세울 수 없습니다. 내 믿음 자체가 구원의 조건이 될 수 없습니다. 구원은 예수님의 완전한 말씀에 대한 순종으로 우리에게 주어진 결과이므로 내 믿음이 좋다고 주장할 수 없습니다. 내 믿음이 강하다고 자랑할 수도 없습니다. 구원에 관해서 오직 예수님의 공로만 있을 뿐입니다.

오늘 예배하면서, 우리에게 선물로 주신 구원의 은혜를 감사합시다. 예수님의 공로를 믿는 믿음으로 우리를 의롭다고 해주신 하나님의 은혜에 감사합시다.

✤ **61문: 당신은 왜 오직 믿음으로만 의롭게 된다고 말합니까?**
✤ **답:** 나의 믿음에 어떤 가치가 있어서 하나님께서 나를 받으실 만한 것은 아니며, 오직 그리스도의 만족케 하심과 의로움과 거룩함만이 하나님 앞에서 나의 의가 됩니다. 오직 믿음으로만 이 의를 받아들여 나의 것으로 삼을 수 있습니다.

🌱 기도하기

하나님 아버지, 구원은 우리의 공로가 아니라 오직 예수님의 공로로 얻게 되어 감사드립니다. 예수님의 공로를 믿는 믿음을 허락하셔서 하나님께 의롭다고 얻게 되어 감사드립니다. 항상 이 구원의 은혜를 감사하며 하나님을 높여 드릴 수 있게 도와주시옵소서.

chapter 062

착한 일을 해서 의로워질 수는 없습니까?

❖ 찬송 545장(이 눈에 아무 증거 아니 뵈어도)

❖ 주제 구절 로마서 3장 28절

그러므로 사람이 의롭다 하심을 얻는 것은 율법의 행위에 있지 않고 믿음으로 되는 줄 우리가 인정하노라

세계 역사에서 훌륭한 업적을 남긴 사람들이 있습니다. 나라를 위기에서 구한 영웅도 있습니다. 위인전기에 수많은 사람들이 나옵니다. 이렇게 좋은 일을 한 사람들은 모두 구원을 얻을 수 있지 않을까요?

성경은 아담의 범죄로 모든 사람이 원죄를 가지고 태어나 하나님의 진노와 심판을 피할 수 없다고 말씀합니다. 평생 동안 아무리 훌륭한 일을 했다고 하더라도, 하나님의 기준에 미칠 수 없습니다. 하나님께서 제시하는 기준은 완전한 거룩이므로 평생 동안 단한 번도 마음에 악한 생각을 하지 않아야 하는데 이런 기준을 충족할 수 있는 사람은 없기 때문입니다. 모두 원죄를 가지고 태어난 인간은 죄의 오염 가운데 살면서, 죄의 영향력에서 피할 수 없습니다. 선한 일을 아무리 많이 해도 보이지 않고 숨겨진 죄의 결과가 있습니다. 따라서 완전한 의로움으로 구원에 이를 수 있는 기준에 스스로 이를 수 있는 사람은 아무도 없습니다. 세상의 많은 종교들은 스스로 구원에 이를 수 있다고 가르칩니다. 그러나 성경은 스스로 이를 수 없다고 말씀합니다. 자력 구원은 불가능합니다. 구원은 전적으로 하나님이 베풀어 주시는 은혜로만 가능합니다. 세상 종교는 성경을 독단적이라고 주장합니다. 불신자의 입장에서 그렇게 보는 것은 당연합니다. 왜냐하면, 구원은 오직 하나님께서 빛을 비추어 주셔야 가능하기 때문입니다. 하나님께서 제시한 길과 방법으로만 구원을 얻을 수 있습니다. 인간의 선행으로는 결코 구원에 이를 수 없습

니다. 인간이 이 땅에서 살아가는 시간은 하나님의 진노만 쌓을 뿐입니다. 인간의 죄는 아무리 작다고 하더라도 하나님의 준엄한 진노와 심판을 초래합니다. 하나님은 완전한 거룩과 빛이시기 때문이며 단 하나의 죄와도 함께 하실 수 없기 때문입니다. 하나님은 완전한 공의이시고 최고의 선이시므로 죄를 심판하실 수밖에 없습니다. 오직 하나님께서 독생자 아들 예수 그리스도를 통해서만 구원을 얻게 하셨습니다.

고린도전서 1장 30절 말씀을 함께 읽어 봅시다.
"너희는 하나님께로부터 나서 그리스도 예수 안에 있고 예수는 하나님께로서 나와서 우리에게 지혜와 의로움과 거룩함과 구속함이 되셨으니."

오늘 예배하면서, 우리 힘으로 구원을 얻을 수 없고, 오직 은혜로만 얻을 수 있는 길을 열어주신 하나님께 감사합시다. 구원이 우리의 선행이나 공로가 아니라, 오직 예수님의 공로를 믿음으로 인하여 얻게 하신 사실에 감사합시다.

✛ **62문: 우리의 선행은 왜 하나님 앞에서 의가 될 수 없으며 의의 한 부분이라도 될 수 없습니까?**

✛ **답:** 하나님의 심판대 앞에 설 수 있는 의는 절대적으로 완전해야 하며 모든 면에서 하나님의 율법에 일치해야 합니다. 그러나 우리가 이 세상에서 행한 최고의 행위라도 모두 불완전하며 죄로 오염되어 있습니다.

🏅 기도하기

하나님 아버지, 어떤 선행이나 공로로도 구원을 얻지 못하고 오직 은혜로만 얻게 해주심을 감사드립니다. 우리의 행위를 보지 않고, 오직 믿음으로 예수님의 공로를 의지해 구원을 허락해 주셔서 감사드립니다. 하나님 앞에서 항상 이 은혜만을 의지하며 살 때, 하늘의 기쁨과 평안을 우리에게 허락해 주시길 원합니다.

chapter 063

천국에서 받을 상급은 우리의 공로라고 할 수 없습니까?

✤ 찬송　449장(예수 따라가며)

✤ 주제 구절　히브리서 11장 6절

믿음이 없이는 기쁘시게 못하나니 하나님께 나아가는 자는 반드시 그가 계신 것과 또한 그가 자기를 찾는 자들에게 상 주시는 이심을 믿어야 할지니라

학교에서는 공부를 잘하는 학생에게 상을 줍니다. 상은 노력에 대한 대가입니다. 중요한 공로를 세워서 큰 성과를 거두면 누구나 부러워하는 큰 상을 받기도 합니다. 이런 상은 신앙에도 적용이 될까요? 성경은 우리에게 천국의 상급이 있다고 합니다. 천국 상급을 생각하면 이 땅에서 신앙적인 공로를 많이 쌓을 때 얻게 되는 결과라고 생각할 수 있습니다. 그러나 이런 인간적인 신앙 공로에 대한 상급은 성경적이지 않습니다.

　상급 때문에 로마가톨릭에서는 이 땅에서의 선행과 신앙적 공로를 중요하게 생각합니다. 신앙의 인간적인 노력이 하늘에서 상급으로 주어지기 때문에 우리의 노력으로 신앙적인 공로를 만들어야 한다고 주장합니다. 그러나 이것은 구원에 관한 하나님의 은혜를 간과하는 일입니다. 로마가톨릭은 믿음으로만 구원을 얻을 수 없다고 합니다. 인간의 선행이 첨가 되어야 구원에 이를 수 있다고 합니다. 즉 믿음과 선행, 두 가지가 있어야 영생을 얻을 수 있다고 합니다. 이것은 인간 공로 중심의 신앙으로서 종교개혁 당시에 거부되었습니다. 성경은 천국 상급일지라도 인간이 이룬 결과에 대한 상으로 보지 않습니다.

　만약 그렇게 본다면 오직 은혜로 영생을 얻는 말씀에 위배가 될 뿐만 아니라, 인간의 공로가 구원에 영향을 미치게 되어, 인간의 선에 대한 무능함과 전적인 타락을 훼손하는 결과를 낳게 됩니다. 구원은 오직 은혜로 됩니다. 천국 상급조차도 모두 하나님의 은혜

로 주어지는 결과입니다. 우리가 많은 사람을 전도하고 사람들을 변화시켰다고 해도 그것은 결코 우리의 공로가 아닙니다. 아무리 우리가 신앙적인 공로와 놀라운 기적을 이루어 낸다고 해도, 우리 자신의 힘과 능력이 아닌 오직 구원하신 하나님의 능력이며 하나님의 역사일 뿐입니다. 우리는 단지 막대기와 지팡이로서 무익한 종일 뿐입니다. 그 은혜를 무엇으로도 갚을 수 없으며 순교의 자리에 가더라도, 하나님 앞에서 무익한 종일 뿐임을 기억해야 합니다.

고린도전서 15장 10절 말씀을 함께 읽어 봅시다.
"그러나 나의 나 된 것은 하나님의 은혜로 된 것이니 내게 주신 그의 은혜가 헛되지 아니하여 내가 모든 사도보다 더 많이 수고하였으나 내가 아니요 오직 나와 함께 하신 하나님의 은혜로라."

복음을 위해서 많은 고난을 받은 사도 바울조차도 어떤 공로도 주장하지 않았습니다. 그는 아무리 수고해도 오직 은혜라고 고백합니다. 바울은 스스로 죄인 중의 괴수라고 고백했습니다.

오늘 예배하면서, 혹여 우리의 신앙적인 열심을 자랑했다면 하나님께 용서를 구합시다. 어떤 신앙의 열심도 하나님의 전적인 은혜 아니면 불가능했습니다. 오히려 나의 연약함을 더욱 발견하며 은혜 아니고서는 살 수 없다는 사실을 고백합시다.

❖ **63문: 하나님께서 우리의 선행에 대해 이 세상과 오는 세상에서 상 주시겠다고 약속하시는데, 그래도 우리의 선행은 아무 공로가 없다고 할 수 있습니까?**

❖ **답: 마음을 다하여 즐거이, 그리고 신속히 그를 위해 살도록 하십니다.**

🌱 기도하기

하나님 아버지, 우리의 신앙적인 열정으로 믿음을 자랑하지 않게 하시고, 나의 모든 열심은 오직 은혜 아니고서는 불가능했다는 사실을 고백합니다. 우리의 신앙의 연륜이 쌓일수록 더욱 겸손하게 하나님께만 영광을 돌리며, 거룩을 좇아 말씀에 순종하는 백성이 될 수 있게 도와주시옵소서.

chapter 064

칭의와 성화를 어떻게 이해해야 합니까?

✣ 찬송 420장(너 성결키 위해)

✣ 주제 구절 마태복음 7장 18절

좋은 나무가 나쁜 열매를 맺을 수 없고 못된 나무가 아름다운 열매를 맺을 수 없느니라

앞의 63과에서 천국 상급은 우리의 공로가 아니라, 은혜로 주어진다고 배웠습니다. 성경은 구원에 있어서 인간의 어떤 공로도 말하고 있지 않습니다. 구원은 오직 은혜로만 얻습니다. 인간의 어떤 선행도 구원에 영향을 미치지 못합니다. 심지어 구원받은 우리의 신앙적인 열심과 신앙적인 열매들조차도 어떤 자랑이 될 수도 없고 하늘의 상급의 근거가 될 수 없다고 말합니다. 하나님께서 예수님을 통해서 의롭다고 칭해주시는 은혜를 통해서만 구원에 이릅니다. 칭의의 은혜를 강조할 때 한 가지 질문이 생길 수 있습니다.

구원받은 우리는 더 이상 선행을 하지 않아도 되고, 성경에서 요구하는 그리스도인의 이웃 사랑과 사회적인 책임을 가볍게 생각해도 되는지에 대한 질문입니다. 천국 상급에 어떤 영향도 미치지 않고, 기도와 전도와 성경을 읽고 이웃을 사랑하는 일에 힘을 쓰지 않아도 구원을 얻을 수 있으니, 마음대로 살아도 되지 않느냐는 질문이 있을 수 있습니다. 여기에 대해서 성경은 칭의와 성화를 분리할 수 없다고 말씀합니다.

로마서 3장 8절 말씀을 함께 읽어 봅시다.

"또는 그러면 선을 이루기 위하여 악을 행하자 하지 않겠느냐 (어떤 이들이 이렇게 비방하여 우리가 이런 말을 한다고 하니) 저희가 정죄 받는 것이 옳으니라."

사도 바울 당시에도 이런 문제가 있었습니다. 믿음으로 의롭게 되었으니, 죄를 지어도 상관없다는 주장이었습니다. 그러나 믿음으로 의롭다는 칭의의 은혜를 받은 사람은 과거의 죄악 된 생활에 머물러 있지 않습니다. 하나님의 값 없이 주시는 너무나 귀한 은혜를 받은 사람은 하나님의 말씀을 어기며 살 수 없습니다. 칭의를 진실로 믿는다면 반드시 선한 삶의 변화를 가져옵니다. 이것은 마치 부모님의 은혜를 깊이 감사하는 사람이 부모님의 가르침을 마음에 새기면서 부모님을 실망시키지 않고 기쁘게 하는 삶을 사는 것과 같습니다. 하나님께서 우리를 얼마나 깊이 사랑하시고, 그 사랑 때문에 독생자 예수님을 이 땅에 보내어 주시고 십자가 형벌로 우리를 위한 영원한 화목제물이 되었다는 사실을 진정을 믿는다면, 절대로 자기중심적인 삶을 살 수 없습니다. 갚을 수 없는 은혜를 받은 사람이 진정으로 감사한다면, 은혜를 베풀며 살게 됩니다. 칭의와 성화는 결코 분리될 수 없습니다. 칭의의 은혜는 감사의 표현으로서 선한 삶을 살며 이웃 사랑과 하나님 사랑을 위해 살기를 기뻐합니다.

오늘 예배하면서, 값 없이 베풀어 주신 구원의 은혜를 얼마나 감사하게 생각하는지 돌아봅시다. 우리의 죄악에 불구하고 예수님을 통해 의롭다고 칭해주신 은혜를 더욱 깊이 묵상하며 하나님의 사랑을 확신하도록 기도합시다. 하나님의 사랑을 생각하며 하나님의 말씀을 따라 살기에 부족함이 없도록 기도합시다.

✤ **64문: 이러한 가르침으로 말미암아 사람들이 무관심하고 사악하게 되지 않겠습니까?**
✤ **답:** 아닙니다. 참된 믿음으로 그리스도에게 접붙여진 사람들이 감사의 열매를 맺지 않는 것은 불가능합니다.

🌱 기도하기

하나님 아버지, 값없이 주신 은혜를 감사하며 하나님의 말씀에 순종하며 살게 도와주시옵소서. 구원받은 우리가 더욱 힘을 내어 하나님을 사랑하고 이웃을 사랑할 수 있는 의지를 더해 주시옵소서.

chapter 065

믿음은 자신의 선택이 아닙니까?

✤ 찬송   184장(불길 같은 주 성령)
✤ 주제 구절   고린도전서 2장 12절

우리가 세상의 영을 받지 아니하고 오직 하나님께로 온 영을 받았으니 이는 우리로 하여금 하나님께서 우리에게 은혜로 주신 것들을 알게 하려 하심이라

우리는 수많은 선택을 하며 살아갑니다. 좋은 선택은 좋은 결과를 낳고 나쁜 선택은 나쁜 결과를 낳는다고 생각합니다. 좋은 선택에 노력까지 더하면 성공적인 인생을 살 수 있는 것처럼 말합니다. 선택을 오직 인간의 결정으로만 생각합니다. 일반 종교는 인간의 선택과 결정에 따라서 구원에 이를 수 있다고 말합니다.

그러면 성경에서 말하는 구원도 우리의 선택의 결과일까요? 그렇지 않습니다. 일반 종교와 기독교의 중요한 근본적인 차이는 인간의 선택인가 하나님의 선택인가에 있습니다. 하나님에 대한 믿음은 우리의 인간적 선택의 결과였을까요? 만약에 우리의 선택에 따라서 구원이 결정된다면 구원은 인간의 손에 달려 있게 됩니다. 인간이 무엇을 선택하고 얼마나 열심을 내는가에 따라서 영원한 생명이 결정된다면, 결국 인간 스스로 구원을 만들어내는 결과입니다. 일반 종교는 모두 인간의 선택을 강조하고, 선택과 노력에 따라서 달라지는 인생을 산다고 말합니다.

그러나 성경은 반대입니다. 구원은 인간의 선택이 아닙니다. 하나님의 선택입니다. 구원에 관해서 인간이 관여할 수 있는 여지는 전혀 없습니다. 왜일까요? 인간은 구원에 관해서 무지하기 때문입니다. 왜 무지할까요? 이유는 전적 타락에 있습니다. 죄의 영향력은 생각과 마음과 이성에까지 모든 영역에 미칩니다. 인간의 타락한 본성으로는 완전한 거룩이신 하나님을 발견할 수도 없고 알아낼 수도 없고 선택할 수 없습니다. 우리가

하나님을 믿게 된 근거는 오직 하나님 안에 있습니다. 하나님께서 빛을 비추어 주심으로 비로소 우리가 하나님을 알게 된 것입니다. 어둠은 스스로 빛을 알 수 없습니다. 빛이 비추일 때 비로소 어둠을 깨닫습니다.

요한복음 1장 9절을 함께 읽어봅시다.
"참 빛 곧 세상에 와서 각 사람에게 비추는 빛이 있었나니"

우리가 하나님을 믿는 믿음은 우리의 선택이나 우리의 능력이 아닙니다. 오직 하나님께서 은혜로 믿음을 선물로 주신 결과입니다. 따라서 우리가 구원에 관해서 자랑할 만한 어떤 근거와 이유가 없습니다. 우리를 선택하신 하나님의 결정은 선합니다. 하나님은 최고의 선이기 때문에 하나님의 선택은 선한 결정입니다. 우리의 믿음은 우리의 선택이 아니라, 오직 하나님의 놀라운 은혜의 결과입니다.

오늘 예배하면서, 우리를 선택하시고 믿음을 선물로 주신 하나님께 감사합시다. 영원히 찬양받으시기에 합당하신 하나님을 높여드립시다. 우리에게 영원한 생명을 주신 하나님께 영광을 올려 드립시다.

✣ **65문: 오직 믿음으로만 우리가 그리스도와 그의 모든 은덕(恩德)에 참여할 수 있는데, 이 믿음은 어디에서 옵니까?**
✣ **답:** 성령에게서 옵니다. 그분은 거룩한 복음의 강설로 우리의 마음에 믿음을 일으키시며, 성례의 시행(施行)으로 믿음을 굳세게 하십니다.

🌱 **기도하기**
하나님 아버지, 앞으로 말씀과 성례에 대해서 배우게 됩니다. 우리에게 믿음을 주시고, 그 믿음을 견고하게 해주시는 성령님의 은혜를 깨달아 잘 알게 해주시옵소서. 예수님의 이름으로 기도드립니다. 아멘.

chapter 066

성례가 무엇입니까?

✤ 찬송　200장(달고 오묘한 그 말씀)

✤ 주제 구절　에베소서 1장 13절

그 안에서 너희도 진리의 말씀 곧 너희의 구원의 복음을 듣고 그 안에서 또한 믿어 약속의 성령으로 인치심을 받았으니

우리는 믿음을 어떻게 가지게 되었을까요? 어떤 과정을 통해서 믿음을 받게 되었을까요? 성령님께서 말씀과 성례의 방법으로 믿음을 불러일으키신 것입니다. 구원에 이르는 믿음은 우리의 지혜나 지식, 의로움으로 만들어지지 않습니다. 우리의 타고난 죄성으로는 구원의 선물인 믿음을 얻을 수 없습니다. 성령님께서 예수님의 십자가 공로를 우리에게 적용시켜 주실 때, 말씀과 성례를 통해서 믿음이 생기며 하나님을 아는 자식에 이르게 됩니다.

우리가 스스로 기도하고 수련하는 열심을 보시고 하나님께서 구원을 허락하는 것이 아닙니다. 우리의 어떤 공로로도 믿음에 이를 수 없습니다. 성령님께서 우리를 부르시고 믿음을 주실 때 반드시 말씀과 성례를 통해서 역사하십니다.

우리가 하나님의 말씀을 들을 때, 믿어지는 마음을 주시고 하나님의 선하심을 깨닫게 하십니다. 우리의 죄가 얼마나 비참한 결과를 낳는지 알게 됩니다. 이 결과로 영원한 형벌을 받아 영혼까지 저주를 받게 되는 사실을 말씀으로 알게 됩니다. 또한 하나님은 세례와 성찬이라는 성례 등 눈으로 보는 예식을 통해서 예수님의 공로를 믿음으로 보게 하십니다. 떡과 잔을 나누며 예수님의 고난을 직접 참여하도록 인도하셔서 복음이 우리 안에서 더욱 굳게 자리 잡히도록 인도해 주십니다. 성령님은 기록된 말씀과 거룩한 성례를 통해서 우리에게 믿음을 불러 일으키시고 확증해 주십니다. 말씀이 선언서라면,

성례는 선언서에 찍는 도장과 같습니다.

로마서 6장 3절 말씀을 함께 읽어 봅시다.
"무릇 그리스도 예수와 합하여 세례를 받은 우리는 그의 죽으심과 합하여 세례받은 줄을 알지 못하느뇨."

고린도전서 10장 16절 말씀도 함께 읽어 봅시다.
"우리가 축복하는 바 축복의 잔은 그리스도의 피에 참여함이 아니며 우리가 떼는 떡은 그리스도의 몸에 참여함이 아니냐."

오늘 예배하면서, 우리에게 허락하신 세례와 성찬의 예식을 감사합시다. 세례와 성찬 예식에 참여할 때 믿음을 더욱 굳게 하시고, 은혜를 더욱 깊이 알 수 있기를 위해 기도합시다.

✤ 66문: 성례가 무엇인가요?
✤ 답: 성례는 복음 약속의 눈에 보이는 거룩한 표(標)와 인(印)으로, 하나님께서 제정하신 것입니다. 성례가 시행될 때, 하나님께서는 복음 약속을 우리에게 훨씬 더 충만하게 선언하고 확증하십니다. 이 약속은 그리스도께서 십자가 위에서 이루신 단번의 제사 때문에, 하나님께서 우리에게 죄 사함과 영원한 생명을 은혜로 주신다는 것입니다.

🌱 기도하기
하나님 아버지, 우리에게 믿음을 더욱 굳은 믿음을 주시기 위해 눈에 보이는 말씀인 성례를 허락해 주셔서 감사드립니다. 세례와 성찬을 받을 때 우리가 더욱 하나님 은혜 가운데 머물도록 도와주시옵소서.

chapter 067

성례에는 어떻게 참여해야 합니까?

❖ 찬송   39장(주 은혜를 받으려)

❖ 주제 구절   히브리서 10장 10절

이 뜻을 좇아 예수 그리스도의 몸을 단번에 드리심으로 말미암아 우리가 거룩함을 얻었노라

성령님은 우리에게 말씀과 성례를 통해서 믿음을 주십니다. 말씀과 성례는 동일하게 중요한 하나님의 뜻을 전하는 방법입니다. 하나님의 뜻을 전하는 방법을 잘 알 때, 우리가 믿음을 더욱 굳게 할 수 있습니다.

말씀과 성례에는 공통점과 차이점이 있습니다. 공통점은 세 가지입니다. 첫째, 사역자를 통해서 시행됩니다. 사역자를 통해서 말씀을 주시고, 사역자를 통해서 성례를 베푸십니다. 둘째 성령님께서 말씀과 성례를 통해서 믿음을 일으키시고 강건케 하십니다. 셋째, 말씀과 성례는 동일한 축복과 동일한 은혜와 동일한 그리스도를 제시합니다.

차이점은 다섯 가지입니다. 첫째, 방식에 있어서 말씀은 읽고 듣기만 하지만, 성례는 느끼고 보고 맛보는 방식으로 하나님의 복과 은혜를 받습니다. 둘째, 대상에 있어서, 말씀은 중생한 성도와 중생하지 않은 사람에게 선포되지만, 성례는 오직 회개와 믿음을 고백하는 성도에게만 베풀어집니다. 말씀은 동시에 모든 사람에게 전해지지만 성례는 한 번에 한 사람에게만 시행됩니다. 셋째, 말씀은 지각이 있는 아이부터 성인에게 전해지지만, 성례는 지각이 없는 유아에게도 전해집니다. 넷째, 말씀은 구원을 위해 필수적이지만, 성례는 말씀 없이 그 자체로 모든 사람에게 유효하지 않습니다. 믿음과 회개 없는 성례의 참여와 시행은 정죄를 받습니다. 다섯째, 말씀은 하나님의 뜻을 보이지 않는 언어를 통해서 선포되고, 성례는 눈에 보이는 예식을 통해서 선포됩니다.

말씀과 성례는 둘 다 하나님께서 우리에게 은혜를 주시는 방편입니다. 둘 다 믿음을

위해 중요하며 성령님께서 우리에게 믿음을 말씀으로 가르치고 성례로 확증해 주십니다. 특별히 성례에 참여할 때, 자신의 죄를 돌아보고, 예식의 형식으로만이 아니라 예식 가운데 임재하시는 성령님의 은혜를 믿음으로 받을 때 효력이 있습니다.

에베소서 4장 30절 말씀을 함께 읽어 봅시다.
"하나님의 성령을 근심하게 하지 말라 그 안에서 너희가 구속의 날까지 인치심을 받았느니라."

오늘 예배하면서, 믿음으로 말씀과 성례를 받을 수 있도록 기도합시다. 예배를 통해서 선포되는 말씀을 순전한 믿음으로 겸손히 받아들이고 실천할 수 있기를 위해서 기도하고, 성례를 통해서 우리의 모습을 돌아보며, 거룩한 성도로 온전하게 성장하기를 위해서 기도합시다.

❖ 67문: 그러면 말씀과 성례, 이 둘은 우리의 믿음을 우리의 구원의 유일한 근거가 되는 것, 곧 예수 그리스도의 십자가의 제사로 향하도록 하기 위한 것입니까?
❖ 답: 참으로 그렇습니다. 우리의 모든 구원이 그리스도가 우리를 위해 십자가 위에서 이루신 단번의 제사에 있다는 것을 성령께서는 복음으로 가르치고 성례로 확증하십니다.

🌱 기도하기
하나님 아버지, 성례를 우리에게 허락해 주셔서 감사드립니다. 성례를 받을 때 기도 가운데 준비하며 받게 도와주시옵소서. 세례식이나 성찬식에 온전한 믿음으로 참여해서 예수님께서 주시는 영생을 기뻐하며 말씀에 순종하는 삶을 살 수 있게 도와 주시옵소서.

chapter 068

성례는 세례와 성찬, 이렇게 두 가지뿐입니까?

✤ 찬송   232장(유월절 때가 이르러)
✤ 주제 구절   고린도전서 11장 26절
너희가 이 떡을 먹으며 이 잔을 마실 때마다 주의 죽으심을 오실 때까지 전하는 것이니라

결혼식은 사랑하는 남자와 여자가 평생을 부부로 살겠다고 많은 사람 앞에서 다짐하는 언약식입니다. 신랑과 신부는 언약의 징표로 반지를 주고받습니다. 손가락에 낀 반지를 보면서 신랑과 신부는 아무리 어려운 일이 있어도 서로를 믿고 죽을 때까지 한 사람만 사랑하고 서로를 존중하며 가정을 이루겠다고 다짐하며 많은 사람 앞에서 선언을 합니다. 반지는 사랑의 언약에 대한 표식입니다.

하나님은 구약성경부터 신약성경까지 구원에 대한 약속을 주셨습니다. 이 약속에 대한 표식으로 구약시대에는 할례와 절기와 의식이 있었습니다. 아브라함을 통해서 할례의 의식을 명하셨고, 모세를 통해서 성막과 의식과 절기를 명하셨습니다. 이 모든 의식과 절기는 하나님의 약속을 눈으로 보고 몸으로 느끼는 상징이었습니다. 이 모든 의식과 절기는 장차 오실 예수님을 통해서 완성될 구원을 미리 보여 주는 약속에 대한 표였습니다. 신약시대는 예수님을 통해서 구약시대의 모든 절기와 의식이 세례와 성찬으로 바뀌었습니다. 구약시대 예식과 신약시대 예식은 서로 형식은 다르지만, 똑같이 하나님의 약속에 대한 표였습니다. 구약시대 사람들은 제사와 절기를 통해서 구원에 대한 약속을 확신했고, 신약시대 사람들은 세례와 성찬을 통해서 예수님께서 이루신 구속 사역을 믿음으로 받아서 누리게 되었습니다. 예수님은 세례와 성찬이라는 성례를 말씀으로 정하셨습니다. 로마가톨릭은 세례와 성찬 외에 일곱 가지 성례가 있지만 성경적이지 않습니다. 하나님은 우리에게 세례와 성찬이라는 성례로만 구원에 대한 약속을 다시 한 번 확인

해 주시고 믿음을 더욱 굳건하게 세워주십니다. 하나님은 세례와 성찬으로 예수님과 연합하고 예수님의 지체로 새로운 삶을 살게 은혜를 다시 한 번 확인시켜 주셨습니다.

마태복음 28장 19절 말씀을 함께 읽어 봅시다.
"그러므로 너희는 가서 모든 족속으로 제자를 삼아 아버지와 아들과 성령의 이름으로 세례를 주고."

고린도전서 11장 23-25절 말씀도 함께 읽어 봅시다.
"내가 너희에게 전한 것은 주께 받은 것이니 곧 주 예수께서 잡히시던 밤에 떡을 가지사 축사하시고 떼어 가라사대 이것은 너희를 위하는 내 몸이니 이것을 행하여 나를 기념하라 하시고 식후에 또한 이와 같이 잔을 가지시고 가라사대 이 잔은 내 피로 세운 새 언약이니 이것을 행하여 마실 때마다 나를 기념하라 하셨으니."

오늘 예배하면서, 하나님께서 우리의 믿음에 대한 확실한 보장을 위해서 성례를 허락하신 은혜를 감사합시다. 세례와 성찬의 예식이 있을 때마다 미리 기도로 준비하고 믿음으로 받을 수 있기를 위해서 기도합시다.

✤ 68문: 그리스도께서 신약에서 제정하신 성례는 몇 가지입니까?
✤ 답: 거룩한 세례와 성찬, 두 가지입니다.

🝁 기도하기

하나님 아버지, 우리에게 세례와 성찬으로 구원의 진리를 확증해 주신 은혜를 감사드립니다. 하나님 안에서 성례라는 약속의 인증으로 믿음 위에 더욱 굳건하게 서 나갈 수 있게 도와주시옵소서.

chapter 069

세례가 무엇입니까?

✤ 찬송   270장(변찮는 주님의 사랑과)

✤ 주제 구절   사도행전 22장 16절

이제는 왜 주저하느뇨 일어나 주의 이름을 불러 세례를 받고 너의 죄를 씻으라 하더라

물은 우리 일상에서 많은 역할을 합니다. 손에 흙이 묻으면 물로 씻습니다. 빨래를 할 때도 물로 씻습니다. 세차도 물로 합니다. 물의 중요한 역할 중 하나는 더러운 것을 씻는 역할입니다. 성경에서 물은 정결을 의미하는 경우가 많습니다.

성경에는 정결을 의미하는 물로 진행되는 예식이 있습니다. 세례입니다. 세례는 사람의 더러운 죄를 씻는 예식입니다. 이 예식은 더러운 몸을 물로 씻어 깨끗하게 하듯이, 예수님의 피를 통해서 우리의 모든 죄가 용서를 받아 새로운 존재로 다시 태어났다는 의미입니다. 세례를 받는 사람은 예수님의 십자가 고난과 부활을 진실하게 고백하고 예수님을 마음에 모시겠다고 교회의 모든 성도들 앞에서 고백합니다. 교회는 세례받는 사람의 믿음이 진실하다고 인정하고 세례를 베풀게 됩니다.

베드로전서 3장 18절 말씀을 함께 읽어 봅시다.

"그리스도께서도 한 번 죄를 위하여 죽으사 의인으로서 불의한 자를 대신하셨으니 이는 우리를 하나님 앞으로 인도하려 하심이라 육체로는 죽임을 당하시고 영으로는 살리심을 받으셨으니."

세례는 우리의 죄를 예수님의 보혈로 용서를 받고 예수님과 연합하여 교회의 몸 된 지체로 참여한다는 고백에 대해서 확인하고 보증합니다. 믿음이 없는 사람이 세례에 참

여해서 믿음이 생기는 것이 아니라, 이미 예수님의 보혈로 우리 죄가 용서받아 새생명을 얻게 되었다는 믿음이 진실하다는 것을 확인하며, 세례식에 참여하는 모든 성도가 함께 죄 용서에 대한 은혜를 누리는 시간입니다. 세례는 성찬과 더불어 눈에 보이는 말씀입니다. 세례를 받는 사람과 세례를 행하는 사역자와 세례식에 참여하는 모든 성도가 함께 이 예식을 통해서 예수님의 지체가 되었고 함께 예수님 안에서 가족이 되어 영원토록 하나님 안에서 예배하고 참된 안식에 들어갈 소망까지 함께 믿음으로 바라보게 됩니다. 이 예식은 귀로 듣는 말씀뿐만 아니라 사역자와 세례받는 자의 예식을 눈으로 보고 몸으로 느끼며 죄 용서에 대한 하나님의 구원과 은혜를 확증하게 됩니다. 세례를 받은 사람만이 진정한 교회 성도가 되며 예수님의 고난을 기념하는 성찬식에도 참여할 수 있게 됩니다.

오늘 예배하면서, 우리에게 죄 사함의 은혜를 세례식을 통해서 허락하신 은혜를 감사합시다. 세례를 받지 않았다면, 세례를 통해 새로운 피조물로 거듭난 인생을 살 수 있기를 기도하고, 세례를 이미 받았다면, 다시 한번 죄 씻음을 통한 구원의 은혜를 감사합시다.

✤ **69문: 그리스도께서 십자가 위에서 이루신 단번의 제사가 당신에게 유익이 됨을 거룩한 세례에서 어떻게 깨닫고 확신합니까?**

✤ **답:** 그리스도께서 물로 씻는 이 외적(外的) 의식을 제정하시고, 그의 피와 성령으로 나의 영혼의 더러운 것, 곧 나의 모든 죄가 씻겨짐을 약속하셨습니다. 이것은 물로 씻어 몸의 더러운 것을 없애는 것처럼 확실합니다.

🌱 기도하기

하나님 아버지, 우리의 비참한 죄악을 예수님의 피로 모두 씻어 주셔서 감사드립니다. 우리의 모든 죄를 용서해 주셨다는 진리를 세례식을 할 때마다 감사로 고백하며 하나님의 무한한 사랑을 마음에 새길 수 있게 도와주시옵소서.

chapter 070

그리스도의 피와 성령님으로 씻긴다는 건 무슨 뜻입니까?

✤ 찬송　259장(예수 십자가에 흘린 피로써)

✤ 주제 구절　사도행전 2장 38절

베드로가 가로되 너희가 회개하여 각각 예수 그리스도의 이름으로 세례를 받고 죄 사함을 얻으라 그리

하면 성령을 선물로 받으리니

세례는 예수님의 피를 상징하는 물로 우리의 모든 죄가 깨끗하게 되었다는 예식입니다. 세례식 때 물을 사용하는 방법은 세 가지가 있습니다. 물에 담그는 침수, 물을 붓는 관수, 물을 뿌리는 적수입니다. 장로교는 적수의 방법으로 물을 뿌립니다. 모두 성경적인 세례 방법입니다.

　세례에 사용되는 물의 용도는 씻는 것입니다. 세례에서 물로 씻는 것에는 두 가지 의미가 있습니다. 눈에 보이는 물로 하는 외적 씻음과 눈에 보이지 않는 예수님의 피와 성령님으로 하는 내적 씻음입니다. 내적인 씻음이 외적인 씻음이라는 의식으로 드러납니다.

　내적인 씻음은 칭의와 성화를 나타냅니다. 예수님의 피로 인한 칭의와 성령님으로 인한 성화의 은혜를 입게 됩니다. 칭의는 예수님의 피로 인해 원죄를 무죄로 선언해 주시는 은혜이며, 성화는 칭의를 믿는 자에게 주시는 거룩하게 변화되는 은혜입니다. 칭의와 성화는 분리되지 않습니다. 세례를, 믿음으로 인한 진실한 고백으로 받는 사람은 더 이상 죄로 인한 정죄가 없습니다. 동시에 성령님의 내주하심으로 인해 죄의 성향이 의를 사모하고 거룩에 이르고자 하는 선한 의지로 변화되기 시작됩니다. 세례를 통해 칭의와 성화의 은혜를 받게 됩니다.

고린도전서 6장 11절을 함께 읽어 봅시다.

"너희 중에 이와 같은 자들이 있더니 주 예수 그리스도의 이름과 우리 하나님의 성령 안에서 씻음과 거룩함과 의롭다 하심을 얻었느니라."

세례는 우리를 의롭다고 해주시는 칭의의 은혜를 누리고 이제부터 새로운 삶이 시작되는 성화의 은혜를 누리는 시작입니다. 칭의는 예수님의 완전한 율법의 순종으로 인해 우리에게 예수님의 의로움을 전가시켜 주시는 은혜입니다. 성화는 의롭다함을 얻은 우리가 이 땅에서 여전히 죄의 오염 속에서 완전히 말씀에 순종하지 못해도 성령님의 역사로 죄를 깨닫고 거룩을 사모하는 은혜입니다. 세례는 예수님의 지체가 되어 생명을 공급받고 영원토록 하나님의 은혜에서 떠나지 않고 지켜주시고 보호해 주시고 통치해 주시는 사랑에 머물게 된다는 말씀인 것입니다.

오늘 예배하면서, 세례를 통해서 우리에게 주신 칭의와 성화의 은혜를 감사합시다. 우리를 향한 칭의의 은혜로 성화의 삶을 살도록 인도해 주신 하나님께 감사하며, 새롭게 변화되어 거룩과 진리에 이르도록 기도합시다.

✤ **70문: 그리스도의 피와 성령으로 씻겨진다는 것은 무슨 뜻입니까?**
✤ **답:** 그리스도의 피로 씻겨짐은 십자가의 제사에서 우리를 위해 흘린 그리스도의 피로 말미암아 우리가 하나님께 죄 사함 받았음을 뜻합니다. 성령으로 씻겨짐은 우리가 성령으로 새롭게 되고 그리스도의 지체(肢體)로 거룩하게 되어, 점점 더 죄에 대하여 죽고 거룩하고 흠이 없는 삶을 사는 것을 의미합니다.

🌱 기도하기

하나님 아버지, 눈에 보이는 말씀인 세례를 교회에 허락해 주셔서 감사드립니다. 세례를 통해서 우리가 하나님의 자녀 된 사실에 감사하고 예수님의 지체로 날마다 거룩한 삶을 살 수 있도록 도와주시옵소서.

chapter **071**

세례로 우리의 죄가 씻기는 것을
어떻게 알 수 있습니까?

❖ 찬송   250장(구주의 십자가 보혈로)

❖ 주제 구절   마가복음 16장 16절

믿고 세례를 받는 사람은 구원을 얻을 것이요 믿지 않는 사람은 정죄를 받으리라

세례는 모든 교회에 명하신 예식입니다. 마태복음 마지막 장에서 예수님은 승천하시기 전에 제자들에게 명하셨습니다. 제자들이 모든 민족에게 복음을 전하면서부터 세례는 교회가 세워져 예배를 드리는 곳마다 중요하게 드려야 하는 예식입니다. 세례는 우리가 하나님의 자녀로 인침을 받아서 새로운 삶을 시작하는 중요한 의식입니다. 세례를 통해서 우리는 하나님 나라 백성이 되어 하나님의 섭리와 통치와 보호 아래 살게 됩니다. 하나님의 모든 은덕과 예수님의 모든 공로를 받아 하나님의 복을 누리기 위해서 반드시 믿음으로 세례에 참여해야 합니다. 세례식 자체가 믿음을 불어 넣어 주는 것은 아닙니다. 그러나 믿음 없이 세례에 참여하면 하나님의 어떤 은혜와 복도 받을 수 없습니다. 형식적인 예식은 죄를 쌓을 뿐입니다.

구약시대 백성들은 신약시대의 세례에 해당하는 할례 의식을 했습니다. 처음에는 믿음으로 참여했지만, 하나님에 대한 사랑이 식어지면서, 할례라는 의식 자체만으로 하나님의 백성이 될 수 있다고 생각하여, 의식만 중요하게 생각한 나머지, 어떤 하나님에 대한 사랑과 믿음 없이 살아가며 하나님의 진노를 사게 되었습니다. 자신의 몸에 표시된 할례라는 외적인 표식으로만 하나님의 은혜와 복은 자동으로 오게 된다는 자만에 빠진 것입니다. 예식 자체가 믿음과 은혜를 주지는 못합니다. 세례에 참여하는 사람은 반드시 믿음으로 참여해야 합니다. 하나님에 대한 진실한 믿음이 없이 외적인 세례 예식 자

체만으로 하나님의 자녀가 되었다고 할 수 없습니다.

사도행전 22장 16절 말씀을 함께 읽어 봅시다.
"이제는 왜 주저하느뇨 일어나 주의 이름을 불러 세례를 받고 너의 죄를 씻으라 하더라."

세례를 통해서 우리는 다시 태어납니다. 모든 죄가 용서를 받고 거룩한 자녀로 변화되기 시작합니다. 아이가 엄마의 뱃속으로부터 나와 인생이 시작되듯이, 세례를 통해 과거의 나는 죽고 이제 예수님으로 인해서 새로운 인생이 시작됩니다. 죄와 사망의 법 아래서 공중 권세 잡은 자의 종노릇에서 천지를 창조하시고 지금도 운행하시는 하나님의 자녀로 입양이 되어 새로운 피조물이 되었음을 선포하는 순간입니다. 세례는 축제의 순간이며 행복의 길이 열리는 순간입니다.

오늘 예배하면서 세례를 받은 사람에게 계속해서 지금도 주시는 사랑과 은혜에 머물기를 위해서 기도합시다. 세례를 준비 중이라면, 믿음으로 세례를 받고 하나님의 거룩하고 온전한 백성이 되기를 위해서 기도합시다.

✤ **71문: 세례의 물로 씻는 것처럼 확실히, 그리스도께서 자신의 피와 성령으로 우리를 씻으신다는 약속을 어디에서 하셨습니까?**

✤ **답:** 세례를 제정하실 때 이렇게 말씀하셨습니다. "그러므로 너희는 가서 모든 족속으로 제자를 삼아 아버지와 아들과 성령의 이름으로 세례를 주고"(마 28:19), "믿고 세례를 받는 사람은 구원을 얻을 것이요 믿지 않는 사람은 정죄를 받으리라"(막 16:16). 이 약속은 성경이 세례를 "중생의 씻음" 혹은 "죄를 씻음"이라고 부른 데서도 거듭 나타납니다(딛 3:5; 행 22:16).

🌱 기도하기

하나님 아버지, 우리에게 세례를 허락해 주시고 하나님의 자녀로 새로운 삶을 살게 도와주셔서 감사드립니다. 세례의 순간을 기억하며 새생명을 가진 자로서 복음을 위해 일하고 사랑을 실천하는 의지를 더해 주시옵소서.

chapter 072

세례를 받으면 무조건 죄 씻음을 받습니까?

❖ 찬송   261장(이 세상의 모든 죄를)
❖ 주제 구절   고린도전서 6장 11절
너희 중에 이와 같은 자들이 있더니 주 예수 그리스도의 이름과 우리 하나님의 성령 안에서 씻음과 거룩함과 의롭다 하심을 얻었느니라

세례에 참여하는 사람은 반드시 해야할 준비가 있습니다. 그것은 다시 한번 믿음을 돌아보는 것입니다. 나의 죄를 예수님의 보혈로 씻어 주시고 의롭다고 하신 은혜를 믿어 새생명을 가지고 하나님의 자녀가 되었다는 믿음입니다. 믿음이 없이 형식적으로만 세례식에 참여한다면, 하나님의 어떤 은혜와 구원의 복도 받을 수 없습니다. 믿음으로 참여할 때 하나님은 우리를 섭리하시고 영원한 그 나라의 백성으로 삼아 주십니다.

그러면 우리의 이런 믿음은 어디서 왔을까요? 나의 선한 의지와 능력으로 만들어 낸 믿음일까요? 우리가 고백한 믿음조차도 하나님의 선물입니다. 세례에 참여할 때 우리의 공로로 참여한 것이 아닙니다. 세례에 참석하게 된 과정도 모두 은혜입니다. 하나님께서 창세 전에 예비하신 은혜로 우리를 불러주셨고 예수님께서 거룩한 피로 우리의 더러운 죄를 씻어주셨으며 성령님께서 세례의 자리에 나오도록 믿음으로 반응할 수 있게 도와 주셨습니다. 우리가 세례에 참여해서 믿음으로 응답하게 되는 모든 과정에서 성삼위일체 하나님께서 간섭하시고 섭리해 주셨습니다. 우리의 힘으로 세례에 참여한 것처럼 보일지라도, 우리의 힘과 지혜와 의지로 받게 된 것이 아니라, 창세 전에 예비하신 은혜로 우리를 선택하고 부르셔서 예수님의 공로에 참여시켜 주신 것입니다. 우리를 깨끗케 하시고 거룩한 자녀로 인쳐 주시는 것은 우리의 공로가 아닙니다. 오직 예수님의 피로 인해 우리가 참여하게 되었습니다.

요한일서 1장 7절 말씀을 함께 읽어 봅시다.

"저가 빛 가운데 계신 것같이 우리도 빛 가운데 행하면 우리가 서로 사귐이 있고 그 아들 예수의 피가 우리를 모든 죄에서 깨끗하게 하실 것이요."

우리는 스스로의 죄를 해결할 수 없습니다. 오직 예수님의 보혈이 아니고서는 우리의 죄악을 해결할 수 없습니다. 오직 예수님의 보혈만이 우리를 모든 불의에서 깨끗케 하시고, 예수님의 지체가 되어 다른 성도들과 함께 교제할 수 있게 됩니다. 예수님의 피로 정결함을 받고 거룩한 자녀가 된 모든 사람은 예수님의 형제요 자매입니다. 서로 예수님 안에서 사랑하고, 서로를 위해서 기도하고, 서로를 위해서 수고하게 됩니다. 예수님의 피로 인해 생각과 모습이 달라도 성도들은 하나입니다.

오늘 예배하면서, 우리를 불러서 하나님의 거룩한 자녀로 삼아 주신 은혜에 감사합시다. 세례를 받을 때 우리의 선한 의지가 아니라, 하나님께서 우리를 선택해서 부르시고 죄를 깨닫게 하셔서 오직 예수님의 피가 아니고서는 정결함을 받을 수 없다는 사실을 깨닫게 해주신 은혜를 높여 드립시다. 우리가 세례를 받았다면, 더욱 믿음으로 살 수 있기를 위해 기도하고, 세례를 받을 때 고백한 신앙과 깨닫게 하신 은혜대로 살 수 있기를 위해서 기도합시다.

✤ **72문: 세례의 물로 씻음이 곧 죄 씻음 자체입니까?**
✤ **답:** 아닙니다. 오직 예수 그리스도의 피와 성령만이 우리를 모든 죄에서 깨끗하게 합니다.

🌱 **기도하기**

하나님 아버지, 우리의 세례가 성삼위일체 하나님의 은혜라는 사실을 고백합니다. 우리의 공로로 죄 용서를 받아 의롭게 된 것이 아니라, 오직 은혜로 값 없이 얻게 되었습니다. 세례를 받을 때 주신 은혜를 다시 기억하며 거룩하고 흠이 없이 말씀에 순종하며 살 수 있게 도와주시옵소서.

chapter 073

우리는 세례를 통해서 무엇을 얻습니까?

✤ 찬송　257장(마음에 가득한 의심을 깨치고)
✤ 주제 구절　요한일서 3장 5절
그가 우리 죄를 없이 하려고 나타내신 바 된 것을 너희가 아나니 그에게는 죄가 없느니라

성경에서 하나님은 범죄한 인간을 향해 구원을 약속해 주십니다. 이 약속이 확실하다는 의미로 증거가 될 만한 표도 주십니다. 아담이 범죄했을 때는 가죽옷을 지어 입히시며 구원에 대한 약속을 주셨고, 홍수로 세상을 심판하신 후에 다시는 물로 심판하지 않으시 겠다고 말씀하시며 무지개로 표를 삼아 주셨습니다. 출애굽 때 장자 재앙을 피하는 표시는 문지방에 양의 피를 바르는 표시였습니다. 구약 백성들은 믿음으로 하나님의 자녀가 되었다는 표시로 할례를 했습니다.

　하나님은 반드시 믿음의 자녀들을 구원해 주시겠다고 언약을 맺으신 후에 표를 주십니다. 이 표는 하나님의 약속을 확인시켜주는 상징입니다. 구약시대는 장차 오실 예수님에 대한 약속을 많은 표로서 확증해 주셨습니다. 하나님의 약속대로 때가 차매 독생자 예수님을 이 땅에 보내어 주셨습니다. 하나님께서는 약속을 확증해 주시는 표를 통해서 반드시 약속을 이행하시며 약속의 축복에 참여시켜 주십니다. 예수님은 우리에게 성례의 표를 주셨습니다. 세례와 성찬을 통해 하나님의 자녀가 되었다는 표를 주시는 것으로 성례를 행하며 하나님의 약속과 복을 다시 한번 확인하고 믿음을 더욱 굳게 해 주십니다.

　사도행전 3장 19절 말씀을 함께 읽어봅시다.
　"그러므로 너희가 회개하고 돌이켜 너희 죄 없이 함을 받으라 이같이 하면 유쾌하게 되

는 날이 주 앞으로부터 이를 것이요."

우리가 세례를 받은 순간을 기억할 때마다 항상 다시 한번 확인해야 할 것은, 하나님의 자녀로 인침을 받고 거룩한 자녀로 변화시켜 주시며 영원한 안식으로 틀림없이 인도해 주신다는 사실입니다. 어떤 세상의 환란과 핍박과 고난이 오더라도, 하나님은 우리를 성령님을 통해서 보호하시며 지켜주실 뿐만 아니라, 말씀으로 역사해 주셔서 우리를 통치해 주실 것입니다. 믿음으로 세례와 성찬에 참여했다면, 그 순간을 잘 기억하며 하나님께서 우리에게 약속하신 모든 말씀이 일점일획도 틀리지 않고 반드시 이루어짐을 확신해야 합니다. 하나님 말씀이 우리 안에서 무슨 일이 있어도 이루어지고야 만다는 사실을 성례를 통해서 확증해 주십니다.

오늘 예배하면서, 하나님에 대한 믿음이 흔들리고 말씀에 대한 약속에 의심이 생길 때 세례에 참여했던 순간을 기억하고, 하나님의 자녀가 되어 하나님의 보호와 인도 아래 있다는 사실을 다신 한 번 확신하며, 하나님을 온전히 의지할 수 있기를 위해 기도합시다.

✤ 73문: 그러면 왜 성령께서는 세례를 "중생의 씻음"과 "죄를 씻음"이라 하셨습니까?
✤ 답: 하나님께서 그렇게 말씀하신 데에는 중요한 이유가 있습니다. 하나님께서는 몸의 더러운 것이 물로 씻겨지듯이 우리의 죄가 그리스도의 피와 성령으로 없어짐을 우리에게 가르치려 하셨습니다. 더 나아가서 우리의 죄가 영적으로 씻겨지는 것이 우리의 몸이 물로 씻겨지는 것처럼 매우 실제적임을 이러한 신적(神的) 약속과 표로써 우리에게 확신시키려 하셨습니다.

🌱 기도하기

하나님 아버지, 우리를 하나님의 자녀로 인쳐 주셔서 감사드립니다. 어떤 환란 가운데서도 하나님의 자녀를 지켜 주시는 은혜를 기억합니다. 우리의 믿음이 흔들리고 말씀에 의심이 생길 때, 눈으로 보여 주신 말씀인 세례와 성찬을 기억하며 다시 한 번 믿음 위에 굳건하게 설 수 있도록 도와주시옵소서.

chapter 074

어린아이들도 세례를 받아야 합니까?

✤ 찬송　565장(예수께로 가면)

✤ 주제 구절　마태복음 19장 14절

예수께서 가라사대 어린아이들을 용납하고 내게 오는 것을 금하지 말라 천국이 이런 자의 것이니라 하시고

대한민국에서 태어난 모든 사람은 국민으로서 받을 수 있는 혜택을 누리고 우리나라 법의 적용을 받습니다. 태어난지 얼마 되지 않은 아기도 대한민국 국민으로서 자격을 가집니다. 이 자격은 아직 스스로 판단하고 결정할 수 있는 능력이나 사물을 식별하고 분별할 수 있는 인지 능력이 없어도 가지게 됩니다. 이처럼 인간에게는 스스로 판단하고 결정할 수 있는 능력이 없더라도 가질 수 있는 권리가 있습니다.

　믿음도 비슷합니다. 성경에서 아기가 신앙적인 혜택을 가질 수 있다고 말씀합니다. 더 나아가 아기가 스스로 글을 읽거나 이해하지 못해도 아기도 믿음을 가질 수 있다고 인정합니다. 어떻게 아기가 믿음을 가질 수 있을까요? 그것은 부모의 믿음을 아기의 믿음으로 인정해 주는 것입니다. 아기가 인지 능력의 부족으로 성경의 이야기를 이해하지 못해도, 아기의 부모가 믿음 안에서 아기를 양육하겠다는 서약을 아기의 믿음으로 받아주십니다. 이것은 믿음이 인간의 이성보다 앞선다는 것을 의미합니다. 즉, 사람이 성경을 이해할 수 있는 능력을 갖추어야지만 믿음을 가질 수 있는 것은 아닙니다. 그렇다면 인지 능력이 생겨야지만 믿음을 가질 수 있게 됨으로써 믿음보다 이성을 우선에 둘 수 있습니다. 믿음은 이성보다 앞서며, 믿음은 인간적인 능력의 결과가 아니라, 오직 하나님의 선하신 뜻에 따라 주시는 선물입니다. 우리가 가진 믿음은 이성적 힘이 아니라, 하나님의 선택과 은혜로 주어진 것입니다.

　그래서 구약성경에서 하나님의 약속을 받은 징표인 할례를, 성인이 아니라 아기일 때

시행했습니다. 부모의 믿음을 아이의 고백으로 받아서 신앙고백으로 인정해 주기 때문입니다.

창세기 17장 10절 말씀을 함께 읽어 봅시다.
"너희 중 남자는 다 할례를 받으라 이것이 나와 너희와 너희 후손 사이에 지킬 내 언약이니라."

결국 유아세례는 사람의 이성적 능력에 따른 결정으로 하나님 자녀의 약속을 주는 것이 아니라, 하나님의 주권적 선택에 따라서 믿음이 주어지며 부모의 믿음을 유아의 믿음으로 확증해 주시는 은혜의 표현입니다. 유아세례를 받은 아기는 구원받은 하나님의 자녀라는 약속을 받은 존재입니다. 유아세례를 통해서 우리는 믿음에 관해서 인간의 능력이 아니라, 오직 하나님의 은혜로 믿음을 고백하게 되어 우리 공로 없이 은혜로만 구원을 얻게 되었다는 것을 보여 줍니다.

오늘 예배하면서, 유아세례를 허락하신 하나님의 말씀을 생각하며 우리의 믿음이 하나님의 은혜로 인한 선물로 주어졌음을 감사합시다.

✤ **74문: 유아들도 세례를 받아야 합니까?**
✤ **답:** 그렇습니다. 그것은 유아들도 어른들과 마찬가지로 하나님의 언약과 교회에 속하였고, 또한 어른들 못지않게 유아들에게도 그리스도의 피에 의한 속죄와 믿음을 일으키시는 성령이 약속되었기 때문입니다. 그러므로 유아들도 언약의 표인 세례를 통하여 그리스도의 교회에 연합되고 불신자의 자녀와 구별되어야 합니다. 이런 일이 구약에서는 할례를 통하여 이루어졌으나 신약에서는 그 대신 세례가 제정되었습니다.

🏵 **기도하기**
하나님 아버지, 유아세례를 통해 가정에 내려주시는 구원의 은혜에 감사드립니다. 자녀를 통해서 더욱 하나님 안에서 믿음으로 살기로 다짐할 때, 하나님께서 자녀와 부모에게 주시는 놀라운 섭리와 복을 경험할 수 있게 도와주시옵소서.

chapter 075

성찬은 예수님의 죽으심과
어떤 상관이 있습니까?

♣ 찬송　229장(아무 흠도 없고)

♣ 주제 구절　마태복음 26장 26절

저희가 먹을 때에 예수께서 떡을 가지사 축복하시고 떼어 제자들을 주시며 가라사대 받아 먹으라 이것
이 내 몸이니라 하시고

구약성경에서 여호수아는 백성들을 이끌고 요단강을 건넙니다. 물이 깊어 건널 수 없었
지만, 제사장들이 언약궤를 메고 앞장서서 요단강에 발을 담그자, 흐르던 물이 그쳐서 백
성들은 안전하게 가나안으로 들어갈 수 있었습니다. 백성들이 모두 건너는 동안, 언약궤
는 강 중앙에 멈추어 있었습니다. 모두 안전하게 건넌 후 언약궤는 마지막으로 강에서 나
왔습니다. 하나님은 요단강을 건넌 역사를 기념하기 위해서 여호수아에게 열두 개의 돌
을 세우도록 명하셨습니다. 이 돌들은 앞으로 후손들에게 하나님의 약속은 반드시 이루
어지며 하나님께서 사랑하는 백성들을 영원토록 보호하고 인도하신다는 것을 보여 주는
표시였습니다.

　성경은 우리에게 하나님의 약속에 대한 확실한 성취와 보장을 위해서 표를 주십니다.
신약시대는 예수님을 통해서 이루어 주신 하나님의 오래전 약속이 선택받은 모든 민족
에게 차별 없이 이루어지고 영원토록 안전한 우리의 보장이 될 것이라는 사실을 성례를
통해서 보여 주셨습니다. 세례와 성찬이라는 성례는 눈에 보이는 말씀으로서 이것을 행
할 때마다 우리는 하나님의 약속을 눈으로 보고 몸으로 느끼면서 더욱 강하고 확실한 믿
음에 대한 보증을 받게 되었습니다. 예수님은 제자들에게 직접 성찬식을 하시며 예수님
의 고난을 기념하라고 말씀하셨습니다.

마태복음 26장 27-28절 말씀을 함께 읽어 봅시다.

"또 잔을 가지사 사례하시고 저희에게 주시며 가라사대 너희가 다 이것을 마시라 이것은 죄 사함을 얻게 하려고 많은 사람을 위하여 흘리는 바 나의 피 곧 언약의 피니라."

예수님은 십자가 형벌을 앞두고 떡과 포도주를 제자들에게 나누어 주시면서 떡은 예수님의 살이며, 잔은 예수님의 피라고 말씀하셨습니다. 성찬식에서 우리는, 우리를 위한 예수님의 고난을 기억하고 예수님의 우리를 향한 사랑을 감사해야 합니다. 이 성찬에 참여하는 모든 사람은 예수님의 지체가 되어 형제와 자매로 연합되어 하나님의 모든 약속을 누리며 살게 됩니다.

오늘 예배하면서, 우리를 위해서 살을 찢고 피를 흘리신 예수님의 은혜와 사랑을 마음에 다시 한 번 깊이 새길 수 있도록 기도합시다. 성찬에 임할 때 진실한 감사의 고백을 올리며 예수님의 사랑을 본받아 살 수 있도록 기도합시다.

✤ **75문:** 그리스도께서 십자가 위에서 이루신 단번의 제사와 그의 모든 공효(功效)에 당신이 참여함을 성찬에서 어떻게 깨닫고 확신합니까?

✤ **답:** 그리스도께서는 나와 모든 성도에게 그를 기념하여 이 뗀 떡을 먹고 이 잔을 마시라고 명령하시고 또한 이렇게 약속하셨습니다. 첫째, 주님의 떡이 나를 위해 떼어지고 잔이 나에게 분배되는 것을 내 눈으로 보는 것처럼 확실히, 그의 몸은 나를 위해 십자가에서 드려지고 찢기셨으며 그의 피도 나를 위해 쏟으셨습니다. 둘째, 그리스도의 살과 피의 확실한 표로서 주님의 떡과 잔을 내가 목사의 손에서 받아 입으로 맛보는 것처럼 확실히, 주님께서는 십자가에 달리신 그의 몸과 흘리신 피로써 나의 영혼을 친히 영생에 이르도록 먹이시고 마시게 하실 것입니다.

🌱 **기도하기**

하나님 아버지, 우리에게 성찬의 예식을 허락해 주셔서 감사드립니다. 성찬을 행할 때마다 예수님의 죽으심을 기념하며 그 사랑 안에 머물고 그 사랑을 실천하며 살 수 있게 도와주시옵소서.

chapter 076

그리스도의 몸을 먹고 피를 마신다는 건 무슨 뜻입니까?

✤ 찬송　324장(예수 나를 오라 하네)

✤ 주제 구절　요한복음 6장 56절

내 살을 먹고 내 피를 마시는 자는 내 안에 거하고 나도 그 안에 거하나니

성찬은 떡과 잔을 나누며 예수님의 고난을 기념하는 예식입니다. 떡은 우리를 위한 예수님의 찢으신 살을 의미합니다. 잔은 우리를 위해 흘린 보혈의 피를 의미합니다. 즉, 떡과 잔은 우리를 살리기 위한 예수님의 사랑입니다. 예수님께서는 직접 성찬을 행하시며 모범을 보여 주셨습니다. 복음이 증거 되고 교회가 세워지는 곳마다 성찬은 반드시 해야 합니다. 예수님께서 우리에게 명하셨습니다. 성찬을 꼭 해야 하는 성경적인 이유를 여섯 가지로 말할 수 있습니다.

　첫째, 성찬은 예수님을 나의 구주로 고백하는 믿음을 보증해 줍니다. 눈으로 보고 몸으로 느끼며 성찬에서 떡과 잔을 나누면서 마음으로 고백한 신앙은 다시 한 번 확신에 거할 수 있게 돕습니다. 둘째, 우리가 성찬에서 떡을 먹고 잔을 받음으로 예수님과 한몸이 되었다는 사실을 증거합니다. 셋째, 교회가 예수님을 머리로 둔 지체로 서로 형제와 자매라는 진리를 알게 됩니다. 넷째, 참된 교회와 거짓된 교회를 구별할 수 있는 중요한 표가 됩니다. 다섯째, 성찬에 참여하는 성도는 예수님을 중심으로 연합되어 한몸으로 하나가 되어 서로 사랑하고 섬기고 기도하는 관계라는 진리를 보여 줍니다. 여섯째, 성찬에 참여한 성도만이 예수님의 지체로서 하나님의 모든 약속을 상속받는 아들이 된다는 것을 보여 줍니다.

고린도전서 10장 17절 말씀을 함께 읽어 봅시다.

"떡이 하나요 많은 우리가 한몸이니 이는 우리가 다 한 떡에 참예함이라."

오늘 예배하면서, 우리를 위해 희생제물이 되어 살을 찢으시고 피를 흘리신 예수님의 사랑에 감사합시다. 성찬에 참여할 때마다, 진실한 마음으로 우리의 믿음을 고백하고 예수님의 사랑을 본받아 서로 더욱 사랑할 수 있기를 위해서 기도합시다. 특별히 우리 가족이 더욱 서로 사랑하고 용서하며 하나 될 수 있기를 위해서 기도합시다.

✤ **76문: 십자가에 달리신 그리스도의 몸을 먹고 그의 흘리신 피를 마신다는 것은 무슨 뜻입니까?**

✤ **답:** 그것은 믿는 마음으로 그리스도의 모든 고난과 죽음을 받아들이고 이로써 죄 사함과 영원한 생명을 얻는 것이며, 나아가서 그리스도 안에 또한 우리 안에 거하시는 성령으로 말미암아 우리가 그리스도의 거룩한 몸에 더욱더 연합됨을 의미합니다. 비록 그리스도는 하늘에 계시고 우리는 땅에 있다 할지라도 우리는 "그의 살 중의 살이요 그의 뼈 중의 뼈"이며, 마치 우리 몸의 지체(肢體)들이 한 영혼에 의해 살고 다스림을 받는 것처럼, 우리도 한 성령에 의해서 영원히 살고 다스림을 받습니다.

🌱 **기도하기**

하나님 아버지, 우리에게 성찬을 허락해 주셔서 감사드립니다. 떡과 잔을 나눌 때마다 예수님의 공로를 의지하며 믿음 가운데 살게 도와주시고, 교회가 예수님의 몸이라는 진리 가운데서 서로 더욱 사랑할 수 있게 도와주시옵소서.

chapter 077

예수님께서는 언제 성찬을 제정하셨습니까?

✤ 찬송 154장(생명의 주여 면류관)

✤ 주제 구절 고린도전서 11장 25절

식후에 또한 이와 같이 잔을 가지시고 가라사대 이 잔은 내 피로 세운 새 언약이니 이것을 행하여 마실 때마다 나를 기념하라 하셨으니

성찬은 예수님께서 제정하셨습니다. 예수님께서 성찬을 나누시던 시간은 유월절이 시작되는 저녁 시간이었습니다. 유월절은 이스라엘 백성들의 출애굽을 기념하는 날입니다. 하나님께서 애굽에서 열 가지 재앙을 내리실 때 마지막 장자를 심판하는 재앙에서 이스라엘 민족을 보호하고 구원하기 위해서 어린 양의 피를 문에 바르도록 말씀하셨습니다. 이 말씀에 순종한 백성들은 모두 장자의 재앙을 피하고 민족이 보호되고 애굽에서 구원받을 수 있게 되었습니다.

예수님은 유월절이 시작되던 저녁 만찬에서 떡과 잔을 나누시면서 유월절 어린 양의 피가 바로 예수님의 십자가 보혈이라는 진리를 보여 주셨습니다. 예수님께서 유월절 어린 양이 되셔서 십자가에서 보혈의 피를 흘리기 때문이었습니다. 예수님을 믿는 모든 사람은 이제 하나님의 진노를 피하고 구원을 얻게 되었습니다. 예수님은 유월절 저녁 만찬에서 앞으로 모든 하나님의 자녀에게 떡과 잔을 나누며 예수님의 죽으심을 기념하라고 말씀하셨습니다.

고린도전서 11장 23-24절 말씀을 함께 읽어 보겠습니다.

"내가 너희에게 전한 것은 주께 받은 것이니 곧 주 예수께서 잡히시던 밤에 떡을 가지사 축사하시고 떼어 가라사대 이것은 너희를 위하는 내 몸이니 이것을 행하여 나를 기념하

라 하시고."

기념하라는 말씀은 우리를 위해서 베푸신 예수님의 은혜와 사랑을 깊이 생각하고 감사하며 믿음으로 말씀을 따라서 사는 것을 말합니다. 예수님의 살을 먹고 피를 마시는 사람은 예수님의 고난에 참여하여 옛사람은 죽고 새사람이 되어 죄를 미워하고 의를 사모하며 예수님을 닮아 거룩에 이르기를 힘써야 합니다. 성찬에 대한 명령은 우리가 예수님에 대한 고백을 더욱 굳건히 하며 믿음 위에서 예수님의 사랑을 따라 살 것에 대한 당부입니다.

오늘 예배하면서, 우리가 성찬에 참여할 때 고백한 믿음대로 살고 있는지 돌아봅시다. 예수님의 사랑과 희생과 고난에 동참하고 있는지 돌아봅시다. 예수님께서 베푸신 사랑처럼 우리도 가족과 이웃을 더욱 사랑으로 섬기기 위해서 기도합시다.

❖ 77문: 믿는 자들이 이 뗀 떡을 먹고 이 잔을 마시는 것처럼 확실히, 그리스도께서 그들을 그의 몸과 피로 먹이고 마시우겠다는 약속을 어디에서 하셨습니까?

❖ 답: 성찬을 제정하실 때 이렇게 말씀하셨습니다. "주 예수께서 잡히시던 밤에 떡을 가지사 축사하시고 떼어 가라사대 이것은 너희를 위하는 내 몸이니 이것을 행하여 나를 기념하라 하시고, 식후에 또한 이와 같이 잔을 가지시고 가라사대 이 잔은 내 피로 세운 새 언약이니 이것을 행하여 마실 때마다 나를 기념하라 하셨으니 너희가 이 떡을 먹고 이 잔을 마실 때마다 주의 죽으심을 오실 때까지 전하는 것이니라"(고전 11:23-26). 바울 사도는 거듭 이 약속의 말씀을 하였습니다. "우리가 축복하는 바 축복의 잔은 그리스도의 피에 참여함이 아니며 우리가 떼는 떡은 그리스도의 몸에 참여함이 아니냐? 떡이 하나요 많은 우리가 한몸이니 이는 우리가 다 한 떡에 참여함이라"(고전 10:16-17).

🌱 기도하기

하나님 아버지, 예수님께서 유월절 어린 양으로 오셔서 피를 흘리고 우리를 구원해 주셔서 감사드립니다. 성찬에 참여할 때 고백한 감사와 말씀에 대한 순종을 다시 한번 기억하며 하나님과 이웃을 사랑하며 살게 도와주시옵소서.

chapter 078

떡과 포도주가 예수님의 몸과 피로 변하는 것입니까?

❖ 찬송   228장(오 나의 주님 친히 뵈오니)

❖ 주제 구절   고린도전서 11장 26절

너희가 이 떡을 먹으며 이 잔을 마실 때마다 주의 죽으심을 오실 때까지 전하는 것이니라

성찬은 떡과 잔을 나누며 예수님의 고난을 기념하는 예식입니다. 떡과 잔을 받은 사람은 예수님과 연합하여 한몸이 됩니다. 성찬을 통해서 교회는 한몸으로서 서로가 연합되어 영원히 예수님의 지체로 살아가게 됩니다. 그러면 떡과 잔에 어떤 효과가 있기에 이런 은혜를 받게 될까요? 여기에 대해서 기독교 역사에서 두 가지 오해가 있었습니다.

화체설과 공재설입니다. 화체설은 떡과 잔이 실제로 예수님의 몸과 피라고 믿습니다. 성찬에 사용되는 떡은 문자 그대로 예수님의 살이고, 잔은 예수님의 피이기 때문에 예식을 집례하는 신부는 떡을 땅에 떨어뜨려도 안 되고, 잔을 흘려서도 안 되며, 예식 후에 남은 모든 떡과 잔을 혼자 다 먹어야 합니다. 이것은 성경에서 말하는 떡과 잔을 문자 그대로 이해해서, 떡과 잔을 우상시하는 잘못된 믿음입니다. 공재설은 떡과 잔이라는 물질과 함께 예수님이 실제로 계신다는 주장입니다. 이것은 루터교에서 주장합니다. 그러나, 공재설 또한 성경을 지나치게 문자적으로 받아들여 잘못 이해한 경우입니다.

우리는 영적 임재설로 받아들입니다. 즉, 떡과 잔은 물질에 불과하며, 이 예식에 믿음으로 참여할 때 비로서 의미가 있게 됩니다. 예수님을 진실로 믿고, 나를 위해서 살을 찢고 피를 흘리신 사실을 온전하게 받아들이고, 그 사랑에 깊이 감사하며 예수님의 말씀대로 하나님과 이웃을 사랑하겠다는 믿음입니다. 성찬에 참여할 때 자신을 돌아보지 못하고 믿음 없이 떡과 잔을 나누면 죄를 짓게 됩니다. 반대로 회개하고 정결한 마음으로 예

수님의 공로를 깊이 생각하며 우리의 죄를 위해 죽으신 예수님께 감사하고, 예수님의 사랑을 받아들이는 믿음으로 성찬에 참여할 때, 비로소 떡과 잔으로 우리의 고백과 믿음을 더욱 견고하고 확실하게 보증해 주십니다.

고린도전서 10장 16절 말씀을 함께 읽어 봅시다.
"우리가 축복하는바 축복의 잔은 그리스도의 피에 참예함이 아니며 우리가 떼는 떡은 그리스도의 몸에 참예함이 아니냐."

세례와 더불어 성찬은 하나님의 약속에 대한 표시입니다. 표시 자체가 성물이 될 수는 없습니다. 표시를 통해서 무엇을 믿고 기억해야 하는지 가리키는 바가 중요합니다. 성찬에 사용되는 떡과 잔 자체에 신비로운 효과가 있지 않고, 참여하는 사람의 믿음에 따라서 성찬의 효력이 발생하게 됩니다. 성찬에 참여하면서 새언약 백성으로서 하나님의 구원 약속이 우리에게 모두 성취된 은혜를 찬양합시다.

오늘 예배드리며, 성찬을 통해서 예수님의 십자가 공로로 얻은 구원을 알게 하신 하나님께 감사합시다. 우리의 능력이 아니라, 하나님의 주권적인 선택으로 우리를 자녀 삼아 주시고, 예수님의 공로에 참여하도록 인도해 주신 하나님께 감사합시다.

✚ **78문: 떡과 포도주가 그리스도의 실제 몸과 피로 변합니까?**
✚ **답:** 아닙니다. 세례의 물이 그리스도의 피로 변하는 것도 아니고 죄 씻음 자체도 아니며 단지 하나님께서 주신 표와 확증인 것처럼, 주의 만찬의 떡도 그리스도의 실제 몸으로 변하는 것은 아닙니다. 성찬의 떡을 그리스도의 몸이라고 하는 것은 성례의 본질을 나타내는 성례적 용어입니다.

🌱 **기도하기**

하나님 아버지, 성찬을 통해서 우리를 향한 예수님의 십자가 공로를 알게 하셔서 감사드립니다. 우리에게 구원 얻을 조건은 없지만, 오직 하나님의 주권적인 선택으로 예수님의 공로에 참여할 수 있게 인도해 주셔서 감사드립니다. 예수님과 한몸이 된 우리가 더욱 힘써 말씀에 순종할 수 있게 도와주시옵소서.

chapter 079

예수님의 몸과 피에 참여하면 무엇을 얻습니까?

❖ 찬송   90장(주 예수 내가 알기 전)
❖ 주제 구절   요한복음 6장 53절
예수께서 이르시되 내가 진실로 진실로 너희에게 이르노니 인자의 살을 먹지 아니하고 인자의 피를 마시지 아니하면 너희 속에 생명이 없느니라

사람이 건강을 유지하기 위해서 음식을 매일 먹습니다. 하루라도 먹지 않으면 배고프고 힘을 쓸 수 없습니다. 오랜 기간 먹지 않으면 생명이 위태롭습니다. 인간의 육신처럼 영혼도 예수님과의 교제로 영적인 음식을 공급받아야 합니다. 성찬은 교회에서 정기적으로 잔과 떡을 나누면서 항상 예수님 안에서 살고 예수님과 교제로 성도들과 함께 연합한 가운데 말씀을 배우고 사랑을 나누며 살아야 함을 가르쳐 줍니다.

세례가 자기 백성을 향한 언약의 표라고 한다면, 성찬은 언약의 보존이라고 할 수 있습니다. 세례는 일생 한 번 받으면 되지만, 성찬은 정기적으로 반복해서 행해야 합니다. 왜냐하면 항상 우리가 예수님 안에서 살고 있는 하늘에 속한 백성이기에 세상의 시험과 유혹을 이기고 항상 말씀과 기도와 성례 가운데서 믿음으로 살아야 하기 때문입니다. 우리가 이 땅에서 눈에 보이는 음식으로만 사는 것이 아니라 예수님을 통해서 항상 하나님과 교제 가운데서 말씀을 듣고 배우며 살아야 하는 것을 알려 줍니다. 성찬으로 우리의 시민권은 이 땅에 있지 않고 하늘에 있으며 예수님의 핏값으로 구원을 얻어 영원한 안식을 소망하며 사는 하늘에 속한 백성이라는 것을 알게 됩니다. 성찬으로 성도가 예수님 안에서 서로 형제와 자매가 되어 깊이 사랑하고, 서로를 위해 기도하며, 직분과 은사를 통해서 섬기며 서로 자라가는 지체임을 확인합니다.

에베소서 4장 4절 말씀을 함께 읽어 봅시다.

"몸이 하나이요 성령이 하나이니 이와 같이 너희가 부르심의 한 소망 안에서 부르심을 입었느니라."

오늘 예배하면서, 우리가 가족이면서 동시에 예수님 안에서 영적인 지체라는 사실을 기억합시다. 가족으로 서로 사랑할 뿐만 아니라, 예수님의 지체로서 하나님의 사랑을 더욱 실천하며 서로 섬기고 용서하기로 다짐합시다.

✤ 79문: 그렇다면 왜 그리스도는 떡을 그의 몸이라고 하시고 잔을 그의 피 혹은 그의 피로 세우는 새언약이라고 말씀하십니까? 또한 바울 사도도 왜 그리스도의 몸과 피에 참여하는 것에 대해 말합니까?

✤ 답: 그리스도께서 그렇게 말씀하신 데에는 중요한 이유가 있습니다. 마치 떡과 포도주가 육신의 생명을 유지시키듯이, 십자가에 달리신 그의 몸과 흘리신 피가 우리 영혼을 영생으로 이끄는 참된 양식과 음료라는 사실을 가르치려 하셨습니다. 더 나아가서 그리스도께서는 눈으로 볼 수 있는 이러한 표와 보증으로써 우리에게 다음을 확신시키려 하셨습니다. 첫째, 우리가 그리스도를 기념하면서 이 거룩한 표들을 육신의 입으로 받아먹는 것처럼 실제로, 성령의 역사(役事)에 의해 우리가 그의 참된 몸과 피에 참여합니다. 둘째, 그리스도의 모든 고난과 순종이 확실하게 우리의 것이 되어, 마치 우리 자신이 직접 모든 고난을 당하고 우리의 죗값을 하나님께 치른 것과 같습니다.

🌱 기도하기

하나님 아버지, 우리가 성찬을 통해서 예수님의 가족이 되었고 서로 지체로 연합되었습니다. 우리를 향한 예수님의 사랑을 본받아 서로 더욱 섬기고 기도하며 하나 될 수 있게 도와주시옵소서.

chapter 080

성찬과 미사는 어떻게 다릅니까?

✤ 찬송   146장(저 멀리 푸른 언덕에)

✤ 주제 구절   히브리서 7장 27절

저가 저 대제사장들이 먼저 자기 죄를 위하고 다음에 백성의 죄를 위하여 날마다 제사드리는 것과 같이 할 필요가 없으니 이는 저가 단번에 자기를 드려 이루셨음이니라

기독교에서 성찬은 로마가톨릭에서 미사라고 합니다. 미사는 성경에서 말하는 성찬과 많이 다릅니다. 미사는 사제의 집례를 통해서 시행되는데 떡과 잔을 희생제물로 생각합니다. 미사를 반복해서 드리지 않으면 죄 사함을 얻지 못한다고 가르칩니다. 반복해서 미사에 참여해야 죄를 용서받을 수 있다고 합니다. 사제가 미사를 제사처럼 드리면서 떡과 잔을 통해서 영혼이 구원을 얻는다고 가르칩니다. 미사에서 드려지는 떡과 잔은 실제로 예수님의 몸과 피라고 생각하기 때문에 오직 사제만이 만질 수 있고 사제의 손으로 반드시 먹어야 합니다. 미사에 참여하는 어떤 사람도 이것을 만질 수 없습니다. 떡과 잔이 남을 때에는 사제가 모두 다 먹어야만 하고, 땅에 떨어뜨리는 것은 매우 큰 죄로 여겨집니다. 떡과 잔을 예수님 자체로 여기는 것은 십계명 가운데 2계명을 어기는 우상숭배입니다.

성경은 성찬에 사용되는 떡과 잔이라는 물체 자체가 성스럽다고 가르치지 않습니다. 잔과 떡은 표에 불과합니다. 누구든지 만질 수 있습니다. 초대교회는 성찬에 참여한 사람들이 돌려가면서 떼어먹었습니다. 이것은 예수님의 살을 우리의 죄로 인해 찢었다는 의미이고 잔을 돌려가며 마시는 것은 예수님의 보혈로 우리가 한몸이 되었다는 것을 가르치고 있습니다. 떡과 잔을 나누면서 예수님은 십자가에 죽으시는 자신을 기념하라고 말씀하셨습니다. 우리가 행하는 성찬은 성경에 나온 그대로 따르는 예식입니다.

히브리서 9장 26절 말씀을 함께 읽어 봅시다.

"그리하면 그가 세상을 창조할 때부터 자주 고난을 받았어야 할 것이로되 이제 자기를 단번에 제사로 드려 죄를 없게 하시려고 세상 끝에 나타나셨느니라."

예수님은 십자가에서 단 한 번으로 영원한 제사를 드리셨습니다. 세례를 받고 새언약의 백성이 되었다는 고백을 교회 앞에서 공개적으로 표현했다면, 이제 성찬을 반복해서 믿음으로 드리며 우리는 예수님 안에서 완전한 용서를 받고, 예수님의 통치를 받으면서 예수님 안에서 서로 연합하여 교회 공동체로 부름을 받아 사랑 가운데 거하면서 예수님을 닮아가야 하는 일에 힘써야 하는 것을 다시 한 번 다짐하게 됩니다.

오늘 예배하면서, 성찬에 한 번이라도 참여했다면, 우리가 이미 구원을 얻은 백성으로서 하나님의 말씀 안에서 예수님을 본받아 거룩을 좇아 살 것과 말씀대로 행하고 사랑으로 어려운 이웃을 돌보기를 다짐해 봅시다.

❖ **80문: 주의 만찬과 로마 교회의 미사는 어떻게 다릅니까?**

❖ **답:** 주의 만찬은 첫째, 예수 그리스도께서 친히 십자가 위에서 단번에 이루신 유일한 제사에 의해 우리의 모든 죄가 완전히 사해졌음을 확증합니다. 둘째, 성령에 의해 우리는 그리스도에게 연합되었으며, 그의 참된 몸은 지금 하늘에 있고 하나님 우편에서 우리의 경배를 받으심을 확증합니다. 그러나 미사는 첫째, 그리스도가 산 자들이나 죽은 자들을 위해서 사제들에 의해 지금도 매일 드려지지 않으면, 그리스도의 고난에 의해서는 그들이 죄사함을 받지 못한다고 가르칩니다. 둘째, 그리스도는 떡과 포도주의 형체 속에서 몸으로 존재하기 때문에 그 속에서 경배를 받아야 한다고 가르칩니다. 그러므로 미사라는 것은 근본적으로 예수 그리스도의 단번의 제사와 고난을 부인하는 것이며 저주받을 우상숭배입니다.

🌱 **기도하기**

하나님 아버지, 우리에게 성경에 있는 말씀 그대로 성찬을 할 수 있도록 인도해 주셔서 감사드립니다. 성찬에 앞으로 더욱 믿음으로 참여하고 성찬에 참여한 후에 더욱 사랑으로 살 수 있도록 도와주시옵소서.

chapter 081

누가 성찬에 참여할 수 있습니까?

✤ 찬송　224장(정한 물로 우리 죄를)

✤ 주제 구절　고린도전서 11장 28절

사람이 자기를 살피고 그 후에야 이 떡을 먹고 이 잔을 마실지니

처음으로 직장생활을 시작할 때 출근하는 첫날은 특별합니다. 단정하게 옷을 입고 열심히 일하겠다는 각오를 가집니다. 출근한 직장에서 책상에 앉을 때 진지한 태도로 최선을 다할 것을 다짐합니다.

　우리가 하나님 앞에 나올 때도 비슷합니다. 성찬에 참여할 때 어떤 준비를 하고 나와야 할까요? 몸과 마음을 단정히 하고 성찬의 의미를 진지하게 생각하며 나와야 합니다. 성찬은 예수님의 죽으심으로 제정된 예식입니다. 우리를 너무나 사랑하시고 우리를 구원하기 위해서 예수님의 죽으심을 기념하는 자리라고 한다면, 가벼운 마음으로 나올 수 없습니다. 준비된 마음이 필요합니다. 회개하는 마음과 죄 용서에 대한 확신과 성도를 향한 보호와 섭리에 대한 확신입니다.

　성찬은 우리를 대신해서 죽으신 예수님의 공로를 기념하는 예식입니다. 예수님은 왜 십자가에서 죽으셔야 했을까요? 우리의 허물과 죄악 때문입니다. 성찬에 임할 때 가장 먼저 가져야 하는 마음은 회개하는 마음입니다. 그동안 지었던 우리의 죄와 허물이 무엇인지를 비추어 달라고 기도하며, 하나님께서 깨닫게 하시는 죄를 보면서, 구체적으로 어떤 죄들인지를 아뢰고, 용서해 주시기를 구해야 합니다. 회개한 후에 우리의 모든 죄를 용서해 주셨다는 사실을 확신하고, 거룩한 모습으로 말씀을 따라 순종하는 삶을 살기로 다짐해야 합니다. 비록 우리가 이 땅에서 연약하고 부족한 가운데 넘어지고 유혹에 넘어진다고 하더라도, 다시 붙잡아 주시고 우리를 다시 불러주셔서 예배의 자리로 인도해 주시며, 하나님 자

녀로서 보호해 주시고 섭리 가운데 인도해 주심을, 믿음으로 고백할 수 있어야 합니다.

로마서 13장 14절 말씀을 함께 읽어 봅시다.
"오직 주 예수 그리스도로 옷 입고 정욕을 위하여 육신의 일을 도모하지 말라."

성찬에 한 번 참여했다고 우리의 신앙이 완전해지지 않습니다. 교회에서 성찬은 계속 반복해서 진행됩니다. 우리의 신앙은 이 땅에서 많은 시험과 유혹에 노출되어 있기 때문입니다. 믿음이 약해지고 확신이 흔들릴 때가 옵니다. 살아계신 하나님에 대한 의심이 들 때도 있습니다. 그러나, 예수님께서 제정하신 성찬에 참여하면서, 우리에 대한 하나님의 은혜와 예수님의 사랑을 다시 한 번 확신하고 마음에 새길 때, 우리의 믿음은 더욱 온전해집니다.

오늘 예배드리며, 우리가 이 땅에서 연약한 신앙으로 살아가는 순간이 있더라도 정죄하지 않으시고 믿음을 굳게 하시고 약속의 말씀 위에 설 수 있도록 인도해 주시는 하나님의 은혜에 감사합시다. 성찬을 통해서 우리를 향한 하나님의 섭리와 인도를 확신할 수 있도록 기도합시다.

✤ **81문: 누가 주의 상에 참여할 수 있습니까?**
✤ **답:** 자기의 죄 때문에 자신에 대해 참으로 슬퍼하는 사람, 그러나 그리스도의 고난과 죽음에 의해 자기의 죄가 사하여지고 남아 있는 연약성도 가려졌음을 믿는 사람, 또한 자신의 믿음이 더욱 강하여지고 돌이킨 삶을 살기를 간절히 소원하는 사람이 참여할 것입니다. 그러나 외식(外飾)하거나 회개하지 않는 사람이 참여하는 것은 자기가 받을 심판을 먹고 마시는 것입니다.

🌱 **기도하기**
하나님 아버지, 이 땅에 유혹과 시험이 있지만, 넘어지지 않도록 인도해 주셔서 감사드립니다. 성찬에 참여할 때마다 준비된 마음으로 나아가 하나님께서 부어 주시는 은혜와 사랑을 다시 한 번 확신하며 소망 가운데 살아갈 수 있도록 도와주시옵소서.

chapter 082

어떤 사람이 성찬에서 제외됩니까?

✤ 찬송　227장(주 앞에 성찬 받기 위하여)

✤ 주제 구절　고린도전서 11장 27절

그러므로 누구든지 주의 떡이나 잔을 합당치 않게 먹고 마시는 자는 주의 몸과 피를 범하는 죄가 있느니라

자동차 운전면허증은 차를 운전할 수 있는 면허입니다. 시험에서 합격한 사람은 자동차를 몰고 도로가 난 곳이라면 어디든 자유롭게 달릴 수 있습니다. 운전자가 이런 자유를 누리기 위해서는 반드시 교통 법규를 지켜야 합니다. 법규를 자주 위반하거나 음주 운전을 하게 되면 벌을 받게 될 뿐만 아니라, 면허까지 빼앗기게 됩니다. 이런 사람이 운전을 하면 다른 차들을 위험에 빠뜨리고 질서를 무너뜨리기 때문입니다.

　성찬은 세례를 받고 새언약의 백성이 된 사람에게, 즉 믿음으로 말씀에 순종하며 살기로 다짐한 사람에게 베푸는 예식입니다. 성찬에 참여할 때마다 자신의 죄를 돌아보고 믿음으로 살고 있는지 스스로 돌아보아 부족함이 있다면 참여할 수 없습니다. 만약에 예수님을 믿는다고 하면서 죄악 된 삶에 머물고 있고 예수님을 따르는 증거가 전혀 없다면 구원받은 자녀인지 다시 돌아보아야 합니다. 만약에 구원에 대한 확신도 없고 예수님을 따라 선하게 살려는 의지가 없다면 그의 믿음은 거짓이요, 예수님의 살과 피를 먹는 것은 자신의 죄를 먹고 마시는 것이기 때문입니다.

　고린도전서 11장 29절 말씀을 함께 읽어 봅시다.

　"주의 몸을 분변치 못하고 먹고 마시는 자는 자기의 죄를 먹고 마시는 것이니라."

성찬은 예수님을 따르기로 결심하고, 나의 죄악을 미워하고 말씀에 순종하며 거룩한 자녀가 되기로 다짐한 사람에게만 베푸는 언약의 갱신입니다. 세례로 하나님의 자녀가 거듭났다는 고백을 교회 앞에서 공개적으로 할 때 새언약의 백성이 됩니다. 새언약 백성은 하나님의 법에 순종하는 사람입니다. 새언약 백성에게는 부족하더라도 작은 변화가 일어납니다. 조금씩 죄를 버리고 의를 사랑하며 예수님을 닮아갑니다. 성찬은 우리의 믿음이 진실한지 다시 돌아보며, 새언약 백성임을 확인하고 믿음으로 살기로 다시 한번 다짐하는 시간입니다.

오늘 예배하면서, 우리가 하나님의 백성답게 살고 있는지 한번 돌아봅시다. 성찬에 참여할 때 거룩한 삶을 살고 있는지 스스로 항상 면밀하게 돌아보는 은혜 주시기를 구하며, 성찬을 통해서 더욱 거룩한 삶을 살기로 다짐해 봅시다.

✤ **82문: 자신의 고백과 생활에서 믿지 않음과 경건치 않음을 드러내는 자에게도 이 성찬이 허용됩니까?**

✤ **답**: 아닙니다. 그렇게 되면 하나님의 언약이 더럽혀져서 하나님의 진노가 모든 회중에게 내릴 것입니다. 그러므로 그리스도와 그의 사도들의 명령에 따라, 그리스도의 교회는 천국의 열쇠를 사용하여 그러한 자들이 생활을 돌이킬 때까지 성찬에서 제외시킬 의무가 있습니다.

🌱 **기도하기**

하나님 아버지, 우리에게 베풀어 주신 영생의 은혜를 생각할 때마다, 은혜에 맞는 삶을 살고 있는지 항상 돌아보게 하시고, 우리를 위한 예수님의 보혈의 공로에 응답하는 거룩을 사모하며 살게 도와주시옵소서.

chapter 083

천국의 열쇠는 무엇입니까?

✤ 찬송　22장(만유의 주 앞에)

✤ 주제 구절　마태복음 16장 19절

내가 천국 열쇠를 네게 주리니 네가 땅에서 무엇이든지 매면 하늘에서도 매일 것이요 네가 땅에서 무엇이든지 풀면 하늘에서도 풀리리라 하시고

교회는 어떤 곳일까요? 하나님께 부름을 받은 사람들이 모여 예수님의 몸을 이루는 곳입니다. 교회는 부름받은 성도가 모여 예배하고 직분을 통한 질서 가운데서 함께 교제하며 성장합니다. 예배로 말씀이 선포되어 믿음을 통한 구원의 역사가 일어나고, 교회 질서 안에서 성장이 일어납니다. 참된 교회는 예배와 성례, 질서 안에서 권징이 있습니다. 이 세 가지는 참된 교회의 표지입니다. 교회가 무엇인지에 대해서 가장 잘 요약된 말씀은 마태복음 16장 19절에 나오는 "천국의 열쇠"라는 말씀입니다.

마태복음 16장에서 예수님은 제자들에게 묻습니다. 예수님에 관하여 묻는 질문에 다른 제자들은 제대로 답을 못했지만, 베드로는 예수님이 어떤 분인지 정확하게 답을 합니다. 예수님은 그리스도이시며 살아계신 하나님의 아들이라고 말합니다. 이 고백을 들은 예수님은 베드로에게 천국의 열쇠를 주겠다고 말씀했습니다. 예수님께서 주신다고 하신 천국의 열쇠는 베드로 개인에게 준다는 의미가 아니라, 베드로가 했던 고백을 말합니다. 천국의 열쇠 말씀 바로 앞 절에서 "이 반석 위에 교회를 세우리니"에서 "이 반석"은 베드로가 아니라, 베드로의 고백을 지칭하고 있으며, 베드로와 같은 바른 신앙고백 위에 교회를 세우신다는 말씀입니다. 실제로 이 말씀을 오해해서 로마가톨릭은 베드로에게 이런 권한이 있고 베드로의 후계자인 교황에게 죄를 용서할 권한이 있어 교황과 사제의 기도나 대속의 간구를 통해서만 구원에 이를 수 있다고 생각합니다. 천국의 열쇠는 베

드로 개인에게 주신 것이 아니라, 베드로가 했던 그 고백 위에 세워진 교회를 말합니다. 예수님은 성경적인 신앙고백을 하는 교회들에게 천국의 열쇠를 주십니다. 천국의 열쇠는 교회를 통해서 주시는 복음과 교회 안에서 교제 가운데 일어나는 권징을 말합니다. 천국에 들어가는 열쇠를 여는 비결은 예수님께서 피로 값 주고 사신 교회를 통해서 이루어집니다. 이것을 천국의 열쇠로 표현한 것입니다.

요한계시록 3장 7절 말씀을 함께 읽어 봅시다.
"빌라델비아 교회의 사자에게 편지 하기를 거룩하고 진실하사 다윗의 열쇠를 가지신 이 곧 열면 닫을 사람이 없고 닫으면 열 사람이 없는 그이가 가라사대."

교회의 주인이신 예수님께서 천국의 열쇠를 가지고 계십니다. 예수님께서 세우신 교회를 통해서 복음이 증거되고, 믿음의 역사가 일어나게 됩니다. 예수님께서 교회에 허락하신 말씀과 교회에 허락하신 권징과 같은 질서를 통해서 구속의 은혜가 전해지고 믿음을 고백한 자들이 천국에 들어갑니다.

오늘 예배하면서, 우리를 교회로 불러주시고 교회를 통해서 말씀이 선포되어 믿음 가운데 살 수 있게 도와주신 은혜를 감사합시다. 예수님의 몸 된 교회를 소중히 여기고 교회에 부여하신 권위에 순종하기를 다짐해 봅시다.

❖ **83문: 천국의 열쇠는 무엇입니까?**
❖ **답:** 거룩한 복음의 강설과 교회의 권징인데, 이 두 가지를 통하여 믿는 자에게는 천국이 열리고 믿지 않는 자에게는 닫힙니다.

🌱 기도하기
하나님 아버지, 우리에게 교회를 허락해 주셔서 감사드립니다. 교회를 통해서 말씀이 증거되고 말씀을 듣고 믿음에 이르게 도와주셔서 감사드립니다. 예수님의 피로 값 주고 사신 교회의 권위에 순종하고 교회를 더욱 사랑할 수 있게 도와주시옵소서.

chapter 084

설교로 천국이 열리고 닫힌다는 건 무슨 뜻입니까?

✤ 찬송   205장(주 예수 크신 사랑)

✤ 주제 구절   요한복음 3장 36절

아들을 믿는 자는 영생이 있고 아들을 순종치 아니하는 자는 영생을 보지 못하고 도리어 하나님의 진노가 그 위에 머물러 있느니라

세상에 많은 기관들이 있습니다. 학교, 병원, 경찰서, 소방서 등이 있습니다. 모두 사회 질서를 유지하고 국민들의 안녕을 위해서 존재합니다. 교회는 이 모든 사회 기관 중에서 얼마나 중요할까요? 교회는 가장 중요한 기관이라고 할 수 있습니다. 왜 그럴까요? 사회 기관은 육신의 일을 다루지만, 교회는 영혼을 일을 다룹니다. 교회 없이 구원은 없습니다. 교회를 통해서 선포되는 말씀을 통해서만 구원이 있기 때문입니다. 이것은 영원한 생명의 문제입니다. 이 땅에서 잠시 잠깐 살기 위해서 병원이 중요하다면, 이 땅보다 더 중요한 영원한 삶을 위해서 교회는 더욱 중요한 곳입니다.

교회는 건물을 말하는 것이 아닙니다. 예수님을 영접하고 하나님을 아버지로 고백하는 사람들의 모임입니다. 교회에서 선포되는 말씀은 죽어가는 영혼을 살리는 영원한 양식입니다. 교회가 하는 많은 중요한 일 중에서 가장 중요한 일은 말씀 선포입니다.

디모데전서 2장 4절 말씀을 함께 읽어 봅시다.

"하나님은 모든 사람이 구원을 받으며 진리를 아는 데 이르기를 원하시느니라."

하나님은 교회를 통해서 영원한 생명을 주는 사명을 주셨습니다. 천국의 열쇠를 감당

하는 사명을 교회에 허락해 주셨습니다. 교회를 통해서 말씀이 선포될 때, 택정함을 받은 사람은 믿음으로 반응하며 자신의 죄를 자복하고 예수님을 믿지 않고서는 도저히 하나님의 진노를 피할 방법이 없다는 사실을 깨닫게 됩니다. 자신의 죄를 깨닫고 하나님 앞에 나와 자복하며 용서함을 받아 천국 백성이 되는 길은 오직 교회 안에서 일어나는 말씀 선포밖에 없습니다. 말씀이 아니고서 구원을 얻을 수 없습니다. 기적으로 교회에 나올 수 있지만, 기적 자체가 믿음을 주지 못합니다. 기적을 보고 교회에 오더라도, 자신의 죄를 자복하고 예수님의 십자가 보혈을 온전히 의지해야만 구원을 얻을 수가 있습니다. 예수님께서 우리를 위해서 이루신 구원의 공로는 오직 교회에서 선포되는 말씀으로만 받을 수 있습니다. 천국의 열쇠는 선포되는 말씀에 순복하는 사람에게 열립니다.

오늘 예배드리며, 예배 중에서 선포되는 말씀을 온전히 받아들이고 믿음으로 말씀에 순종하기를 다짐해 봅시다. 교회에서 선포되는 말씀으로 처음 교회에 오는 사람들이나 예수님을 믿지 못하는 사람들에게 회개의 마음을 주셔서 믿음으로 예수님을 영접하는 역사가 있기를 기도합시다.

✤ 84문: 거룩한 복음의 강설을 통하여 어떻게 천국이 열리고 닫힙니까?

✤ 답: 그리스도의 명령에 따라, 하나님께서 그리스도의 공로 때문에 사람들이 참된 믿음으로 복음의 약속을 받아들일 때마다 참으로 그들의 모든 죄를 사하신다는 사실이 신자들 전체나 개개인에게 선포되고 공적(公的)으로 증언될 때, 천국이 열립니다. 반대로 그들이 돌이키지 않는 한 하나님의 진노와 영원한 정죄가 그들 위에 머문다는 사실이 모든 믿지 않는 자와 외식(外飾)하는 자에게 선포되고 공적으로 증언될 때, 천국이 닫힙니다. 이러한 복음의 증언에 따라서 하나님께서는 이 세상에서와 장차 올 세상에서 심판하실 것입니다.

🌱 기도하기

하나님 아버지, 우리에게 말씀을 듣는 마음과 믿음으로 순종하는 의지를 주셔서 감사드립니다. 교회의 선포되는 말씀을 통해서 모든 사람들이 하나님을 알고 구원에 이르는 역사가 있도록 도와주시옵소서.

chapter 085

권징으로 천국이 닫히고 열린다는 건 무슨 뜻입니까?

✤ 찬송   527장(어서 돌아오오)

✤ 주제 구절   고린도전서 5장 5절

이런 자를 사단에게 내어주었으니 이는 육신은 멸하고 영은 주 예수의 날에 구원 얻게 하려 함이라

학교에서 선생님은 학생들에게 해야 할 일과 하지 말아야 할 일을 가르쳐 줍니다. 만약 규칙을 어기고 선생님의 말씀을 듣지 않을 때, 벌을 줄 때도 있습니다. 이 벌은 학생을 미워해서 주는 것이 아니라, 학생에게 바른 길을 가르치기 위한 훈육입니다. 훈육을 통해서 지식뿐만 아니라 인성도 바르게 자라게 됩니다.

교회에서 신앙의 성장도 비슷합니다. 오직 개인의 자율에만 맡겨 둔다면 성장이 일어나기 힘듭니다. 우리가 칭의로 구원이 확정되어도 아직 죄의 성향으로 인해 성화를 이루어야 하는 부족이 있기 때문입니다. 하나님은 예수님을 머리로 둔 한몸인 교회로 우리를 불러 주셨습니다. 한몸으로 부르신 이유는 예수님 안에서 우리가 서로 사랑하고 때로는 서로의 잘못을 고백하며 거룩에 이르기 위해서입니다. 교회 안에 직분을 통한 위계 질서를 주신 이유는 신앙의 성숙을 위해서입니다. 교회는 질서에 따라 권선징악, 즉 권징이 있어야 합니다. 선하고 의로운 일에 대해서 서로 격려와 칭찬을 아끼지 말아야 하지만, 하나님 말씀에 비추어 죄악 된 행동에 머물러 있고, 회개하지 않으며 하나님을 욕되게 하는 행동을 지속적으로 계속 한다면, 교회의 어른이나 직분자나 목사님께서 징계를 내릴 수도 있습니다. 더 나아가 심한 경우에는 출교라는 마지막 방법까지도 성경은 말씀하고 있습니다.

마태복음 18장 15-17절 말씀을 함께 읽어 봅시다.

"네 형제가 죄를 범하거든 가서 너와 그 사람과만 상대하여 권고하라 만일 들으면 네가 네 형제를 얻은 것이요 만일 듣지 않거든 한 두 사람을 데리고 가서 두 세 증인의 입으로 말마다 증참케 하라 만일 그들의 말도 듣지 않거든 교회에 말하고 교회의 말도 듣지 않거든 이방인과 세리와 같이 여기라."

또한 교회 안의 질서를 존중하는 것은 십계명이 명하는 바입니다. 십계명 중에 5계명은 모든 관계의 질서를 말씀하고 있습니다. 교회에 하나님께서 세우신 권위에 따라서 신앙적 권면과 가르침을 성도는 따라야 합니다. 이런 질서있는 교제를 통해서 서로가 성장하게 됩니다.

오늘 예배하면서, 교회에 직분을 허락하시고 권위의 질서에 따라 사랑과 권면으로 교제를 허락하신 하나님께 감사합시다. 교회의 권위뿐만 아니라, 가정에서 부모님을 존경하고 서로 섬기기 위해서 무엇을 어떻게 할지 지혜를 구하며 실천해 봅시다.

✤ **85문: 교회의 권징을 통해서 어떻게 천국이 닫히고 열립니까?**

✤ **답:** 그리스도의 명령에 따라, 그리스도인의 이름을 가진 자가 교리나 생활에서 그리스도인답지 않을 경우, 먼저 형제로서 거듭 권고할 것입니다. 그렇지만 자신의 오류나 악행에서 돌이키기를 거부한다면, 그 사실을 교회 곧 치리회(治理會)에 보고해야 합니다. 그들이 교회의 권고를 듣고도 돌이키지 않으면, 성례에 참여함을 금하여 성도의 사귐 밖에 두어야 하며, 하나님께서도 친히 그들을 그리스도의 나라에서 제외시킬 것입니다. 그러나 그들이 참으로 돌이키기를 약속하고 증명한다면, 그들을 그리스도의 지체(肢體)와 교회의 회원으로 다시 받아들입니다.

🌱 **기도하기**

하나님 아버지, 우리에게 교회를 허락해 주시고 성도의 교제를 통해서 믿음을 굳건하게 세워갈 수 있게 인도해 주셔서 감사드립니다. 교회 안에 세우신 질서를 존중하며 서로의 권면을 겸손히 듣고 말씀 안에 서로 순종할 수 있도록 인도해 주시옵소서.

chapter 086

왜 착한 일을 해야 합니까?

✤ 찬송   313장(내 임금 예수 내 주여)

✤ 주제 구절   마태복음 7장 20절

이러므로 그의 열매로 그들을 알리라

예수님을 믿고 구원을 얻은 사람은 이제 더 이상 착한 일을 하지 않아도 되나요? 믿음으로 이미 구원을 얻었기 때문에 죄를 짓고 마음대로 살아도 될까요? 어떤 이단들은 오직 믿음을 지나치게 강조한 나머지 항상 회개하며 거룩한 변화를 이루어가야 한다는 성화를 부정하는 경우도 있습니다.

그러나 믿음으로 구원을 얻었다고 하는 칭의가 진짜라면 성화를 통한 거룩한 변화는 필수입니다. 칭의와 성화를 분리할 수 없습니다. 믿음으로 구원을 얻었다고 고백하면서, 삶의 변화가 없다면 그 고백은 거짓입니다. 야고보서는 행함이 없는 믿음에 대해서 강조하며 말씀하고 있습니다. 오직 믿음으로 구원을 얻었다는 것은 우리의 어떤 선행으로도 구원에 이를 수 없다는 것을 말씀하고 있습니다. 우리의 선행과 수련으로 하나님께 의롭다고 인정받을 수 없기 때문에, 하나님은 우리를 불쌍히 여기서서 오직 예수님의 십자가 공로와 부활을 믿는 믿음만으로 우리를 의롭다고 여겨 주십니다. 이것은 말로 표현할 수 없는 놀라운 은혜입니다. 우리가 도무지 얻을 수 없는 것을 하나님께서 우리를 위해 베풀어 주셨기 때문에 칭의의 은혜를 아는 사람은 반드시 감사한 삶을 살게 됩니다. 예수님을 믿음으로 의롭다함을 얻은 사람은 예수님을 몸으로 하는 지체가 되어 예수님 안에 거하며 하나님의 말씀을 듣기 기뻐하고 예수님의 이름으로 하나님께 기도하고 모든 어려움과 필요를 간구하는 가운데 말씀에 순종하기를 힘씁니다. 이것은 마치 수영을 못하는 사람이 물에 빠져 허우적대고 있을 때 튜브를 던져 나를 살려준 은인에게 평생 감사를 표현하며 사는 것과 같습니다. 나를 구원해 주시는 하나님의 은혜를 안다면, 감사의 결과로 말씀에 순종하며 사랑을 실천하는 인생을 살게 됩니다.

마태복음 7장 17절 말씀을 함께 읽어 봅시다.
"이와 같이 좋은 나무마다 아름다운 열매를 맺고 못된 나무가 나쁜 열매를 맺나니."

하나님을 믿는 사람들이 선행을 하고 착하고 의로운 일을 하는 것은 구원을 얻기 위한 조건이 아닙니다. 구원을 얻은 사람이 은혜에 대한 감사로 사는 결과가 선행이며 착한 일입니다. 누군가 왜 이웃을 위해서 당신의 빵을 나누는지 물을 때, 하나님께서 먼저 저를 사랑해 주시고 은혜를 베풀어 주셨기 때문에 마땅히 하나님의 말씀대로 살고 싶기에 어려운 이웃에게 작은 것이라도 나눈다고 고백할 수 있게 되는 것입니다.

오늘 예배하면서, 우리의 힘으로 갚을 수 없는 영원한 생명을 값 없이 주신 하나님의 은혜에 감사합시다. 하나님의 자녀 된 백성으로서 하나님의 법에 순종하고 말씀을 실천하며 살 수 있도록 선한 의지를 더해 달라고 기도합시다.

✤ **86문: 우리의 공로가 조금도 없이 그리스도로 말미암아 오직 은혜로 우리의 죄와 비참함으로부터 구원을 받았는데, 우리는 왜 또한 선행을 해야 합니까?**

✤ **답:** 그리스도께서 그의 보혈로 우리를 구속(救贖)하셨을 뿐 아니라 그의 성령으로 우리를 새롭게 하여 그의 형상을 닮게 하시기 때문입니다. 이것은 우리가 모든 삶으로써 하나님의 은덕(恩德)에 감사하고 하나님께서 우리를 통해 찬양받으시기 위함이며, 또한 우리 각 사람이 그 열매로써 자신의 믿음에 확신을 얻고, 경건한 삶으로써 다른 사람을 그리스도에게 인도하기 위함입니다.

🌱 **기도하기**

하나님 아버지, 우리에게 놀라운 구원의 은혜를 허락해 주셔서 감사드립니다. 이 은혜로 인하여 하나님께 감사의 제사로서 사랑을 실천하고 예수님처럼 이웃을 위해 나누고 베푸는 삶을 살기 원합니다.

우리에게 능력을 더해 주셔서 예수님의 사랑으로 가족과 이웃을 품는 마음까지 허락해 주시옵소서.

chapter 087

나쁜 일을 계속하는 사람들도
구원받을 수 있습니까?

✤ 찬송   535장(주 예수 대문 밖에)

✤ 주제 구절   에베소서 5장 5절

너희도 이것을 정녕히 알거니와 음행하는 자나 더러운 자나 탐하는 자 곧 우상숭배자는 다 그리스도와

하나님 나라에서 기업을 얻지 못하리니

어릴 때부터 보육원에서 자라는 아이들이 있습니다. 너무나 안타까운 이유들로 인해서 부모의 얼굴을 모르고 자랍니다. 부모를 모르는 아이에게 가장 큰 선물은 무엇일까요? 양육할 준비가 되어 있는 부모를 만나는 것입니다. 아빠와 엄마가 생겨서 사랑을 듬뿍 받으며 자라게 될 때 아이는 양부모에게 감사한 마음을 가지게 됩니다.

우리는 하나님의 눈으로 보실 때, 진노와 심판을 받아 멸망 받을 사람이었습니다. 은혜와 긍휼에 풍성하신 하나님은 우리를 불쌍히 여기셔서 구원의 길을 허락하시고 믿는 자에게 하나님의 자녀가 되는 권세를 주셨습니다. 우리는 하나님을 아버지라고 부르며 오래전 예비하시고 약속한 모든 약속과 은택을 받으며 하나님의 보호와 통치 아래 살아가게 됩니다. 이런 은혜를 받은 자녀는 이 땅에서 어떻게 거룩하게 살아갈 수 있을까요? 진짜 하나님의 자녀는 아버지의 뜻을 어기거나 말씀을 거절하면서 살 수 없습니다. 만약에 하나님 아버지의 말씀을 무시하고, 자기의 욕망대로 살아간다면, 하나님의 자녀라고 말할 수 있을까요?

고린도전서 6장 9-10절 말씀을 함께 읽어 봅시다.

"불의한 자가 하나님의 나라를 유업으로 받지 못할 줄을 알지 못하느냐 미혹을 받지 말

라 음행하는 자나 우상 숭배하는 자나 간음하는 자나 탐색하는 자나 남색하는 자나 도적이나 탐욕을 부리는 자나 술 취하는 자나 모욕하는 자나 속여 빼앗는 자들은 하나님의 나라를 유업으로 받지 못하리라."

죄악 가운데 있었고 멸망을 향해 달려가던 자가 영생의 은혜를 받고 진심으로 감사할 때 하나님의 자녀답게 살고 싶어집니다. 한번에 완전한 거룩에 이를 수는 없지만, 죄에 대해서 더 민감하게 반응을 하게 되어 죄를 멀리하고 싶어집니다. 죄가 싫어질 뿐만 아니라, 죄를 짓는 자신에 대해서 하나님 앞에 엎드리며 말씀대로 살고자 노력을 하게 됩니다. 내 안에 내주하시는 성령님으로 인해 악에 대한 의지보다, 선에 대한 의지가 더 강해집니다. 말씀대로 사는 것은 무거운 족쇄와 같은 의무가 아니라, 말씀대로 사는 것이 자랑스러운 고백이 되는 것입니다.

오늘 예배하면서, 우리에게 하나님의 은혜에 대한 삶의 증거가 있는지 돌아봅시다. 하나님의 사랑과 은혜에 대한 감사의 고백으로 가정을 더욱 섬기고, 어려운 이웃을 위한 수고를 위해 기도하고 실천해 봅시다.

✤ 87문: 감사치도 않고 회개하지 않는 삶을 계속 살면서 하나님께로 돌이키지 않는 사람들도 구원을 얻을 수 있습니까?

✤ 답: 결코 구원을 받을 수 없습니다. 성경은 음란한 자, 우상숭배자, 간음하는 자, 도둑질하는 자, 탐욕을 부리는 자, 술 취하는 자, 욕하는 자, 강도질하는 자나 그와 같은 죄인들은 하나님 나라를 유업으로 받지 못한다고 말씀합니다.

🌱 기도하기

하나님 아버지, 우리에게 놀라운 구원의 은혜를 베풀어 주셔서 감사드립니다. 우리에게 베푸신 은혜를 생각하며, 하나님의 말씀에 따라 실천하며 살 수 있는 의지를 더해 주시옵소서. 죄악 된 모습과 탐욕스러운 마음이 있었다면 용서해 주시고, 거룩한 모습을 좇아 사랑을 실천하고 가족과 이웃을 위해 수고하는 마음을 더해 주시옵소서.

chapter **088**

진짜 회개는 무엇입니까?

✤ 찬송 277장(양 떼를 떠나서)

✤ 주제 구절 골로새서 3장 10절

새 사람을 입었으니 이는 자기를 창조하신 자의 형상을 좇아 지식에까지 새롭게 하심을 받는 자니라

부모는 아이를 바르게 자라도록 훈육합니다. 아이가 다른 아이의 물건을 빼앗으면, 부모는 잘못된 행동이라고 말해 줍니다. 아이가 누군가를 이유 없이 때리면 부모는 아이에게 때리지 말아야 하는 이유를 설명해줍니다. 아이는 어릴 때 부모의 훈육을 통해서 바른 행동과 잘못된 행동을 구별하며 자랍니다. 사람은 스스로 잘못을 알기 어렵습니다. 부모나 선생님의 가르침이 없을 때 스스로 바르게 자랄 수 없습니다.

그러면 인간은 스스로 죄인이라는 사실을 어떻게 알까요? 이 죄가 사망을 가져왔고, 하나님의 진노로 영원한 저주와 멸망 가운데서 고통당할 수밖에 없다는 사실을 어떻게 알까요? 하나님께서 알려주시지 않으면 인간은 스스로의 죄와 어둠을 깨닫지 못합니다. 하나님 앞에서 우리의 죄를 깨닫고 회개하며 오직 예수님의 십자가 공로가 아니면 하나님의 진노를 피할 수 없다는 사실은 오직 하나님의 은혜로만 알 수 있습니다. 자신의 잘못을 양심으로 깨달을 수 있다고 하더라도, 양심으로 모든 죄를 깨닫고, 사망의 저주까지 모두 깨달을 수 없습니다.

참된 회개는 하나님께서 빛을 비추어 주실 때 비로소 우리의 죄가 얼마나 비참한 결과를 낳고 하나님의 진노 아래서 영원한 형벌을 받을 수밖에 없는지 알게 됩니다. 회개는 스스로의 잘못에 대한 후회만을 의미하지 않습니다. 회개는 자신의 죄를 미워하고 적극적으로 변하고 싶은 의지를 말합니다. 회개를 뜻하는 헬라어 메타노이아는 생각의 변화, 의지와 목적의 변화를 의미합니다. 회개는 자신의 죄를 깨닫고 하나님 앞에서 뉘

우치고 용서를 구하며 적극적으로 돌이키고 말씀을 따라 선한 일을 하고 싶은 변화입니다. 참된 회개는 하나님의 은혜로 받는 것이며, 죄악된 삶을 싫어하고 선한 삶을 소망하며 하나님 앞에서 거룩한 의지로 말씀을 따라 사는 것입니다. 물론 이 땅에서 완전한 성화는 불가능하지만, 누가 보더라도 큰 변화를 가져 오게 됩니다.

고린도전서 6장 11절을 함께 읽어 봅시다.
"너희 중에 이와 같은 자들이 있더니 주 예수 그리스도의 이름과 우리 하나님의 성령 안에서 씻음과 거룩함과 의롭다 하심을 얻었느니라."

오늘 예배하면서, 우리의 죄가 얼마나 큰 저주와 심판을 받게 되는 어둠인지 깨달을 수 있도록 은혜를 달라고 기도합시다. 우리의 죄의 깊이를 통해서 하나님의 선하심과 거룩을 사모할 수 있도록 기도하며 선한 삶의 열매가 맺어지길 기도합시다.

❖ **88문: 사람의 진정한 회개는 무엇입니까?**
❖ **답:** 옛사람이 죽고 새사람으로 사는 것입니다.

🌱 기도하기

하나님 아버지, 우리에게 빛을 비추어 주셔서 회개의 은혜를 주시고 하나님 앞에 겸손히 나갈 수 있게 도와주셔서 감사드립니다. 날마다 우리의 죄를 자복하며 하나님의 은혜에 감사하며 말씀을 좇아 선한 열매를 맺으며 살게 도와주시옵소서.

chapter 089

옛 사람이 죽는다는 건 무슨 뜻입니까?

✤ 찬송   284장(오랫동안 모든 죄 가운데 빠져)

✤ 주제 구절   에베소서 4장 22절

너희는 유혹의 욕심을 따라 썩어져 가는 구습을 좇는 옛 사람을 벗어 버리고

세례를 받은 사람은 예수님 안에서 새롭게 태어난 사람입니다. 그렇다면 세례를 받은 새사람은 더 이상 어떤 작은 죄도 짓지 않게 될까요? 나쁜 말이나 나쁜 상상조차도 하지 않을까요? 예수님을 믿는 사람이라도 죄를 짓게 됩니다. 왜냐하면 죄의 책임인 원죄의 문제는 칭의로 해결되었지만, 죄의 오염인 자범죄의 문제는 살아가면서 점진적으로 변화되는 성화의 과정이기 때문입니다. 새사람은 한 번에 완전히 거룩해졌다는 의미가 아니라, 거룩에 이르는 삶이 이제부터 시작되었다는 것을 말합니다.

성경에서 "내가 그리스도와 함께 십자가에 못박혔나니"와 같은 말씀은 원죄의 문제가 해결되어 예수님을 믿는 믿음으로 우리를 의롭다 하셔서 천국 백성이 되었다는 의미입니다. 천국 백성은 이 땅에 살면서 시험과 유혹 속에 죄를 짓게 되는 연약한 모습도 있지만, 그때마다 예배 가운데서 예수님을 의지하며 우리의 죄를 고백하고 죄를 멀리하는 다짐을 하며 계속해 변화되는 삶을 살게 됩니다. 이 변화는 사람마다 다르지만 새사람은 예전에 하나님을 믿지 않던 나의 모습을 싫어하고 말씀대로 살고자 하는 선한 마음이 성령님으로 인해 시작됩니다.

빌립보서 2장 13절 말씀을 함께 읽어 봅시다.

"너희 안에서 행하시는 이는 하나님이시니 자기의 기쁘신 뜻을 위하여 너희에게 소원을 두고 행하게 하시나니."

왜 우리는 한 번에 완전한 거룩에 이르지 못하고 점진적으로 성화의 과정을 걷게 될까요? 그것은 이 땅에서 경건의 훈련을 위해서입니다. 우리는 원래 하나님을 찾지 않던 사람이었지만, 새사람이 되어 하나님을 찾고 기도하며 말씀으로 사는 훈련을 하게 됩니다. 기도에 익숙하지 않지만, 우리의 죄성을 통해서 하나님 앞에 겸손히 엎드리게 되고, 고난 중에 하나님만 신뢰하는 인내를 배우게 되며, 자신을 자랑하지 않고 겸손히 예수님만 의지하며 하나님께 영광을 돌리는 삶을 살게 됩니다. 이런 과정을 통해서 우리는 하나님의 완전한 거룩과 선을 사모하며 닮아가게 되어 하나님께 이르게 됩니다.

오늘 예배하면서, 하나님 앞에서 우리의 연약함과 죄성을 고백합시다. 우리의 약함을 통해서 더욱 예수님의 공로에 감사하고, 하나님만을 신뢰하고 의지하는 가운데 옛사람의 모습은 사라지고 날마다 말씀으로 새롭게 빚어지길 기도합시다.

❖ 89문: 옛사람이 죽는다는 것은 무엇입니까?

❖ 답: 하나님을 진노케 한 우리의 죄를 마음으로 슬퍼하고 더욱더 미워하고 피하는 것입니다.

🌱 기도하기

하나님 아버지, 예배할 때마다 우리의 죄성과 어둠을 보게 도와 주시옵소서. 말씀과 기도가 아니면 살 수 없다는 사실을 깨닫게 하셔서, 거룩을 사모하고 말씀을 좇아 사는 인생이 될 수 있게 인도해 주시옵소서.

chapter 090

새 사람으로 산다는 건 무슨 뜻입니까?

✤ 찬송   482장(참 즐거운 노래를)

✤ 주제 구절   에베소서 4장 24절

하나님을 따라 의와 진리의 거룩함으로 지으심을 받은 새 사람을 입으라

세례를 받은 사람은 예수님 안에서 새롭게 태어난 사람입니다. 새사람은 세상의 법이 아니라, 하나님의 법을 따르며 사는 천국 백성입니다. 하나님의 법에 따라 사는 사람은 하나님을 사랑하고, 이웃을 사랑하게 됩니다. 옛사람이 자신을 위해서만 살았다면, 새 사람은 자신뿐만 아니라, 하나님의 영광과 이웃을 섬기며 살게 됩니다.

새사람으로 사는 것은 처음부터 쉽지는 않습니다. 생각과 마음에 옛사람의 습관이 아직도 많이 남아 있기 때문입니다. 완전한 거룩에 이르기 위해서 부지런한 경건의 훈련이 필요합니다. 그래서 우리는 말씀과 기도와 성례에 열심을 내어 참여하고 경건의 훈련에 힘을 써야 합니다. 이를 통해서 우리에게 값 없이 주신 구원의 은혜가 얼마나 크고 놀라운지를 경건의 훈련을 통해서 점점 더 알게 됩니다. 우리가 예수님을 나의 주인으로 모시고 살겠다고 고백한 이후부터 성령님은 우리 안에 내주하시며 거룩에 이르도록 돕습니다. 하나님께서 보시기에 기뻐하지 않은 모습을 깨닫게 하셔서 죄를 싫어하는 마음을 주시고, 회개의 자리로 부르셔서 죄 용서함을 구하며 생각과 마음의 변화를 가져올 수 있도록 가르쳐 주십니다. 예배를 통해서 말씀을 듣고 하나님을 알아가면서 거룩에 이르도록 도와주십니다. 성령님께서 우리의 죄와 허물을 깨닫게 하시고 거룩을 사모하며 하나님의 사랑에 이르게 하실 때 새사람은 나 자신보다 이웃을 먼저 생각하고 하나님의 사랑의 깊이와 넓이를 점점 더 깊이 알게 되어 예수님처럼 어려운 사람을 불쌍히 여기고, 누군가를 위해서 기도하며 사랑의 수고를 아끼지 않게 됩니다. 새사람은 거룩한

변화로 복음의 능력이 드러나게 됩니다.

로마서 6장 13절 말씀을 함께 읽어 봅시다.
"또한 너희 지체를 불의의 병기로 죄에게 드리지 말고 오직 너희 자신을 죽은 자 가운데서 다시 산 자 같이 하나님께 드리며 너희 지체를 의의 병기로 하나님께 드리라."

새사람은 하나님의 사랑과 베푸신 은혜에 깊이 감사하는 삶을 살게 됩니다. 진실한 예배와 하나님에 대한 믿음의 성숙은 사랑을 위한 힘든 수고와 고난도 감수하는 선한 의지를 줍니다. 하나님의 사랑을 전하고 증거하기 위해서 자신의 모든 재능과 시간까지 드릴 수 있는 헌신까지 할 수 있게 됩니다.

오늘 예배하면서, 우리가 새 사람으로 살고 있는지 한번 돌아봅시다. 놀라운 은혜와 사랑을 받은 우리가 혹시 과거의 죄악 된 모습으로 살고 있다면 하나님 앞에 회개하며 새사람으로 살 수 있기를 위해서 기도합시다. 하나님 사랑을 실천하며 가족을 잘 섬기고 불쌍한 이웃들이 있다면 사랑을 실천하기 위해서 기도합시다.

❖ **90문: 새사람으로 다시 사는 것은 무엇입니까?**
❖ **답:** 그리스도로 말미암아 하나님 안에서 마음으로 즐거워하고, 하나님의 뜻에 따라 모든 선을 행하며 사는 것을 사랑하고 기뻐하는 것입니다.

🌱 **기도하기**
하나님 아버지, 우리를 새사람으로 불러 주셔서 감사드립니다. 하나님의 사랑을 더욱 깊이 알고, 베푸신 은혜에 감사하는 마음으로 말씀의 법을 따라 살기 원합니다. 선한 힘과 의지를 더해 주셔서 죄를 멀리하고 선을 좇아 살게 도와주시옵소서.

chapter 091

어떤 일이 착한 일입니까?

❖ 찬송 216장(성자의 귀한몸)

❖ 주제 구절 신명기 12장 32절

내가 너희에게 명하는 이 모든 말을 너희는 지켜 행하고 그것에 가감하지 말지니라

우리가 누군가를 사랑하기 시작하면 사랑하는 상대의 요구를 잘 듣습니다. 사랑하는 사람이 나에게 건강을 걱정하며 나쁜 습관들을 줄이라고 하면 듣게 됩니다. 어떤 여성은 늦은 나이에 배우자를 만나 깊이 사랑했는데, 배우자가 여성의 평생 습관이던 흡연에 대해 부정적인 의견을 말하고 건강을 위해서 끊었으면 좋겠다고 하자, 평생 흡연 습관을 끊었다는 이야기도 있습니다. 이처럼 사랑의 힘은 크고 강합니다. 사랑하는 사람을 위해서 때로는 목숨까지도 내어놓는 일도 있습니다.

우리가 하나님을 진정으로 사랑한다면, 예배에서 목소리를 높여 찬양할 뿐만 아니라, 하나님의 말씀을 따라 살기를 기뻐합니다. 하나님께서 우리에게 명하시는 모든 계명과 요구에 대해서 기쁘게 순종하며 하나님의 기쁨이 되기를 원합니다. 하나님께서 하라고 하는 것은 하고, 하지 말라고 하는 것은 하지 않게 됩니다. 이것은 마치 대한민국을 동경하던 외국인이 대한민국 국적을 얻게 되었을 때 기쁜 마음으로 대한민국의 모든 법을 지키는 것과 같은 원리입니다. 하나님을 사랑하는 사람은 하나님의 법을 따르고 하나님의 말씀 듣기를 기뻐하며 하나님의 말씀대로 살고 싶어집니다.

에베소서 2장 10절 말씀을 함께 읽어 봅시다.

"우리는 그의 만드신 바라 그리스도 예수 안에서 선한 일을 위하여 지으심을 받은 자니 이 일은 하나님이 전에 예비하사 우리로 그 가운데서 행하게 하려 하심이니라."

우리가 구원받은 기쁨으로 살 때 선한 마음과 의지가 생깁니다. 이런 마음으로 착한 일을 할 때, 내가 원하는 기준의 착한 일이 아니라, 하나님의 기준에서 말씀하는 착한 일을 따라 행해야 합니다. 세례를 받은 사람이 새로운 삶을 시작할 때, 옛사람의 죄악 된 습관들이 남아 있어서 바로 거룩한 모습으로 완전하게 변화되기는 힘듭니다. 예배와 기도와 말씀과 성례를 통해서 우리는 점점 거룩한 모습으로 변하게 됩니다. 이 변화는 하나님의 말씀에 드러난 하나님의 선과 정의와 사랑을 향하게 됩니다. 이것은 우리 삶에서 복음을 증거하며 이웃을 향한 사랑의 수고와 가족을 위한 헌신으로 드러나게 됩니다.

오늘 예배하면서, 우리가 하나님의 사랑을 얼마나 깊이 알고 감사하는지 돌아봅시다. 하나님의 사랑을 알면, 하나님의 말씀을 좇아 행하며 하나님의 기쁨이 되길 원하게 됩니다. 하나님께서 베푸신 사랑처럼 우리도 가족과 이웃을 용서하며 사랑하게 됩니다. 하나님의 사랑으로 말씀에 순종하기를 위해서 기도합시다.

✤ **91문: 그런데 선행이란 무엇입니까?**

✤ **답:** 참된 믿음으로 하나님의 율법을 따라서, 그리고 그의 영광을 위하여 행한 것만을 선행이라 하며, 우리 자신의 생각이나 사람의 계명에 근거한 것은 선행이 아닙니다.

🌱 기도하기

하나님 아버지, 우리가 하나님께 받은 사랑으로 살기를 원합니다. 하나님의 말씀으로 보여 주신 법을 따라서 가족과 이웃을 향해 사랑을 실천하고 용서하며 긍휼히 여기는 마음을 부어 주시옵소서.

chapter 092

하나님의 율법이 무엇입니까?

✤ 찬송   217장(하나님이 말씀하시기를)

✤ 주제 구절   신명기 5장 1절

모세가 온 이스라엘을 불러 그들에게 이르되 이스라엘아 오늘 내가 너희 귀에 말하는 규례와 법도를 듣고 그것을 배우며 지켜 행하라

사람이 모인 곳은 어디든지 규칙과 법이 있습니다. 취미 동호회를 가더라도 서로 지켜야 하는 규칙이 있습니다. 회사도 내규라는 규칙이 있습니다. 국가는 모든 국민이 지켜야 하는 법이 있습니다. 국가의 법은 민족의 역사와 정신에 대한 설명부터 구체적인 세부 법까지 만들어져 있습니다. 국민은 법을 지키며 안전과 평안을 누리게 됩니다.

　그러면 세례를 받고 하나님의 자녀가 된 백성이 지켜야 하는 법은 무엇일까요? 가장 잘 요약된 말씀이 십계명입니다. 성경책 제일 앞에 사도신경, 십계명, 주기도문이 있습니다. 이 세 가지는 오래된 기독교 핵심 교리로서 사도신경을 통해서 그리스도인은 무엇을 믿는가, 십계명을 통해서 어떻게 행해야 하는가, 주기도문을 통해서 어떻게 기도해야 하는가에 관한 핵심적인 교리를 담고 있습니다. 십계명은 성경에 나온 많은 그리스도인의 윤리를 매우 잘 요약한 하나님의 말씀입니다. 십계명은 출애굽기 19장부터 나오는 시내산 언약에서 주어졌습니다. 시내산 언약은 하나님은 유목민이었던 이스라엘 민족에게 왕이 되시고, 이스라엘 민족은 하나님의 백성이 되며, 그 나라 백성이 지켜야 하는 법을 내려주신 언약입니다. 애굽에서 구원해 내었기에 하나님에게 속한 백성이었습니다.

　출애굽기 20장 2절 말씀을 함께 읽어 봅시다.

　"나는 너를 애굽 땅, 종 되었던 집에서 인도하여 낸 네 하나님 여호와니라."

십계명에 요약된 하나님의 나라에 속한 백성이 지켜야 하는 법은 구원에 대한 증거이자, 감사로 지켜야 하는 법이었습니다. 나라 없는 백성에게 창조주 하나님께서 왕이 되어 주시고 내려 주신 법이기 때문입니다.

오늘 예배하면서, 우리에게 십계명을 허락하신 하나님께 감사합시다. 십계명은 구원의 은혜를 얻게 된 백성이 감사로 지켜야 하는 법이라는 사실을 기억합시다. 십계명을 소중히 여기고 잘 지킬 수 있기를 위해서 기도합시다.

❖ **92문: 하나님의 율법이 무엇입니까?**

❖ **답:** 하나님께서는 다음과 같이 말씀하셨습니다(출 20:2-17; 신 5:6-21).

> "나는 너를 애굽 땅, 종 되었던 집에서 인도하여 낸 너의 하나님 여호와로라."
>
> 제1계명: "너는 나 외에는 다른 신들을 네게 있게 말지니라."
>
> 제2계명: "너를 위하여 새긴 우상을 만들지 말라."
>
> 제3계명: "너는 너의 하나님 여호와의 이름을 망령되이 일컫지 말라."
>
> 제4계명: "안식일을 기억하여 거룩히 지키라."
>
> 제5계명: "네 부모를 공경하라."
>
> 제6계명: "살인하지 말지니라."
>
> 제7계명: "간음하지 말지니라."
>
> 제8계명: "도둑질하지 말지니라."
>
> 제9계명: "네 이웃에 대하여 거짓 증거 하지 말지니라."
>
> 제10계명: "네 이웃의 집을 탐내지 말지니라."

🌱 기도하기

하나님 아버지, 우리를 하나님 나라의 백성으로 삼아 주셔서 감사드립니다. 우리가 십계명을 앞으로 더욱 잘 배우고, 십계명이 명하는 바에 따라서 하나님의 자녀답게 살 수 있도록 도와주시옵소서.

chapter 093

십계명은 어떻게 나누어집니까?

✤ 찬송   218장(네 맘과 정성을 다하여서)
✤ 주제 구절   누가복음 10장 27절

대답하여 가로되 네 마음을 다하며 목숨을 다하며 힘을 다하며 뜻을 다하여 주 너의 하나님을 사랑하고 또한 네 이웃을 네 몸과 같이 사랑하라 하였나이다

우리는 예수님을 영접하고 세례를 통해서 새로운 사람이 되었습니다. 세례는 예수님 안에서 하나님의 법에 따라서 새로운 인생을 살겠다고 다짐하는 의식입니다. 새사람은 이제 육신의 욕심을 따라 살거나, 세상의 가치를 좇는 것이 아니라, 하나님께서 말씀하신 법을 따라서 살게 됩니다. 성령님께서 우리 안에 내주하시며 새로운 삶을 사는 힘과 의지를 더해 주셔서 말씀대로 선하게 살고자 하는 능력을 더해 주십니다.

그러면 새사람은 어떤 법을 지키며 살아야 합니까? 가장 잘 요약된 말씀이 십계명입니다. 십계명은 새사람이 구원에 대한 감사로 지키며 살아내는 법입니다. 십계명은 두 가지로 요약할 수 있습니다. 예수님은 하나님의 백성들이 지켜야 하는 모든 율법을 이 두 가지로 요약할 수 있다고 말씀하셨습니다.

마태복음 22장 37-40절 말씀을 함께 읽어 보겠습니다.
"예수께서 가라사대 네 마음을 다하고 목숨을 다하고 뜻을 다하여 주 너의 하나님을 사랑하라 하셨으니 이것이 크고 첫째 되는 계명이요 둘째는 그와 같으니 네 이웃을 네 몸과 같이 사랑하라 하셨으니 이 두 계명이 온 율법과 선지자의 강령이니라."

십계명을 둘로 요약할 수 있습니다. 하나님에 대한 사랑과 이웃에 대한 사랑입니다.

하나님에 대한 사랑은 1계명에서 4계명까지입니다. 이웃에 대한 사랑은 5계명에서 10계명까지입니다. 하나님에 대한 사랑과 이웃에 대한 사랑은 다르지 않습니다. 하나님을 진심으로 사랑하면 자연스럽게 이웃을 불쌍히 여기며 사랑하게 됩니다. 왜 그럴까요?

하나님은 우리에게 지극한 사랑을 보여 주셨습니다. 독생자 아들까지 우리의 죄를 위해서 십자가에 내어 주시며 우리에게 영원한 생명을 주셨습니다. 하나님을 알지도 못하던 우리를 예수님을 믿는 믿음 때문에 하나님의 자녀로 인정해 주셔서 우리는 영원토록 하나님의 보호와 은혜 아래 살아갑니다. 우리가 하나님께 받은 사랑은 측량할 수 없는 무한한 사랑입니다. 지극히 높은 사랑을 깨달을 때 무한한 감사를 올려드리며 그 사랑으로 힘들고 어려운 고난을 이길 뿐만 아니라, 예전 우리처럼 하나님을 알지 못했던 누군가를 보게 될 때 동일하게 불쌍히 여기고 사랑을 베풀게 됩니다. 하나님은 사랑이시므로 사랑을 아는 사람은 하나님의 사랑을 닮아갑니다. 그래서 하나님에 대한 사랑은 이웃에 대한 사랑으로 나타납니다.

오늘 예배하면서, 우리에게 베풀어 주셨고 지금도 베풀고 계시는 사랑을 더욱 깊이 알기를 위해서 기도합시다. 우리 안에 하나님의 사랑이 더욱 충만해져서 어렵고 힘든 가운데 있는 이웃을 위해서 사랑으로 수고하고 긍휼로 도울 수 있는 마음을 달라고 기도합시다.

✤ **93문: 십계명은 어떻게 나뉩니까?**
✤ **답:** 두 부분으로 나뉩니다. 처음 부분은 하나님에 대한 우리의 태도를 가르치며, 둘째 부분은 이웃에 대한 우리의 의무를 가르칩니다.

🌱 **기도하기**

하나님 아버지, 우리를 위해서 독생자 예수님까지 십자가에 내어 주신 사랑을 더욱 깊이 알기를 원합니다. 그 사랑 안에서 살게 하시고 그 사랑으로 가족과 이웃을 위해 기도하고 사랑의 수고와 헌신을 할 수 있도록 도와주시옵소서.

chapter 094

첫 번째 계명에서 하나님이 원하시는 건 무엇입니까?

✤ 찬송 314장(내 구주 예수를 더욱 사랑)

✤ 주제 구절 여호수아 23장 11절

그러므로 스스로 조심하여 너희 하나님 여호와를 사랑하라

음식점 중에서 "원조"라는 말이 붙은 곳이 많습니다. 원조 감자탕이라고 한다면 감자탕을 세상에서 처음으로 시작했다는 뜻입니다. 원조라는 말을 사용하는 감자탕집이 하나면 좋지만, 많은 음식점들이 원조라는 말을 씁니다. 이 중에서 진짜 원조는 하나입니다.

이처럼 세상에는 수많은 신이 존재합니다. 이 중에서 진짜 신은 하나일까요? 아니면 숫자만큼 많이 존재할까요? 진짜 신은 하나입니다. 성경은 하나님 외에 다른 신들은 모두 가짜라고 말씀하고 있습니다. 왜 그럴까요? 인간의 죄성 때문에 그렇습니다. 인간은 죄로 인해서 마음과 생각과 이성에 문제가 생겼습니다. 인간 이성의 오류는 과학적 진리에서 발견됩니다. 뛰어난 이론과 법칙이라도 시간이 지나면서 오류가 발견되고 새로운 과학적 진리는 계속해서 다시 나옵니다. 왜냐하면 인간의 이성도 타락으로 인해서 완전하지 않고 오류가 많기 때문입니다. 이러한 인간의 이성으로 신을 찾아도, 인간의 이성이 완전하지 않기 때문에 오류가 많은 불완전한 신일 수밖에 없습니다. 진짜 하나님께서 스스로 드러내 보여 주시지 않으면 인간은 완전한 신을 발견할 수 없습니다. 하나님께서 성경을 통해서 스스로 드러내 주시는 계시만을 통해서 우리는 참된 하나님을 알 수 있습니다.

출애굽기 20장 3절을 함께 읽어 봅시다.

"너는 나 외에는 다른 신들을 네게 있게 말지니라."

하나님께서 성경을 통해서 우리에게 스스로를 알려주지 않으셨다면, 완전하고 전능하시며 창조주인 하나님을 영원히 알 수 없습니다. 하나님께서 우리에게 성경 말씀으로 참신이 누구인지 계시로 드러내 보여 주셨습니다. 우리가 말씀을 읽고 들으면서 깨닫는 마음까지 허락해 주셨습니다.

오늘 예배하면서, 세상은 수많은 신들과 종교들 가운데서 참된 하나님을 알게 해주시고 진리를 아는 빛을 비추어 주신 하나님께 감사합시다. 오직 살아계신 한 분 하나님만을 더욱 의지하며 하나님의 사랑과 거룩을 알아가도록 지혜를 구합시다.

✤ **94문: 제1계명에서 하나님께서 요구하시는 것은 무엇입니까?**

✤ **답:** 내 영혼의 구원과 복이 매우 귀한 것이기 때문에 나는 온갖 우상숭배, 마술과 점치는 일과 미신, 성인(聖人)이나 다른 피조물에게 기도하는 것을 피하고 멀리해야 합니다. 더 나아가 유일하고 참되신 하나님을 바르게 알고 그분만을 신뢰해야 하며, 모든 겸손과 인내로 그분에게만 복종하고, 모든 좋은 것들을 오직 그분에게서만 기대하며, 마음을 다하여 그분을 사랑하고 경외하며 그분만 섬겨야 합니다. 그러하므로 지극히 작은 일이라도 하나님의 뜻을 거슬러 행하기보다는 오히려 모든 피조물을 포기합니다.

🏅 **기도하기**

하나님 아버지, 우리에게 깨닫는 마음을 허락하셔서 성경에 기록된 말씀으로 하나님을 믿을 수 있는 지혜를 허락해 주셔서 감사드립니다. 하나님만 경배하고 영광을 돌리는 삶을 살 수 있게 도와주시옵소서.

chapter 095

우상숭배는 무엇입니까?

✤ 찬송   315장(내 주 되신 주를 참 사랑하고)
✤ 주제 구절   마태복음 6장 24절
한 사람이 두 주인을 섬기지 못할 것이니 혹 이를 미워하며 저를 사랑하거나 혹 이를 중히 여기며 저를 경히 여김이라 너희가 하나님과 재물을 겸하여 섬기지 못하느니라

남자와 여자가 결혼할 때 사랑의 언약을 맺습니다. 죽을 때까지 남편은 아내를, 아내는 남편만을 사랑하겠다는 언약입니다. 하나님께서 짝지워 주신 이성을 평생 사랑하고 봉사하고 섬기며 살겠다고 약속합니다. 상대를 향한 사랑을 어느 누구와도 나누지 않겠다고 다짐을 합니다.

하나님은 우리를 너무나 사랑하셔서 예수님을 통해서 언약을 맺으셨습니다. 하나님은 우리를 독생자 아들을 내어 주기까지 사랑하셨습니다. 우리가 하나님의 사랑을 깨닫게 될 때 영원토록 하나님을 사랑하고 경배하게 됩니다. 우리가 하나님보다 사랑하는 것이 있다면, 하나님은 기뻐하지 않으십니다. 우리를 위해 최고의 사랑을 보여 주셨다면, 우리는 평생 그 사랑에 응답하며 살 수 있어야 합니다.

십계명 중에서 2계명은 하나님보다 사랑하는 것을 금지하는 계명입니다. 하나님보다 사랑하는 모든 것이 우상숭배입니다. 성경에서 우상은 눈에 보이는 형상뿐만 아니라, 욕심이나 권력이나 성공도 우상이 될 수 있다고 말씀합니다.

골로새서 3장 5절을 함께 읽어 봅시다.
"그러므로 땅에 있는 지체를 죽이라 곧 음란과 부정과 사욕과 악한 정욕과 탐심이니 탐심은 우상숭배니라."

우리가 이 땅에서 얻기를 원하는 목표가 있습니다. 열심히 목표를 향해서 달려가고 성실하게 일해야 하지만, 하나님보다 더 사랑하지 않도록 마음을 살펴야 합니다. 하나님보다 사랑하는 대상이 무엇이든 영원할 수 없습니다. 영원하지 않은 우상을 우리의 마음을 두게 될 때, 우리의 영혼은 힘들게 됩니다. 세상 사람들이 추구하고 간절히 얻기 원하는 모든 것들은 물안개와 같습니다. 우리와 영원히 함께 할 수 없습니다. 언젠가 모두 우리 곁을 떠나갑니다. 물질이나, 성공이나, 권력이나, 인기가 우리에게 영원한 기쁨과 안식을 줄 수 없습니다. 우리의 마음을 영원하며 변하지 않으시는 하나님께 두고 하나님만을 경배하고 사랑할 때 참 평안과 영원한 안식이 있습니다. 오직 하나님께만 우리의 마음을 두는 것이 지혜입니다.

오늘 예배하면서, 우리의 마음을 어디에 두고 있는지 살펴봅시다. 하나님보다 사랑하는 대상이 있다면, 내려놓게 하시고 하나님을 가장 사랑할 수 있는 마음을 달라고 기도합시다. 우리의 마음 중심이 오직 하나님만을 향할 수 있도록 힘을 더해 달라고 기도합시다.

✤ **95문: 우상숭배란 무엇입니까?**

✤ **답:** 우상숭배란, 말씀으로 자신을 계시하신 유일하고 참되신 하나님 대신, 혹은 하나님과 나란히, 다른 어떤 것을 신뢰하거나 고안하여 소유하는 것입니다.

🌱 **기도하기**

하나님 아버지, 우리가 얻기를 원하는 대상에 마음을 빼앗기지 않게 도와주시옵소서. 성실과 정직으로 최선을 다하되, 하나님보다 사랑하지 않도록 도와주시옵소서. 오직 하나님만 사랑하고 하나님께 우리의 마음을 드릴 수 있도록 힘과 의지를 더해 주시옵소서.

chapter 096

두 번째 계명에서 하나님이 원하시는 건 무엇입니까?

❖ 찬송   9장(하늘에 가득 찬 영광의 하나님)

❖ 주제 구절   신명기 16장 22절

자기를 위하여 주상을 세우지 말라 네 하나님 여호와께서 미워하시느니라

1계명이 세상의 만들어진 신들과 참된 하나님의 문제라고 한다면, 2계명은 한 분 하나님을 어떻게 예배할 것인가의 문제입니다. 1계명은 예배의 대상에 대한 주제이고, 2계명은 예배의 방법에 대한 주제입니다.

하나님께서 우리에게 예배의 방법을 구체적으로 말씀해 주신 이유는 우리가 아직 죄의 오염 가운데 있기 때문에 하나님 나라의 백성이 되었다고 하더라도, 시험과 유혹에 의해 잘못된 방식으로 예배할 수 있기 때문입니다. 출애굽기 32장에 따르면 모세가 시내산에 올라가 내려오지 않자, 아론은 백성들로부터 금장식을 모아 금송아지를 만들고 나서 외칩니다. 이것이 바로 애굽에서 우리를 구원한 하나님이라고 말합니다. 금송아지는 애굽에서 섬기는 신이었습니다. 그런데 아론은 이것이 하나님이라고 외칩니다. 아론은 하나님에 대해서 고백했지만, 바른 방법이 아니었습니다. 하나님은 진노하셔서 벌을 내리셨습니다.

이처럼 하나님께서 구체적으로 알려주지 않으시면, 하나님 백성이라도 죄의 성향이 남아 있기때문에 잘못된 방식으로 하나님을 예배할 수 있고, 복음이 전해지는 곳마다 각자의 문화와 습관으로 인해 다양한 예배 방식이 생겨날 수도 있었습니다. 그래서 하나님은 무지한 우리를 위해서 하나님을 섬기고 하나님과 교제할 수 있는 방식을 매우 구체적으로 알려주셨습니다. 출애굽기와 레위기를 통해 성막 만드는 방식을 세심하게 말씀해 주시고, 성막에서 예배로 섬기는 사람들의 태도와 복장과 예물과 절기까지 매우 상세

하게 알려주시는데, 그러신 이유는 타락한 세상에서 인간이 하나님을 섬기는 방법을 모르기 때문입니다. 하나님을 바르게 알고 하나님을 바르게 예배할 때, 하나님 백성은 세상의 유혹과 시험을 이기고 이 땅에서 거룩한 자녀로 살아갈 수 있습니다. 이스라엘 민족이 광야와 가나안에서 강력한 적군들을 이기고 복을 누릴 수 있는 이유는 이스라엘 민족의 경제력이나, 군사력 때문이 아니었습니다. 하나님을 바르게 예배할 때, 하나님은 백성 가운데 거하시며, 백성들의 왕으로서 보호하시고 통치하시며 열방을 향한 제사장 나라의 비전을 성취할 수 있었습니다. 예배의 방법은 교회 역사를 거쳐 오면서, 종교개혁에서 예배 모범으로 만들어졌습니다. 지금 교회에서 드리는 예배의 모든 순서는 2계명에 따라서 오랜 교회 역사 가운데서 형성된 성경적 방법입니다.

요한복음 4장 24절 말씀을 함께 읽어 봅시다.
"하나님은 영이시니 예배하는 자가 신령과 진정으로 예배할지니라."

오늘 예배하면서, 우리에게 하나님을 바르게 예배할 수 있는 방법을 알려주신 은혜를 감사합시다. 인간의 생각으로 만든 예배 의식이 아니라, 하나님께서 제정해 주신 의식에 따라 하나님을 바르게 섬길 수 있게 도와주신 은혜에 감사합시다. 교회의 예배 형식은 하나님께서 세우신 방식이므로 예배의 모든 순서에 경외하는 마음으로 참여하기를 기도합시다.

✤ **96문: 제2계명에서 하나님께서 원하시는 것은 무엇입니까?**
✤ **답:** 어떤 형태로든 하나님을 형상으로 표현하지 않는 것이고, 하나님이 그의 말씀에서 명하지 아니한 다른 방식으로 예배하지 않는 것입니다.

🌱 기도하기
하나님 아버지, 영으로 계신 하나님을 경외하는 마음으로 정한 순서에 따라 정성을 다해 예배할 수 있도록 도와주시옵소서. 우리와 항상 함께하시는 하나님께 기도하기에 힘쓸 수 있도록 의지를 더해 주시옵소서.

chapter 097

어떤 형상도 만들면 안 됩니까?

✤ 찬송   42장(거룩한 주님께)
✤ 주제 구절   이사야 40장 25절
거룩하신 자가 가라사대 그런즉 너희가 나를 누구에게 비기며 나로 그와 동등이 되게 하겠느냐 하시느니라

성경에서 하나님은 보이지 않는 영이라고 말씀하고 있습니다. 하나님은 왜 영으로 존재하실까요? 하나님은 예수님을 영접한 모든 자녀들과 함께 계시고, 온 우주 만물을 주관하시며 통치하시고, 어제와 오늘과 내일도 계신 분이기 때문입니다. 우리가 하나님의 존재를 완전히 이해하기는 불가능합니다. 우리를 지으신 하나님의 지혜와 능력을 인간의 지혜로 측량할 수 없기 때문에 하나님을 모두 알 수 없습니다. 단지 성경에서 계시한 말씀으로만 어느 정도 알 수 있을 뿐입니다.

　인간의 지식은 아직도 바닷가 해변에 모래알을 헤아리는 어린아이에 불과합니다. 사랑과 은혜가 충만하시고 지혜와 능력이 무한하신 하나님은 영으로 계십니다. 영으로 계시기에 보이지 않으시지만 어디에나 계시고 믿음을 가진 자녀들의 모든 일거수일투족을 아시며 섭리하시고 통치하십니다. 하나님을 어떤 형상으로 만들지 말아야 하는 중요한 이유는, 창조주 하나님을 인간의 너무나 작은 지식과 감각 속에 가두는 일이기 때문입니다. 또한 하나님을 한낱 피조물로 생각하고 인간의 좁은 이해와 인식 속에 가두고 인간의 타락한 부패성으로 하나님을 제한하기 때문입니다. 하나님은 어떤 형상이나 그림이나, 물건으로 표현될 수 없습니다. 하나님을 피조물로 제한하는 순간 하나님은 어디에나 계실 수 없고, 누구에게나 함께하실 수 없게 됩니다. 시간과 공간과 눈에 보이는 것과 보이지 않는 것을 창조하신 하나님은 어떤 형상으로도 표현될 수 없습니다. 하나

님은 영이시므로 오직 믿음으로 경외하는 마음을 가지고 말씀을 배울 때 비로소 조금 알게 됩니다.

시편 103편 19절 말씀을 함께 읽어 봅시다.
"여호와께서 그 보좌를 하늘에 세우시고 그 정권으로 만유를 통치하시도다."

하나님은 영이시므로 어디에나 무엇을 하든 우리와 함께하십니다. 이것은 마치 뱃속에 갓난 아이가 태어나기 전까지, 엄마의 모습을 볼 수 없지만, 엄마의 심장 소리를 느끼고, 엄마의 목소리를 들으며 안심하는 것과 같습니다. 우리가 지금 볼 수 없다고 하나님이 없는 것은 결코 아닙니다. 성령님은 말씀으로 우리에게 가르쳐 주시며, 지금도 말할 수 없는 탄식으로 우리를 위해 친히 하나님께 간구하고 계십니다.

오늘 예배하면서, 영으로 함께 하고 계신 하나님께 감사합시다. 하나님이 없는 것처럼 느껴지는 순간에도 하나님은 우리를 지켜보시며 통치하고 다스리며 섭리하고 계심을 믿읍시다. 우리에게 믿음을 더해 주셔서, 힘들고 어려운 순간에 위로와 평안을 더해 주시길 기도합시다.

✤ **97문: 그렇다면 어떤 형상도 만들면 안 됩니까?**
✤ **답:** 하나님은 어떤 형태로든 형상으로 표현될 수 없고, 표현해서도 안 됩니다. 피조물은 형상으로 표현할 수 있으나, 그것에 경배하기 위해 또는 하나님께 예배하는 데 사용하기 위해 형상을 만들거나 소유하는 일은 금하셨습니다.

🌱 기도하기

하나님 아버지, 영으로 계셔서 우리와 함께해 주셔서 감사드립니다. 우리가 무엇을 하든지, 어디에 있든지 보호하시고 통치하시고 섭리해 주셔서 감사드립니다. 두려운 순간에 놓일지라도 영으로 함께 하시는 하나님 안에서 참 평안을 얻을 수 있도록 도와주시옵소서.

chapter 098

형상을 좋은 목적으로 사용해도 안 됩니까?

✤ 찬송　202장(하나님 아버지 주신 책은)

✤ 주제 구절　하박국 2장 18절

새긴 우상은 그 새겨 만든 자에게 무엇이 유익하겠느냐 부어 만든 우상은 거짓 스승이라 만든 자가 이 말하지 못하는 우상을 의지하니 무엇이 유익하겠느냐

유럽 중세시대에 거대한 성당이 세워졌습니다. 지금도 성당 안에 가면, 역사적으로 유명한 그림이 벽과 창문에 그려져 있습니다. 어떤 성당에는 예수님의 제자나 신학자의 유골까지 성물로 여기고 경배하는 일까지 있습니다. 프랑스 노트르담 대성당에서는 세례 요한의 두개골 뼈라고 하며 숭배하는 일까지 있었습니다. 또한 마리아를 비롯한 수많은 성경 인물의 동상을 만들고 그 앞에서 기도까지 합니다. 왜 중세시대 로마가톨릭은 성경의 진리를 눈에 보이는 형상과 그림과 조각으로 표현했을까요? 중세시대 교회의 타락과 깊은 관련이 있습니다.

교회 성직자가 타락하고 교회의 재산이 모이며 국가 권력의 힘보다 교회 권력이 강해지면서, 고난과 핍박 가운데서 오직 믿음으로 살던 신앙이 사라지게 됩니다. 교회는 오직 믿음 대신에 종교행사와 이벤트와 각종 숭배를 통해서 어려운 농민들의 믿음을 이용해 타락한 교회의 재산을 불렸습니다. 믿음이 사라진 교회에 세상적인 이익과 종교심을 이용한 장사만 남게 되어, 눈에 보이는 형상과 그림과 조각상 등의 숭배로 신앙이 변질되기 시작했습니다.

그러나 성경은 하나님의 진리의 말씀을 오직 글로 기록하고 있습니다. 하나님은 왜 성경을 그림책으로 주지 않으시고 언어로 된 형태로만 주셨을까요? 왜 어떤 형상이나 그림조차도 금지하셨을까요? 성경의 깊은 진리는 인간의 모든 이성과 생각을 동원해도

모두 이해하기 어렵습니다. 그림과 조각으로 성경을 표현하면 성경의 깊은 진리의 말씀을 인간의 오감을 통한 자극으로 인식하게 만들어 생각과 이해를 통한 가치관과 인격과 내면의 변화를 이끌지 못합니다. 성경 말씀을 오직 언어로 주신 이유는 우리가 깊이 생각하고, 이해하며, 세속적인 신념과 가치가 거룩한 말씀으로 변화되어 인생의 신념이 되고, 인생의 철학이 되어 하나님의 진리 위에 전인격적인 거룩을 이루기 위해서입니다.

로마서 10장 17절 말씀을 함께 읽어 봅시다.
"그러므로 믿음은 들음에서 나며 들음은 그리스도의 말씀으로 말미암았느니라."

믿음은 그림이나 시청각 자료나 영상으로 생길 수 없습니다. 귀로 듣고 마음으로 이해하고 생각을 통해 우리의 신념과 가치로 자리를 잡게 될 때 비로소 하나님의 말씀대로 살고자 하는 의지와 힘과 능력을 더해 주십니다. 믿음을 이루기 위한 모든 이성적 과정도 성령님의 도우심으로 이루어집니다.

오늘 예배하면서, 성경 말씀을 잘 듣고 마음으로 잘 이해할 수 있기를 위해서 기도합시다. 그림이나 형상을 통한 자극보다, 듣고 이해를 통해 마음에 말씀이 새겨지기를 위해서 기도합시다. 마음에 새겨진 인생의 교리가 될 때, 우리는 말씀으로 역경과 고난을 해석할 뿐만 아니라, 말씀으로 우리의 삶을 바라볼 수 있게 됩니다.

✤ **98문: 그렇다면 교회에서는 "평신도를 위한 책"으로서 형상들을 허용해서도 안 됩니까?**
✤ **답:** 그렇습니다. 우리는 하나님보다 더 지혜로운 체해서는 안 됩니다. 하나님께서는 그의 백성들이 말못하는 우상을 통해서가 아니라 그의 말씀에 대한 살아 있는 강설을 통해 가르침 받기를 원하십니다.

🎖 **기도하기**
하나님 아버지, 우리에게 글로 된 말씀으로 진리를 전해 주셔서 감사드립니다. 하나님을 형상과 그림으로 믿지 않게 하시고, 오직 진리의 말씀을 따라서 마음에 기록해 말과 행위로 드러날 수 있게 도와 주시옵소서.

chapter 099

세 번째 계명에서 하나님이 원하시는 건 무엇입니까?

❖ 찬송   212장(겸손히 주를 섬길 때)

❖ 주제 구절   시편 29편 2절

여호와의 이름에 합당한 영광을 돌리며 거룩한 옷을 입고 여호와께 경배할지어다

결혼을 앞둔 예비 신랑 신부는 서로의 부모님께 인사를 드리러 갑니다. 처음으로 만나는 장소로 갈 때 몸가짐을 단정하게 합니다. 입고 갈 옷에 신경을 쓰고 화장이나 머리도 정성을 들입니다. 사랑하는 상대의 부모님을 존중하고 소중하게 생각하는 마음이 있기 때문입니다.

　1계명이 예배의 대상, 2계명이 예배의 방법이라면, 3계명은 예배의 태도에 대한 말씀입니다. 우리가 하나님을 예배할 때 경외하는 마음으로 나갑니다. 우리를 너무나 사랑하시고 우리를 위해서 놀라운 은혜를 베푸신 하나님의 이름을 부르며 찬양하고 말씀을 듣는 예배의 자리는, 세상에서 어떤 만남보다 귀하고 엄중합니다. 하나님께서는 예배하는 자를 위해서 예배에 어떤 모습으로 나오고 어떤 방법으로 하나님을 예배해야 하는지 말씀해 주셨습니다. 예배의 구체적인 순서와 방법뿐만 아니라, 예배자의 마음도 잘 준비되어야 합니다. 아무리 순서와 방식을 잘 갖추었다고 하더라도, 하나님에 대한 진실한 믿음과 경외하는 마음 없이 드리는 형식적인 예배는 하나님께서 받으시지 않습니다.

　시편 51편 17절 말씀을 함께 읽어 봅시다.

　"하나님께서 구하시는 제사는 상한 심령이라 하나님이여 상하고 통회하는 마음을 주께서 멸시하지 아니하시리이다."

예배뿐만 아니라, 하나님의 이름을 부르며 기도할 때나 하나님의 이름으로 간증과 신앙을 고백할 때도 살아계신 하나님을 믿고 경외하며, 두려운 마음을 가져야 합니다. 우리가 정말 존경하는 분을 생각하면 그분의 이름을 장난삼아 부르지 않습니다. 하나님에 대한 믿음과 고백은 진중한 태도와 언어와 마음으로 드러납니다. 하나님을 진실로 사랑한다면, 하나님의 이름을 함부로 부를 수 없습니다. 하나님은 지극한 존귀와 거룩과 영광을 가진 분으로 우리를 향한 사랑을 지금도 앞으로도 보여 주십니다.

오늘 예배하면서, 하나님 아버지라고 부를 때 지금 나와 함께하셔서 모든 기도를 듣고 계시며 응답하기를 기뻐하신다는 마음을 가질 수 있도록 기도합시다. 하나님에 대한 깊은 확신으로 우리의 소원과 형편을 아뢰기를 위해서 기도합시다. 하나님은 응답하시기를 기뻐하십니다.

❖ **99문: 제3계명에서 하나님께서 원하시는 것은 무엇입니까?**

❖ **답:** 우리가 저주나 거짓 맹세, 또는 불필요한 서약으로 하나님의 이름을 욕되게 하거나 잘못 사용하지 않는 것이며, 더 나아가 침묵하는 방관자가 되어 그러한 두려운 죄에 참여하지 않는 것입니다. 오히려 하나님의 거룩한 이름을 두려워하고 존경하는 마음으로만 사용하여, 우리가 하나님을 바르게 고백하고 부르며 우리의 모든 말과 행실에서 그분이 영광을 얻도록 하는 것입니다.

🌱 **기도하기**

하나님 아버지, 지금도 살아계셔서 우리를 사랑하시고 은혜를 베풀어 주셔서 감사드립니다. 하나님 앞에 나와 예배하고 기도할 때마다 진실한 마음으로 우리의 모든 것을 아뢸 수 있는 믿음을 허락해 주시옵소서.

chapter 100

다른 사람이 하나님의 이름을 욕되게 하면 어떻게 해야 합니까?

✤ 찬송   586장(어느 민족 누구게나)

✤ 주제 구절   레위기 24장 16절

여호와의 이름을 훼방하면 그를 반드시 죽일지니 온 회중이 돌로 그를 칠 것이라 외국인이든지 본토인

이든지 여호와의 이름을 훼방하면 그를 죽일지니라

우리가 다른 사람에게 부모님의 존함을 알려드릴 때, 한 글자씩 말합니다. "저희 아버지 존함은 홍자, 길자, 동자이십니다."라고 말합니다. 왜 이렇게 한 글자씩 나누어 말할까요? 존경하고 귀한 분이기 때문입니다. 부모님의 존함으로 함부로 장난을 치지도 않습니다. 나를 낳아주시고 길러 주신 너무나 귀하고 감사한 분이기 때문입니다.

하나님의 이름도 그렇습니다. 하나님의 이름은 너무나 존귀합니다. 전능하시며 우주 만물을 창조하신 분입니다. 우리에게 독생자 아들을 내어 주시기까지 무한한 사랑을 베풀어 주셨습니다. 이러한 하나님의 이름을 장난처럼 불러도 될까요? 만약에 쉽게 부르고 장난처럼 부른다면, 하나님에 대한 믿음이 없거나, 하나님을 모르는 사람이라고 할 수 있습니다. 하나님의 이름을 존귀하게 여기고, 하나님의 이름을 소중하게 생각하는 이유는 하나님이 얼마나 높으시고 경배받으시기에 합당한 분인지 알기 때문입니다.

시편 29편 2절 말씀을 함께 읽어 봅시다.

"여호와께 그의 이름에 합당한 영광을 돌리며 거룩한 옷을 입고 여호와께 예배할지어다."

하나님께서 우리의 구원을 위해서 하신 모든 일은 하나님의 이름에 담겨 있습니다.

성경에 엘로힘부터 여호와 이레, 여호와 라파와 같이 많은 하나님의 이름이 표현된 이유는 하나님께서 그만큼 우리를 위해서 하신 일이 많다는 뜻입니다. 하나님께서 하신 놀라운 일에 대해서 믿음으로 받아들인다면, 하나님의 이름을 소중히 여기지 않을 수 없습니다. 너무나 높으신 이름이기에, 구약시대 때 성경을 필사하는 서기관들은 하나님의 이름이 나올 때마다 몸을 씻고 와서 이름을 필사할 정도였습니다.

오늘 예배하면서, 우리가 하나님의 이름을 믿는 마음으로 부르고 있는지 돌아봅시다. 하나님은 우리의 아버지이십니다. 하나님 아버지의 이름을 경외하고 믿는 마음으로 다시 한번 불러 봅시다. 기도하면서 하나님의 이름을 부르게 될 때, 오늘 나의 기도를 응답하시고, 나의 모든 생사화복을 주장하고 섭리하시는 분이라는 사실을 믿는 마음으로 부릅시다.

✤ 100문: 맹세나 저주로 하나님의 이름을 욕되게 하는 것은 그들이 할 수 있는 대로 그러한 죄를 막거나 금하지 못한 사람들에게까지 하나님께서 진노하실 정도로 중대한 죄입니까?
✤ 답: 진실로 그렇습니다. 하나님의 이름을 욕되게 하는 것보다 더 크고 하나님을 진노케 하는 죄는 없습니다. 따라서 하나님께서는 이 죄를 사형으로 벌하라 명하셨습니다.

🌱 기도하기

하나님 아버지, 우리에게 존귀한 그 이름을 알려 주셔서 감사드립니다. 하나님 앞에 나올 때마다 믿고 경외하는 마음으로 나와 하나님의 이름을 부를 수 있도록 도와주시옵소서. 혹여 형식적으로 부르거나 생각 없이 부르지 않게 하시고, 마음을 모아 진실한 마음으로 불러 우리의 형편을 아뢰고, 하나님 나라와 교회를 위해서 기도하는 마음을 허락해 주시옵소서.

chapter 101

하나님의 이름으로 할 수 있는 맹세는 없습니까?

✤ 찬송   502장(빛의 사자들이여)

✤ 주제 구절   신명기 6장 13절

네 하나님 여호와를 경외하며 섬기며 그 이름으로 맹세할 것이니라

결혼을 할 때 신랑과 신부는 주례자 앞에서 맹세합니다. 앞으로 죽을 때까지 한 사람만 사랑하고 존경하며 서로 봉사하겠다고 손을 들고 다짐합니다. 많은 하객들이 증인으로 신랑 신부의 맹세가 잘 지켜지는지 보게 됩니다. 맹세는 진실한 고백에 대한 확고한 의지입니다. 만일 부부의 약속을 깬다면 거짓된 맹세이며 사랑의 언약에 참여한 모든 증인에게 거짓말을 하는 죄입니다. 맹세는 꼭 지키겠다는 공개적인 다짐입니다.

맹세는 결혼뿐만 아니라, 국가나 교회 앞에서 할 수 있습니다. 성경은 맹세를 부정하지 않습니다. 마태복음 5장 34절 이하와 야고보서 5장 12절에 따르면 맹세하지 말라는 말씀 때문에 그리스도인은 어떤 맹세도 해서는 안 되다고 가르치기도 합니다. 그러나 두 개의 본문은 맹세를 경솔하고 불필요하며 하나님의 이름을 가볍게 여기고 자기의 이익을 위해 맹세하는 죄에 대한 말씀입니다. 맹세는 하나님 앞에서 할 수 있고, 많은 사람들 앞에서도 할 수 있습니다. 맹세는 말하고 약속한 고백을 반드시 실천하려는 다짐입니다.

마태복음 5장 37절 말씀을 우리말성경으로 함께 읽어 봅시다.

"오직 너희 말은 옳다 옳다, 아니라 아니라 하라 이에서 지나는 것은 악으로 좇아 나느니라."

예수님을 믿는 우리가 맹세한 내용을 지키지 않을 때 하나님의 이름을 욕되게 할 수 있습니다. 우리는 하나님의 자녀이며 진실해야 하기 때문입니다. 3계명은 하나님의 이름을 부르는 우리가 항상 진실하고 맹세와 같은 약속을 잘 지켜야 할 것을 말하고 있습니다. 우리가 필요한 경우 맹세할 수 있습니다. 만일, 맹세를 못 지키는 실패가 있다면 진실로 회개하고 돌이켜 하나님 앞에서 최선의 노력과 의지를 다하는 것이 중요합니다.

오늘 예배를 드리면서, 우리의 약속이나 맹세에 대해서 잘 지키지 못한 경험이 있는지 돌아봅시다. 혹시 실패했다고 하더라도 회개하며, 우리의 연약을 돌아보는 기회로 삼아, 오직 은혜가 아니고서는 믿음으로 살 수 없다는 사실 앞에 겸손히 엎드리기 위해서 기도합시다.

✤ **101문**: 그러나 하나님의 이름으로 경건하게 맹세할 수는 있습니까?

✤ **답**: 그렇습니다. 국가가 국민에게 요구하는 경우, 혹은 하나님의 영광과 이웃의 복을 위하여 신뢰와 진리를 보존하고 증진시키는 데 꼭 필요한 경우에는 맹세할 수 있습니다. 그러한 맹세는 하나님의 말씀에 근거한 것이며, 그렇기에 구약과 신약의 성도들도 이것을 옳게 사용해 왔습니다.

🌱 **기도하기**

하나님 아버지, 신앙을 고백하고 믿음으로 살기로 다짐할 때 온마음을 다해 지킬 수 있게 도와 주시옵소서. 하나님의 이름을 부르며 다짐할 때 혹시 실패하더라도, 낙담치 않게 도와 주시고 다시 한 번 힘을 내어 존귀한 이름을 의지하며 거룩한 하나님의 자녀로 살기에 부족함이 없게 도와 주시옵소서.

chapter 102

다른 사람이나 피조물의 이름으로
맹세하면 안됩니까?

✤ 찬송 20장(큰 영광 중에 계신 주)

✤ 주제 구절 마태복음 5장 34절

나는 너희에게 이르노니 도무지 맹세하지 말지니 하늘로도 말라 이는 하나님의 보좌임이요

보이스피싱이라는 범죄가 있습니다. 전화로 경찰을 사칭해서 다른 사람의 돈을 빼앗는 범죄입니다. 이들은 자신을 경찰의 이름으로 사람들을 속여서 금융정보를 빼내거나 특정한 곳으로 돈을 이체하라고 요구합니다. 경찰의 이름으로 사람을 속이는 행위입니다.

하나님의 이름도 그렇습니다. 3계명은 하나님의 이름을 존귀하게 여기고, 진실하고 믿는 마음으로 하나님의 이름을 부르고 의지하라는 말씀입니다. 만약에 하나님의 이름으로 자신의 욕망을 이루거나, 하나님의 이름으로 다른 사람을 속이거나, 하나님의 이름으로 자기 영광을 추구한다면, 하나님께서 진노하십니다. 교회 역사를 보면, 하나님의 이름을 이용해서 종교적인 이익을 취한 일이 많습니다. 중세시대에 로마가톨릭은 오랫동안 하나님의 이름으로 전쟁에 사람을 동원하거나, 하나님의 이름으로 교회 재산을 불리고, 미신적인 기적을 위해서 사용했습니다. 지금도 하나님의 이름으로 이적을 행하거나 병을 고치는 일들이 있습니다. 이것은 하나님의 이름을 헛되이 사용하는 일입니다. 사도행전에 사도들이 예수님의 이름으로 병을 고치는 기사가 나오지만, 사도들은 신약시대 하나님의 특별한 계시를 받고 성경을 기록하던 그 시대에만 특별히 사용된 사역자들입니다. 지금은 특별계시가 끝나서, 더 이상 사도는 없습니다. 하나님의 뜻에 대한 계시는 이제 성경으로 끝이 났기 때문입니다.

야고보서 5장 12절 말씀을 함께 읽어 봅시다.

"내 형제들아 무엇보다도 맹세하지 말지니 하늘로나 땅으로나 아무 다른 것으로도 맹세하지 말고 오직 너희의 그렇다 하는 것은 그렇다 하고 아니라 하는 것은 아니라 하여 죄 정함을 면하라."

로마가톨릭은 천사나 마리아, 그리고 성자의 이름으로도 맹세할 수 있다고 가르치지만 성경적이지 않습니다. 어떤 이단은 하나님과 예수님의 이름으로 병을 고칠 수 있다고 하지만, 인간이 하나님의 이름을 사용해서 기적이 일어나는 것은 아닙니다. 하나님께서 특별하게 허락한 경우, 교회를 통해서 응답을 주시고, 특별한 기적을 보여 주십니다. 하나님의 이름을 바르게 사용하는 것은 경외하는 마음으로 기도할 때입니다. 때로는 기도를 통해서 우리의 간구와 소원을 예수님의 이름으로 아뢰고, 신앙적인 다짐을 고백할 때입니다. 특별히 하나님의 이름을 부를 때, 지금도 살아계시고 나의 앉고 일어섬과 마음의 생각까지도 아신다는 사실을 믿고 불러야 합니다. 그 이름 앞에서 경배와 찬양을 올리는 데 사용해야 합니다.

오늘 예배하면서, 우리가 하나님의 이름을 개인적인 이익이나 종교적인 자랑을 위해서 사용한 경우는 없는지 돌아봅시다. 하나님의 이름을 믿는 마음으로 부르며, 의지하는 마음으로 소원과 간구를 올려드립시다.

❖ **102문: 성인(聖人)이나 다른 피조물로도 맹세할 수 있습니까?**

❖ **답: 아닙니다.** 정당한 맹세는 오직 홀로 사람의 마음을 아시는 하나님을 불러, 진리에 대해 증인이 되어 주시며 내가 거짓으로 맹세할 때에 형벌하시기를 구하는 것입니다. 이러한 영예는 어떤 피조물에게도 돌아갈 수 없습니다.

🌱 **기도하기**

하나님 아버지, 하나님의 이름을 믿지 않는 마음으로 쉽게 부르거나 맹세하지 않도록 도와주시옵소서. 존귀하시며 신실하신 하나님을 두려워하는 마음으로 부르고 의지할 때, 응답해 주시고 우리의 삶을 인도해 주시길 원합니다.

chapter 103

네 번째 계명에서 하나님이 원하시는 건 무엇입니까?

✤ 찬송   43장(즐겁게 안식할 날)

✤ 주제 구절   레위기 23장 3절

엿새 동안은 일할 것이요 일곱째 날은 쉴 안식일이니 성회라 너희는 무슨 일이든지 하지 말라 이는 너희 거하는 각처에서 지킬 여호와의 안식일이니라

기념일은 역사적으로 중요한 날을 기억하기 위해서 특별히 정한 날입니다. 광복절, 삼일절, 제헌절 등이 그렇습니다. 하루를 쉬면서 기념일의 의미를 생각하고 모든 후손들이 대대로 기억하는 날입니다.

성경에도 많은 기념일들이 있습니다. 구약성경에는 유월절, 무교절, 오순절 등이 있습니다. 이 모든 절기는 우리를 위한 구원과 깊은 관련이 있습니다. 신약시대는 이런 절기는 모두 폐지되었고 하나의 날로 수렴이 되었습니다. 바로 주님의 날, 곧 주일입니다. 4계명에서 말하는 안식일은 신약시대에 주일을 의미합니다. 주일은 어떻게 만들어졌을까요?

본래 하나님께서 창조하실 때 7일째는 안식하셨습니다. 이때부터 주일이 생겼습니다. 구약시대는 이날을 안식일이라고 불렀고, 신약시대는 주일이라고 불렀습니다. 주일은 하나님이 쉬시고 안식하셨기 때문에 우리에게 안식하며 하나님을 예배하고 장차 우리가 누릴 영원한 안식을 소망하도록 말씀하셨습니다.

출애굽기 20장 8절을 함께 읽어 보겠습니다.

"안식일을 기억하여 거룩하게 지키라."

1계명이 예배의 대상, 2계명이 예배의 방법, 3계명이 예배의 태도라면, 4계명은 예배의 시간을 말씀합니다. 일주일 중에서 가장 중요한 날은 언제일까요? 일과를 시작하는 월요일인가요? 아닙니다. 주일입니다. 주일은 시간의 주인이 하나님이시며, 하나님께 예배하는 시간을 통해서 모든 만물이 하나님으로부터 시작되었다는 것을 고백하게 됩니다. 참된 안식은 오직 하나님 안에 있으며 예배를 통해서만 우리는 영원하고 참된 평안을 누리게 되리라는 사실을 알게 됩니다. 우리가 앞으로 가야 할 본향을 사모하며 이 땅에서 모든 수고와 고난에서 이길 힘과 능력과 지혜를 받게 됩니다. 주일의 안식을 통해서 영원한 안식을 소망하는 것입니다. 이 땅의 모든 것은 곧 지나가며, 마지막 때에 하나님께서 공의로 심판하시고, 사랑하는 자녀와 영원한 생명으로 왕 노릇할 수 있게 됩니다. 이것을 우리가 주일을 통해서 바라보게 됩니다.

오늘 예배하면서, 주일 예배를 더욱 소중하게 생각하고 잘 준비해서 하나님만을 경배하는 시간이 될 수 있기를 위해서 기도합시다. 주일을 허락하신 하나님께 감사하며 영혼과 육체의 쉬는 시간을 통해서 새 힘을 얻고 영원한 안식을 소망하도록 기도합시다.

❖ **103문: 제4계명에서 하나님께서 원하시는 것은 무엇입니까?**

❖ **답:** 첫째, 하나님께서는 말씀의 봉사와 그 봉사를 위한 교육이 유지되기를 원하시며, 특히 안식의 날인 주일에 내가 하나님의 교회에 부지런히 참석하여, 하나님의 말씀을 경청하고 성례에 참여하며 주님을 공적(公的)으로 부르고 가난한 자들에게 기독교적 자비를 행하기 원하십니다. 둘째, 나의 일생 동안 악한 일들을 그만두고, 주께서 그의 성령으로 내 안에서 일하시게 하며, 그럼으로써 영원한 안식이 이 세상에서부터 시작되기를 원하십니다.

🌱 **기도하기**

하나님 아버지, 우리에게 주일을 허락해 주셔서, 시간의 주인이시며 창조주이신 하나님만을 온전히 예배하고 섬길 수 있게 도와주셔서 감사드립니다. 주일을 통해 하나님을 전심으로 예배하게 도와주시고, 영원한 안식을 소망하며 이 땅의 모든 고난을 이길 수 있게 도와주시옵소서.

chapter 104

다섯 번째 계명에서 하나님이 원하시는 건 무엇입니까?

✤ 찬송   579장(어머니의 넓은 사랑)

✤ 주제 구절   에베소서 6장 1절

자녀들아 너희 부모를 주 안에서 순종하라 이것이 옳으니라

사람들이 모이면 관계가 형성이 됩니다. 선생님과 학생, 사장과 직원, 남편과 아내, 부모와 자식 등과 같은 관계입니다. 모든 관계에는 질서가 필요합니다. 아랫사람은 윗사람을 존경해야 합니다. 윗사람은 아랫사람을 존중해야 합니다. 사회관계에서 이런 질서가 무너지면 사회가 유지되기 어렵습니다.

이것은 하나님과 우리의 관계도 마찬가지입니다. 인간은 타락한 이후로 하나님을 무시하고 존경하지 않습니다. 창조주 하나님과 피조물 인간의 관계가 훼손되어 더 이상 인간은 하나님을 경외하거나 마땅히 드려야 할 영광을 올리지 않습니다. 타락한 사람의 본성은 서로 존중하고 존경하기보다 먼저 인정받고 존경받기를 원합니다. 심지어 하나님의 자리에 앉아 경배를 받기 원해서 동상을 만들거나 자신에 관한 신화까지 만들기도 합니다. 5계명은 모든 관계의 질서에 관한 말씀입니다.

1계명에서 4계명이 하나님 사랑에 대한 의무를 말씀한다면, 5계명에서 10계명은 이웃 사랑의 의무를 말하고 있습니다. 하나님에 대한 사랑은 곧 이웃에 대한 사랑으로 드러납니다. 그 첫 번째가 질서의 계명입니다. 1-4계명까지 하나님에 대한 말씀을 잘 지키고 바르게 예배한다면 자연스럽게 5계명을 지키게 됩니다. 5계명에서 말하는 부모에 대한 존중은 세상의 모든 상하 관계, 윗사람과 아랫사람의 관계에 대한 말씀입니다. 타락한 인간은 존중하기보다 존중받기를 원하고 지배하려고 하지만, 하나님은 서로 존중하

고 존경하며 서로의 명예를 지켜 줄 것을 말씀하셨습니다.

출애굽기 20장 12절을 함께 읽어 봅시다.
"네 부모를 공경하라 그리하면 네 하나님 여호와가 네게 준 땅에서 네 생명이 길리라."

5계명은 믿는 사람들뿐만 아니라, 믿지 않는 사람들에게도 주신 말씀입니다. 세상 사회도 서로 존중과 존경의 관계가 있을 때 유지될 수 있습니다. 자녀는 부모를 존경해야 합니다. 학생도 선생님의 말씀을 잘 따라야 합니다. 직장 상사의 말에 부하 직원은 따라야 합니다. 반대로 윗사람은 아랫사람을 무시하거나 함부로 다루지 말아야 합니다. 존중하고 경청하며 원칙과 약속을 지키며 격려해야 합니다. 특별히 가정에서 부모는 자녀를 사랑하고 존중하고 말씀으로 양육해야 하며, 자녀는 부모를 존경하고 말씀에 순종해야 합니다.

오늘 예배드리면서, 우리에게 허락하신 모든 관계의 질서를 존중하는 마음을 달라고 기도합시다. 윗사람의 말씀에 순종하고, 아랫사람의 말에 경청하며 존중할 수 있도록 기도합시다. 가정에서 특별히 사랑과 존중으로 서로 섬기기를 위해서 기도합시다.

✤ **104문: 제5계명에서 하나님께서 원하시는 것은 무엇입니까?**
✤ **답:** 나의 부모님, 그리고 내 위에 있는 모든 권위에 모든 공경과 사랑과 신실함을 나타내고, 그들의 모든 좋은 가르침과 징계에 대해 합당한 순종을 하며, 또한 그들의 약점과 부족에 대해서는 인내해야 합니다. 왜냐하면 그들의 손을 통해 우리를 다스리시는 것이 하나님의 뜻이기 때문입니다.

🌱 기도하기

하나님 아버지, 우리에게 소중한 관계를 허락해 주셔서 감사드립니다. 가정과 학교와 직장에서 서로 존중하고 존경하며 질서 가운데서 화목할 수 있게 도와주시옵소서. 특별히 우리 가정이 하나님 안에서 서로 소중히 여기며 사랑할 수 있도록 도와주시옵소서.

chapter 105

여섯 번째 계명에서 하나님이 원하시는 건 무엇입니까?

✤ 찬송   503장(세상 모두 사랑 없어)

✤ 주제 구절   창세기 9장 6절

무릇 사람의 피를 흘리면 사람이 그 피를 흘릴 것이니 이는 하나님이 자기 형상대로 사람을 지었음이니라

예의는 상대방을 존중하는 말과 행동입니다. 모든 사람들 관계에서 예의는 필수입니다. 왜 서로 무시하면 안 되고 존중하고 매너 있게 행동해야 할까요? 사람은 소중하고 인권이 있기 때문입니다. 어린아이라고 해도 함부로 대하거나 인격을 무시해서는 안 됩니다.

그러면 인권은 어디에서 왔을까요? 일반 철학은 하늘에서 주셨다고 합니다. 그렇다면 하늘은 무엇일까요? 하늘이 무엇인지 구체적으로 말하지 못합니다. 그러나 성경에서 인권이 소중한 이유는 하나님의 형상이기 때문이라고 합니다. 하나님께서 지으신 모든 만물 중에서 인간이 가장 중요합니다. 하나님은 인간을 지으실 때, 하나님의 형상과 모양에 따라서 지으셨습니다. 하나님의 선과 지혜와 사랑을 닮도록 지으셨습니다. 인간이 소중한 이유는 하나님의 형상으로 지어졌기 때문입니다. 어린 아기라도 그 생명을 부모가 마음대로 할 수 없는 이유는 하나님께서 주신 생명이기 때문입니다. 아무리 부족하고 연약한 인간이라도 그 생명은 소중하고 고귀합니다. 생명을 소중히 여겨야 하는 이유는 하나님이 주셨기 때문입니다. 하나님께서 흙으로 지은 인간에게 생명을 불어넣어 주셨습니다. 생명은 하나님께 있습니다.

출애굽기 20장 13절 말씀을 함께 읽어 봅시다.

"살인하지 말지니라."

살인하지 말라는 6계명은 인격 있는 생명에 대한 존중을 말씀합니다. 예수님은 산상수훈에서 6계명 말씀을 작은 부분까지 말씀합니다. 형제에게 욕을 하는 것도 살인한 것과 같다고 합니다. 미워하고 분노하거나 시기하는 것도 6계명을 어기는 것입니다. 살인은 생명뿐만 아니라, 인격에 대한 상처까지 포함합니다. 혹시 가난한 사람이나, 피부색이 다른 사람이나, 교육받지 못한 사람이라고 해도 존중해야 합니다. 몸이 불편한 장애인들도 존중해야 합니다. 우리 자신도 내 몸이 아니라, 하나님께서 주신 몸이기 때문에 함부로 다루지 말고 소중하게 생각해야 합니다. 자기 몸을 소중히 여기고 학대하지 말아야 합니다. 모든 사람이 하나님의 형상으로 창조되었기 때문에, 존중해야 합니다.

오늘 예배하면서, 모든 생명이 하나님으로 인해 시작되었다는 사실에 감사합시다. 우리는 하나님의 형상으로 지음받았으므로, 모든 이웃과 만나는 사람들뿐만 아니라, 우리 가족들도 소중하게 여기고 존중하고 사랑하기 위해서 기도합시다. 또한 나의 생명과 몸도 하나님께서 주셨음을 고백하고 나 자신을 소중히 여길 수 있도록 기도합시다.

✤ **105문: 제6계명에서 하나님께서 원하시는 것은 무엇입니까?**

✤ **답:** 내가 이웃의 명예를 훼손하거나 그들을 미워하거나 해치거나 죽이지 않기를 원하십니다. 나는 생각이나 말이나 몸짓, 무엇보다도 행동으로 그리해서는 안 되고, 다른 사람을 시켜서 해도 안 되며, 오히려 모든 복수심을 버려야 합니다. 더 나아가 자기 자신을 해쳐서도 안 되고 부주의하게 위험에 빠뜨려서도 안 됩니다. 그러므로 살인을 막기 위해서 국가는 또한 칼을 가지고 있습니다.

🌱 **기도하기**

하나님 아버지, 우리에게 생명을 주셔서 감사드립니다. 하나님의 형상으로 만들어 주셔서 감사드립니다. 우리의 이웃뿐만 아니라, 가족을 더욱 사랑하고 소중히 여길 수 있도록 도와주시옵소서.

chapter 106

왜 미움과 복수심을 살인이라고 합니까?

✤ 찬송 322장(세상의 헛된 신을 버리고)

✤ 주제 구절 요한일서 3장 15절

그 형제를 미워하는 자마다 살인하는 자니 살인하는 자마다 영생이 그 속에 거하지 아니하는 것을 너희가 아는 바라

콩을 심으면 콩이 납니다. 팥을 심으면 팥이 납니다. 어떤 씨를 뿌리느냐에 따라서 열매를 맺습니다. 좋은 씨는 좋은 열매를 맺고 나쁜 씨는 나쁜 열매를 맺습니다. 6계명은 살인하지 말라는 계명입니다. 이 말씀은 살인뿐만 아니라, 살인의 동기가 될 수 있는 마음의 씨까지 말씀합니다.

　모든 살인은 미움과 시기와 분노와 다툼에서 시작됩니다. 작은 말다툼이 점점 커져서 폭력으로 발전할 때도 있습니다. 작은 시기가 점점 커져서 큰 상처를 주는 일도 있습니다.

　예수님은 마태복음 5장 산상수훈에서 미워하거나 욕을 하는 것만으로도 이미 살인을 한 것과 같은 벌을 받게 될 것을 말씀하고 있습니다.

마태복음 5장 21-22절 말씀을 함께 읽어 봅시다.

"옛 사람에게 말한 바 살인치 말라 누구든지 살인하면 심판을 받게 되리라 하였다는 것을 너희가 들었으나 나는 너희에게 이르노니 형제에게 노하는 자마다 심판을 받게 되고 형제를 대하여 라가✦라 하는 자는 공회에 잡히게 되고 미련한 놈이라 하는 자는 지옥 불에 들어가게 되리라."

✦　"라가"라는 말은 히브리인의 욕설로서 우리말로 하면 '멍청한 놈' 정도의 뜻의 갖고 있습니다.

6계명은 살인하지 않는 경우뿐만 아니라, 살인의 동기가 되는 마음까지 포함을 하고 있습니다. 그러면 어떻게 우리가 미워하지도 않고 시기하지도 않고 증오하지도 않을 수 있을까요? 마음에 동기까지 살핀다면 하나님의 심판을 누가 피할 수 있을까요? 하나님의 말씀은 완전한 의를 요구합니다. 누가 마음속에서 단 한 번의 악한 생각도 하지 않을 수 있을까요? 그래서 모든 사람은 하나님 앞에서 의로울 수 없습니다. 이 당시 바리새인을 비롯한 유대인들은 단지 문자적으로 살인하지 않았기에 6계명을 지켰다고 했지만, 예수님은 마음의 악한 동기까지도 살펴야 하며 하나님 앞에서 의로운 사람은 단 한 사람도 없다는 사실을 깨우쳐 주셨습니다. 오직 예수님의 공로를 의지하지 않고서는 의로울 수 없으며 성화되어 갈 수 없습니다.

오늘 예배하면서, 날마다 우리의 마음속에 일어나는 악한 마음을 용서해 주시길 기도합시다. 오직 예수님의 공로만 의지하여 하나님 앞에 나오기를 기도합시다. 우리 힘으로 거룩에 이를 수 없기에 날마다 십자가 아래서 나의 부족을 고백하고 예수님의 은혜와 사랑으로만 살 수 있기를 기도합시다.

✤ **106문: 그런데 이 계명은 살인에 대해서만 이야기합니까?**

✤ **답:** 아닙니다. 하나님께서는 살인을 금함으로써 살인의 뿌리가 되는 시기, 증오, 분노, 복수심 등을 미워하시며, 이 모든 것들을 살인으로 여기신다고 가르칩니다.

🌱 **기도하기**

하나님 아버지, 우리의 힘으로 6계명의 말씀을 지킬 수 없다는 사실을 깨닫게 됩니다. 오직 예수님의 공로로 우리의 모든 죄를 씻어 주시고, 날마다 십자가 아래 우리의 마음에 일어나는 악한 정욕과 미움과 탐심을 내려놓고, 사랑과 평안 가운데 기뻐하고 감사할 수 있도록 도와주시옵소서.

chapter **107**

여섯 번째 계명을 지키기 위해서는
살인만 안 하면 됩니까?

✤ 찬송　336장(환난과 핍박 중에도)

✤ 주제 구절　로마서 12장 10절

형제를 사랑하여 서로 우애하고 존경하기를 서로 먼저 하며

효자는 부모님의 말을 잘 듣고 기쁘게 합니다. 부모님께서 하지 말라고 당부한 말씀을 지킬 뿐만 아니라, 부모님께서 기뻐하고 즐거워하는 것을 찾아서 적극적으로 봉양하고 모십니다. 우리가 누군가를 사랑하면 기쁨을 주기 위해서 나쁜 일을 하지 않을 뿐만 아니라, 적극적으로 선하고 좋은 일도 합니다.

　우리가 하나님 앞에서 말씀대로 살아가는 일도 그렇습니다. 하나님께서 금지한 명령에 대해서 지킬 뿐만 아니라, 적극적으로 말씀을 지키고, 선을 행하며 사랑으로 수고하게 되어 있습니다. 십계명의 모든 계명은 대부분 부정 명령이지만, 성경에서 십계명을 적용한 많은 경우에 긍정 명령으로 말씀하고 있는 본문이 많습니다.

　마태복음 5장 44절 말씀을 함께 읽어 봅시다.

　"나는 너희에게 이르노니 너희 원수를 사랑하며 너희를 핍박하는 자를 위하여 기도하라."

　6계명은 살인하지 말라는 계명이면서 동시에 적극적으로 선을 행하고 생명을 살리기 위해서 말하고 행동하고 실천할 것을 말씀하고 있습니다. 성경에서 많은 경우 우리가 원수를 사랑할 뿐만 아니라, 핍박하는 자를 위해서 기도까지 해야 한다고 말씀합니다. 왜 그렇게 해야 할까요? 하나님께서 이미 우리와 원수 되었을 때 우리를 먼저 사랑해 주

226 | 오손도손 교리문답 가정예배

셨기 때문입니다. 비록 나를 미워하는 사람일지라도 하나님은 인내하고 참고 용서할 것을 말씀하고 있습니다. 우리가 아직 죄인 되었을 때, 그리스도께서 우리를 위해서 죽으심으로 하나님께서 우리에 대한 자기의 사랑을 증거해 보여 주셨습니다. 우리를 먼저 사랑하셨기 때문에, 우리도 하나님을 모르거나 복음을 들어야 하는 사람에게 손을 먼저 내밀고, 사랑을 전할 수 있어야 합니다. 우리는 하나님의 큰 사랑을 받았습니다. 하나님을 대적할 때 조차라도 하나님은 우리를 살리기 위해서 십자가의 은혜를 예비해두셨습니다. 그렇다면 어떻게 이런 사랑을 실천할 수 있을까요? 우리 스스로의 힘으로 온전한 사랑은 힘들지만, 성령님의 도우시는 능력으로 할 수 있습니다. 성령님께 구할 때, 우리 연약함을 감추어 주시고, 우리 안에서 말씀이 역사하도록 도와주십니다.

오늘 예배하면서, 가까운 성도와 가족 중에 미움과 시기와 증오가 있다면 서로 용서하기를 위해서 기도합시다. 하나님은 우리를 먼저 사랑해 주셨습니다. 우리가 하나님을 대적할 때라도 이미 우리를 사랑하고 계셨습니다. 그렇다면 가족과 이웃과 교회를 향해서 먼저 사랑할 수 있는 힘과 용기를 달라고 기도합시다.

✤ **107문: 앞에서 말한 방식으로 우리 이웃을 죽이지 않으면, 그것으로 이 계명을 다 지킨 것입니까?**

✤ **답:** 아닙니다. 하나님께서는 시기와 증오와 분노를 정죄하심으로써 우리가 우리 이웃을 자기 자신처럼 사랑하여, 인내와 화평과 온유와 자비와 친절을 보이고, 우리가 할 수 있는 한 그들을 해악으로부터 보호하며, 심지어 원수에게도 선을 행하라고 하셨습니다.

🌱 기도하기

하나님 아버지, 우리를 먼저 사랑해 주셔서 감사드립니다. 하나님을 알지 못하고 대적하며 원수 되었을 때, 독생자를 보내어 주셔서 십자가로 우리를 향한 사랑을 증거해 주셔서 감사드립니다. 가족과 이웃을 향해 먼저 사랑을 실천할 수 있도록 도와주시옵소서.

chapter **108**

일곱 번째 계명에서 하나님이 원하시는 건 무엇입니까?

✤ 찬송　593장(아름다운 하늘과)

✤ 주제 구절　히브리서 13장 4절

모든 사람은 혼인을 귀히 여기고 침소를 더럽히지 않게 하라 음행하는 자들과 간음하는 자들을 하나님이 심판하시리라

하나님은 사람을 남자와 여자로 지으셨습니다. 남자와 여자는 생김새도 다르고 몸의 구조도 다릅니다. 성격도 다르고, 생각에도 차이가 있습니다. 하나님은 왜 남자나 여성 중에서 한 가지의 성만 만들지 않고, 두 가지의 성을 만드셨을까요? 그것은 생육하고 번성하며 땅에 충만해져 하나님 나라를 이루기 위해서입니다. 하나님께서 창조하신 후에 번성하고 땅에 가득하도록 명하셨습니다. 하나님을 섬기고 예배하며 이 땅에서 하나님을 예배하며 창조된 만물을 누리고 하나님께 감사하며 영광을 돌리기 위해서입니다. 생육하고 번성하기 위해서 성이 있어야 합니다. 두 가지 성을 통해서 가정이 이루어지고 가정에서 새로운 생명이 탄생합니다. 이렇게 한 가정이 또 다른 가정을 이루며 땅에 충만해져 갑니다.

　창세기 2장 24절 말씀을 함께 읽어 봅시다.
　"이러므로 남자가 부모를 떠나 그 아내와 연합하여 둘이 한몸을 이룰지로다."

　생명이 잉태되고 생명을 보존하고 자라기 위해서 반드시 가정이 필요합니다. 아이는 아빠와 엄마의 사랑과 돌봄 안에서 성장합니다. 아이는 아빠를 보며 남성에 대해서 알

게 되고, 엄마를 보며 여성의 역할을 배우게 됩니다. 부모의 역할을 보면서 아이는 다시 가정을 이루고 새로운 생명을 돌보는 성인이 되어 갑니다. 7계명은 가정을 위한 계명입니다. 가정을 위협하는 가장 큰 죄가 간음이며 성적인 타락입니다. 6계명이 생명에 대한 존중이라면 7계명은 생명을 보존하고 자라게 하며 번성을 위한 계명입니다. 성은 곧 생명입니다. 성을 주신 이유는 생명을 위해서입니다. 간음뿐만 아니라, 성적인 타락은 생명을 위한 성을 욕정을 위한 도구로 악용하고 가정을 무너뜨립니다. 가정은 생명을 위해서 하나님께서 주신 놀라운 선물입니다. 성의 즐거움은 가정을 통해서만 누릴 수 있습니다. 성은 결혼을 위해서만 허락이 됩니다. 7계명은 성을 소중히 여기고, 가정을 건강하게 세워가도록 주신 중요한 계명입니다.

오늘 예배하면서, 가정을 허락해 주신 하나님께 감사합시다. 가정을 위한 성을 부부가 누리는 은혜를 주시길 기도하며, 성적인 어떤 유혹과 미혹에 넘어가지 않도록 기도합시다. 자녀들이 가정을 이루기까지 성적인 순결을 유지하도록 은혜를 구합시다. 자녀들에게 건강한 가정을 이룰 수 있는 은혜를 구합시다.

✤ 108문: 제7계명에서 하나님께서 원하시는 것은 무엇입니까?
✤ 답: 모든 부정(不貞)은 하나님의 저주 아래 있습니다. 따라서 거룩한 혼인의 관계에 있든지 독신으로 있든지, 우리는 어떤 부정이라도 마음으로부터 미워하고, 순결하고 단정한 생활을 해야 합니다.

🌰 기도하기

하나님 아버지, 우리에게 가정을 허락해 주셔서 감사드립니다. 가정을 이루기 위해서 성을 소중히 여기고, 오직 생명의 잉태와 가정의 행복을 위해서 성을 사용하도록 도와주시고, 어떤 성적인 유혹과 미혹에서도 시험에 들지 않고 순결한 가정과 성을 지킬 수 있게 도와주시옵소서.

chapter 109

일곱 번째 계명을 지키기 위해서는
간음만 안 하면 됩니까?

✤ 찬송   463장(신자 되기 원합니다)

✤ 주제 구절   에베소서 5장 3절

음행과 온갖 더러운 것과 탐욕은 너희 중에서 그 이름이라도 부르지 말라 이는 성도의 마땅한 바니라

영화나 드라마에서 성에 대한 왜곡된 스토리를 전할 때가 있습니다. 결혼한 사람들 사이에서 일어난 불륜을 미화하고 아름답게 꾸민 드라마나, 결혼 전에 이미 성을 누리고 즐기는 내용에 대한 내용들도 있습니다. 우정을 넘어서 동성 간에 왜곡된 사랑을 감동적인 스토리로 만들어 내기도 합니다. 이런 성에 대한 잘못된 표현은 가정을 위협합니다.

　하나님은 성적인 타락에 대해서 심판을 말씀하십니다. 하나님께서 이 세상에 주신 성은 가정을 이루기 위한 목적으로 주셨습니다. 그러나 타락한 인간은 하나님이 주신 능력을 자신의 탐욕과 욕심과 욕망을 위해서 사용하기 시작했습니다. 성을 쾌락의 도구로 사용하면 결혼과 가정을 전제하지 않고 즐기기만 하는 죄를 짓습니다. 성경은 단호히 이런 죄에 대해서 정죄하며 성적인 순결을 말씀하고 있습니다.

　에베소서 5장 3절을 함께 읽어 봅시다.
　"음행과 온갖 더러운 것과 탐욕은 너희 중에서 그 이름조차도 부르지 말라 이는 성도에게 마땅한 바니라."

　세상은 성에 대해서 개인적인 선택과 자유의 문제라고 합니다. 성은 오직 자신의 행복만을 위해서 존재한다고 주장합니다. 이제는 간음에 대해서 법적인 처벌까지 없어지

고 있습니다. 성에 대한 자기 결정권을 말하며 인간의 죄성을 전혀 고려하지 않은 채, 오직 개인의 문제로만 치부해 버렸습니다. 그 결과로 성에 대한 사회적인 책임을 전혀 고려하지 않을 뿐만 아니라, 하나님께서 세우신 가정을 위협하는 지경에 이르게 되었습니다. 성은 오직 개인의 문제로만 볼 수 없습니다. 하나님은 십계명을 통해서, 성은 가정과 창조 질서를 세우기 위한 매우 중요한 문제라고 말씀합니다. 하나님께서 우리에게 주신 성은 성인이 되어 가정을 이루기 전까지 소중하게 간직해야 합니다. 하나님께서 허락하신 가정은 성적인 타락을 막을 뿐만 아니라, 성의 즐거움을 통해서 남편과 아내가 하나가 되게 하며 성의 기쁨으로 하나님 앞에 갈 때까지 서로 사랑하도록 돕습니다. 때로 부부에게 갈등과 어려움이 생기더라도, 성적인 연합은 다시 서로가 한몸이라는 사실을 돌아보게 만듭니다. 성경은 부부가 특별히 기도하는 경우 외에는 분방하지 말라고 말씀하고 있습니다. 성적인 연합은 하나님께서 가정에 허락한 복입니다. 하나님께서 가정과 자손을 위해 허락한 성에 관한 유혹과 죄를 피하고, 순결하게 잘 간직할 수 있어야 합니다.

오늘 예배하면서, 세상에서 오는 성에 대한 유혹과 시험을 이길 수 있기 위해서 기도합시다. 우리 자신의 행복만을 위해서 성을 사용하지 않고, 가정을 위해서 소중히 간직하고 사용할 수 있기를 위해서 기도합시다.

✤ 109문: 하나님께서는 이 계명에서 간음, 또는 그와 같은 부끄러운 죄만을 금하십니까?
✤ 답: 우리의 몸과 영혼이 모두 성령의 전(殿)이기 때문에 우리가 몸과 영혼을 순결하고 거룩하게 지키기를 원하십니다. 그렇기에 하나님께서는 모든 부정한 행동이나 몸짓, 말이나 생각이나 욕망, 또한 그리로 유혹하는 모든 것을 금하십니다.

❦ 기도하기
하나님 아버지, 우리에게 가정을 허락하시고, 부부가 서로 연합되어 하나 될 수 있도록 도와주셔서 감사드립니다. 부부의 사랑으로 가정에 화평과 기쁨을 주시고, 어려움과 갈등이 있더라도 하나님의 지혜로 화목할 수 있게 도와주시옵소서.

chapter 110

여덟 번째 계명에서 하나님은 무엇을 금지합니까?

✤ 찬송 368장(주 예수여 은혜를)

✤ 주제 구절 레위기 19장 13절

너는 네 이웃을 압제하지 말며 늑탈하지 말며 품꾼의 삯을 아침까지 밤새도록 네게 두지 말며

로또 복권을 판매하는 가게가 있습니다. 주말이 되면 장사진을 이룹니다. 노력 없이 한 번에 큰 돈을 벌 수 있다는 꿈을 안고 줄을 섭니다. 당첨될 확률이 거의 없지만, 많은 사람들이 한 번에 큰 돈을 벌기 위해서 매주 복권을 구매합니다. 지나치게 복권을 의지하는 현상처럼 일하지 않고 얻는 소득에 대해 성경은 부정적으로 말씀하고 있습니다.

8계명은 정직과 성실, 더 나아가 자족과 감사에 대한 계명입니다. 도적질을 하지 말라는 말씀은 기본적으로 사유 재산을 전제합니다. 성경은 성실과 노력으로 얻은 재산을 지키고 보호해서 부를 증진시키는 일을 긍정합니다. 성실하게 주어진 일에 최선을 다해서 부를 증진시킬 때 남의 것을 빼앗고 싶은 마음이 사라집니다. 하나님께서 세상을 만드시고 나서, 생육하고 번성하라고 명하셨습니다. 번성하여 땅에 충만하기 위한 과정에서 5계명과 같은 사회관계 질서에 대한 존중, 6계명과 같은 생명에 대한 보존, 7계명과 같은 생명을 잉태하는 가정에 대한 가치를 말씀하셨습니다. 또한 창조하신 세상을 인간이 성실과 정직으로 환경을 보호하는 가운데 개발하고 발전시킬 때, 세상은 계속해서 번성하고 땅에 충만하게 됩니다. 다른 사람의 재산을 탐내지 않고, 나에게 주어진 일에 성실과 정직으로 최선을 다할 때, 창조된 세상을 보호할 뿐만 아니라, 하나님 나라가 번성하게 됩니다.

출애굽기 20장 15절 말씀을 함께 읽어 봅시다.

"도적질하지 말지니라."

하나님을 믿는 우리는 성실과 정직으로 허락하신 세상의 일에 최선을 다할 뿐만 아니라, 성실의 결과로 주시는 열매에 대해서 자족하며 청지기로서 잘 관리해야 합니다. 모든 세상의 직장은 하나님께서 부르신 자리입니다. 직업도 소명입니다. 어떤 일을 하던 하나님께서 주신 일로 알아 성실과 정직으로 일해야 합니다. 일에 대한 열매에 대해서도, 내 힘으로 얻었으니 내 것이라는 생각을 넘어서, 하나님께서 허락하신 열매라는 사실에 감사하며 하나님의 뜻 가운데서, 가족과 교회와 이웃을 위해서 사용할 수 있어야 합니다. 이것이 8계명을 우리에게 주신 이유입니다.

오늘 예배하면서, 우리에게 주신 모든 열매에 대해서 하나님께 감사합시다. 어떤 일을 하든지 성실과 정직으로 최선을 다 할 수 있기 위해서 기도합시다. 하나님께서 주신 열매를 감사하며 청지기로서 하나님의 뜻대로 잘 관리할 수 있도록 기도합시다.

❖ **110문: 제8계명에서 하나님께서 금하신 것은 무엇입니까?**

❖ **답:** 하나님께서는 국가가 법으로 처벌하는 도둑질과 강도질만을 금하신 것이 아니고, 이웃의 소유를 자기의 것으로 삼으려고 시도하는 모든 속임수와 간계를 도둑질이라고 말씀하십니다. 이런 것들은 폭력으로 혹은 합법성을 가장하고서 일어날 수 있는데 곧 거짓 저울이나 자나 되, 부정품, 위조 화폐와 고리대금과 같은 일, 기타 하나님께서 금하신 일들입니다. 하나님께서는 또한 모든 탐욕을 금하시고, 그의 선물들이 조금이라도 잘못 사용되거나 낭비되는 것을 금하십니다.

🌱 **기도하기**

하나님 아버지, 우리에게 일할 수 있는 힘과 능력을 주셔서 감사드립니다. 우리에게 주신 모든 일에 성실로 최선을 다할 수 있도록 도와주시옵소서. 또한 땀 흘려 얻은 모든 열매에 대해 감사하며, 가족과 교회와 이웃을 위해서 청지기로서 잘 관리할 수 있게 도와주시옵소서.

chapter 111

여덟 번째 계명에서 하나님이 원하시는 건 무엇입니까?

❖ 찬송 465장(주 믿는 나 남 위해)

❖ 주제 구절 에베소서 4장 28절

도적질하는 자는 다시 도적질하지 말고 돌이켜 빈궁한 자에게 구제할 것이 있기 위하여 제 손으로 수고하여 선한 일을 하라

공산주의는 개인의 재산을 소유할 수 없고 모두 균등하게 나누어 가져야 한다고 말합니다. 이런 사상을 추구하는 국가들은 모두 몰락했습니다. 역사상 불가능한 이념이기 때문입니다. 성경은 공산주의를 말하지 않습니다. 8계명은 사유재산을 인정하는 말씀입니다. 하나님께서 주신 개인의 능력과 개성에 따라서 성실과 정직으로 자신의 재산과 부를 보존하고 증가시킬 수 있다는 사실을 말씀하고 있습니다.

개인의 역량으로 이룬 재산과 부는 오직 자신만을 위해서 사용한다면 8계명에 대한 말씀을 잘못 이해한 결과입니다. 자신의 노력으로 재산과 부를 가졌다고 하더라도, 이것은 나의 것이 아니라, 하나님의 것입니다. 왜냐하면, 하나님께서 일할 능력과 힘을 주셨고, 세상을 창조하신 주인이 바로 하나님이기 때문입니다. 우리가 아무리 지혜와 능력으로 많은 것을 얻어도, 오직 나의 힘으로만 얻을 수 없습니다. 하나님께서 허락하신 많은 사람들의 도움을 얻고, 좋은 기회를 허락하시며, 생명과 건강을 하나님께서 주셨기 때문입니다. 따라서 우리가 성실하게 얻은 재산과 부는 나의 것이 아니라, 하나님의 것입니다.

디모데전서 6장 18절 말씀을 함께 읽어 봅시다.

"선한 일을 행하고 선한 사업에 부하고 나눠 주기를 좋아하며 동정하는 자가 되게 하라."

하나님께서 허락하신 모든 열매는 하나님의 뜻대로 써야 합니다. 나의 것이 아니라, 하나님께서 허락하셨기 때문에 우리는 단지 청지기로서 관리만 할 뿐입니다. 하나님의 것은 하나님께 돌려 드려야 합니다. 먼저 우리 자신과 가족의 삶을 영위하기 위해서 사용하며, 교회에서 신앙의 고백으로 하나님 앞에 드려야 합니다. 또한 어려운 이웃을 위해서 나누어 주는 일도 청지기로서 물질을 관리하는 능력입니다. 8계명은 남의 것을 빼앗지 않는 것뿐만 아니라, 남의 어려움에 무관심하지 않고 적극적으로 돕는 것입니다. 성경은 주는 자가 받는 자보다 복되다고 말씀하십니다.

오늘 예배하면서, 우리에게 주신 일에 대한 열매를 오직 나를 위해서만 사용하지 않고 자신과 가족과 교회와 이웃을 위해 사용할 수 있기를 위해서 지혜를 구합시다. 작은 열매라도 나누고 베푸는 마음을 허락해 주셔서, 가족과 이웃에게 하나님의 복을 나눌 수 있도록 기도합시다.

✣ **111문: 이 계명에서 하나님께서 원하시는 것은 무엇입니까?**

✣ **답:** 내가 할 수 있고 해도 좋을 경우에는 나의 이웃의 유익을 증진시키며, 내가 남에게 대접을 받고 싶은 대로 이웃에게 행하고, 더 나아가 어려운 가운데 있는 가난한 사람을 도울 수 있도록 성실하게 일해야 합니다.

🌱 **기도하기**

하나님 아버지, 우리에게 일에 대한 열매를 허락해 주셔서 감사드립니다. 성실과 정직으로 얻은 모든 열매를 먼저 하나님께 감사하며, 우리 자신과 가족과 교회와 어려운 이웃을 위해서 사용하고 나누는 마음도 허락해 주시옵소서.

chapter 112

아홉 번째 계명에서 하나님이 원하시는 건 무엇입니까?

✤ 찬송   452장(내 모든 소원 기도의 제목)

✤ 주제 구절   잠언 19장 9절

거짓 증인은 벌을 면치 못할 것이요 거짓말을 내는 자는 망할 것이니라

"세상에서 가장 힘이 센 말"이라는 동화책이 있습니다. 이 책은 다른 사람에게 가장 큰 영향력을 줄 수 있는 말에 대해서 소개를 합니다. 우리가 잘 아는 "사랑해", "고마워", "미안해", "멋져" 등과 같은 말입니다. 이런 말은 우울하고 힘이 빠진 사람을 일으켜 줄 수 있습니다. 낙담한 사람에게 다시 일어설 수 있도록 도와줍니다. 말의 힘은 생각보다 강합니다.

하나님도 세상을 지으실 때, 말씀으로 지으셨습니다. 말은 곧 언어입니다. 우리가 이해할 수 있는 말로 하나님은 성경을 주셨습니다. 이 성경의 언어와 말을 통해서 우리는 비로소 하나님을 알고 구원에 대한 믿음을 가지게 되었습니다. 9계명은 하나님의 자녀들에게 어떤 언어와 말을 사용해야 할지 말씀하고 있습니다. 9계명의 배경은 구약시대 당시에 증인이 재판에서 진실만을 말해야 하는 상황을 염두해 둔 말씀입니다. 진실한 말은 억울한 사람에게 자유를 줄 수도 있고, 죄를 감추려는 불의를 드러내고 피해를 받은 사람을 구하는 역할을 합니다. 거짓말은 많은 관계를 파괴하고 사람들에게 상처를 줄 뿐만 아니라, 억울한 피해자까지 만들 수 있습니다.

출애굽기 20장 16절 말씀을 함께 읽어 봅시다.

"네 이웃에 대하여 거짓 증거하지 말라."

현대 사회에서 거짓말이 매체를 통해서 가짜뉴스로 둔갑해 진실인 것처럼 전파될 때 하나님께서 세우신 국가와 사회를 무너뜨릴 수도 있습니다. 사단은 거짓말하는 자로서 하나님의 말씀을 거짓으로 고쳐서 하나님을 불신하게 만들고 사람들의 관계를 멀게 만듭니다. 사단은 아담을 시험할 때도 하나님의 말씀을 교묘하게 고쳐서 거짓된 말로 유혹했습니다. 예수님이 광야에서 시험받으실 때도 말씀을 고쳐 거짓된 말씀으로 시험했습니다. 그러나 진실한 말은 사회의 질서를 유지시켜 줄 뿐만 아니라 사람에게 힘과 용기를 줍니다. 더 나아가 진리의 말은 영원한 생명을 주기까지 합니다. 복음은 가장 진실된 말입니다. 영생을 주는 말입니다. 진리의 말을 진심으로 믿고 따르는 사람은 하나님 나라를 유업을 얻게 되는 놀라운 복을 누립니다.

오늘 예배를 드리면서, 우리가 항상 거짓에 대한 유혹을 버리고 진실한 말을 통해서 가족과 교회와 이웃을 살릴 수 있기를 위해 기도합시다. 우리의 입술이 진리의 말씀이 선포되는 도구가 되게 하시고, 하나님을 높일 뿐만 아니라, 사랑과 긍휼의 말로 이웃을 살릴 수 있기를 위해서 기도합시다.

❖ **112문: 제9계명에서 하나님께서 원하시는 것은 무엇입니까?**

❖ **답:** 내가 어느 누구에게도 거짓 증언을 하지 않고, 다른 사람의 말을 왜곡하지 않고, 뒤에서 헐뜯거나 중상(中傷)하지 않으며, 어떤 사람의 말을 들어보지 않고 성급히 정죄하지 않으며, 다른 사람이 성급히 정죄하는 데에도 참여하지 않기를 원하십니다. 오히려 하나님의 무서운 진노를 당하지 않기 위해 본질적으로 마귀의 일인 모든 거짓과 속이는 일을 피해야 합니다. 법정에서나 기타 다른 경우에도 나는 진리를 사랑하고 정직하게 진실을 말하고 고백해야 하며, 할 수 있는 대로 이웃의 명예와 평판(評判)을 보호하고 높여야 합니다.

🌱 **기도하기**

하나님 아버지, 우리에게 생각을 말로 표현할 수 있는 능력을 주셔서 감사합니다. 우리의 입술로 진실만을 말하며, 가족과 이웃에게 힘과 용기를 줄 수 있게 도와주시옵소서. 특별히 진리의 말씀이 우리의 입을 통해서 전달되어 이웃에게 영원한 생명을 주는 역사를 허락해 주시옵소서.

chapter 113

열 번째 계명에서 하나님이 원하시는 건 무엇입니까?

✤ 찬송   455장(주님의 마음을 본받는 자)

✤ 주제 구절   골로새서 3장 5절

그러므로 땅에 있는 지체를 죽이라 곧 음란과 부정과 사욕과 악한 정욕과 탐심이니 탐심은 우상숭배니라

세상의 모든 법은 말과 행동에 대해서만 규정을 하고 있습니다. 법이 없이도 살 수 있다고 하는 사람은 눈에 보이는 죄를 짓지 않은 사람입니다. 세상은 이런 사람에 대해서 죄가 없다고 합니다. 세상의 기준은 겉으로 보이는 것만 판단할 수 있기 때문입니다.

그러나 성경은 눈에 보이는 죄뿐만 아니라, 눈에 보이지 않는 죄까지도 말씀하고 있습니다. 십계명에서 9계명까지는 눈으로 확인할 수 있는 말씀들입니다. 10계명은 눈에 보이지 않는 마음속의 죄까지 말씀하고 있습니다. 하나님의 기준에 따르면, 눈에 보이는 죄뿐만 아니라, 보이지 않는 마음속의 탐욕까지도 정죄하고 있습니다. 이 기준에 따르면 하나님 앞에서 의롭다고 할 수 있는 사람은 한 사람도 없습니다. 모든 사람이 하나님 앞에서 죄인일 수밖에 없습니다.

출애굽기 20장 17절 말씀을 함께 읽어 봅시다.

"네 이웃의 집을 탐내지 말지니라. 네 이웃의 아내나 그의 남종이나 그의 여종이나 그의 소나 그의 나귀나 무릇 네 이웃의 소유를 탐내지 말지니라."

하나님의 기준은 매우 엄격합니다. 세상에서 아무리 훌륭한 일을 많이 하고 큰 업적을 남긴 위인이라도 하나님 앞에서 모두 죄인일 수밖에 없는 이유는 하나님은 마음속의

죄까지도 보시기 때문입니다. 10번째 계명은 모든 사람들에게 하나님의 선에 대한 기준에 이를 수 없다는 사실을 말할 뿐만 아니라, 하나님의 자녀 된 우리가 스스로 돌아보며 하나님 앞에서 마음의 동기까지도 살피고 거룩을 좇아 살아야 할 것을 말씀하고 있습니다. 예수님은 산상수훈에서 열 번째 계명에 대한 적용을 자세히 말씀하셨습니다. 마음속에 일어나는 미움까지도 6계명을 어기는 죄이며 하나님의 심판을 피할 수 없다고 말씀합니다. 하나님은 완전한 거룩과 의를 원하십니다. 이것은 우리 힘으로 이룰 수 없고, 오직 예수님께서 이루신 완전한 율법에 대한 순종을 우리가 믿음으로 받아들이는 방법 외에는 하나님 앞에 이를 수 없습니다. 예수님을 영접할 때, 예수님의 의를 우리에게 전가시켜 주셔서, 하나님 앞에서 우리가 의롭다함을 받을 수 있게 되었습니다. 또한 성령님을 보내어 주심으로 날마다 마음속의 죄를 깨닫게 하시고 거룩한 변화로 인도해 주십니다.

오늘 예배드리면서, 열 번째 계명을 항상 생각하며 우리의 마음속에 일어나는 죄까지도 하나님 앞에서 정결함을 받을 수 있도록 기도합시다. 우리의 공로가 아닌 예수님의 공로로 마음의 죄까지도 용서해 주시고, 날마다 십자가 아래 엎드려 성화를 이루어가길 위해서 기도합시다.

✤ 113문: 제10계명에서 하나님께서 원하시는 것은 무엇입니까?

✤ 답: 하나님의 계명 어느 하나에라도 어긋나는 지극히 작은 욕망이나 생각을 조금도 마음에 품지 않는 것이고, 언제든지 우리 마음을 다하여 모든 죄를 미워하고 모든 의를 좋아하는 것입니다.

🌱 기도하기

하나님 아버지, 눈에 보이지 않는 마음의 동기까지 살필 수 있는 말씀을 허락해 주셔서 감사드립니다. 오직 예수님의 공로로 우리가 죄 사함을 받아 하나님께 의롭다고 인정받게 되어 감사드립니다. 날마다 십자가 아래서 우리의 마음을 살펴 거룩에 이를 수 있게 도와주시옵소서.

chapter 114

십계명을 완전히 다 지킬 수 있습니까?

❖ 찬송   430장(주와 같이 길 가는 것)

❖ 주제 구절   요한일서 2장 3절

우리가 그의 계명을 지키면 이로써 우리가 저를 아는 줄로 알 것이요

식염수는 우리 몸에 사용할 수 있도록 만들어진 소금물입니다. 인체와 동일한 농도의 염분으로 눈에 넣거나 다른 주사액과 함께 인체에 주입할 수 있습니다. 식염수는 어떤 세균이나 이물질도 없이 깨끗한 물입니다. 완전히 깨끗해야 몸을 위해서 사용할 수 있습니다.

우리가 구원을 얻기 위해서 어느 정도까지 깨끗해야 할까요? 하나님의 기준은 매우 엄격하고 높습니다. 완전히 깨끗하고 완전한 의가 있어야 합니다. 마음속에 단 한 번의 나쁜 상상을 해도 하나님의 의에 이를 수 없고 하나님 나라에 들어갈 수 없습니다. 그렇다면 누가 과연 구원을 얻을 수 있을까요? 인간 스스로의 노력으로 결코 구원을 얻을 수 없습니다. 하나님께서 주신 말씀의 기준에 이를 수 있는 사람은 아무도 없습니다. 일반 종교는 인간의 노력으로 의에 이를 수 있다고 하지만, 하나님의 기준에 전혀 미칠 수 없습니다. 왜냐하면 이미 인간은 죄를 가지고 태어나면 아무리 거룩하게 하려고 해도 죄의 오염으로 인해 일생 동안 완전한 거룩을 이루며 살 수 없기 때문입니다.

전도서 7장 20절 말씀을 함께 읽어 봅시다.

"선을 행하고 죄를 범치 아니하는 의인은 세상에 아주 없느니라."

이 땅에 살면서 스스로의 힘으로 십계명을 모두 지킬 수 있는 사람은 없습니다. 하나님은 왜 지키지도 못할 십계명을 주셨을까요? 특별히 열 번째 계명은 마음속에 일어나

는 욕심도 죄로 정죄하고 있습니다. 십계명은 세 가지 기능이 있습니다. 첫째, 선과 악을 구분해서 죄가 무엇인지 드러내 보여 주어 죄를 억제하는 기능을 합니다. 둘째, 인간에게 죄를 깨닫게 하시고 스스로의 힘으로 모두 지킬 수 없어 예수님을 통하지 않고서는 하나님의 의에 이를 수 없어 구원받을 수 없다는 사실을 보여 줍니다. 셋째, 구원받은 사람들에게 경건한 삶의 표준을 제시해 주어 거룩에 이르도록 안내합니다.

우리가 구원을 받았다고 해서 십계명을 완전하게 지킬 수 있을까요? 하나님 앞에 이르기 전까지 모두 지킬 수 없습니다. 그렇다면 지킬 필요가 없는 것은 아닐까요? 그래도 지켜야 합니다. 우리가 이 땅에서 십계명을 모두 지켜서 구원을 얻는 것이 아닙니다. 오히려 십계명을 통해서 우리의 죄를 깨닫게 되어 모든 말씀을 지킨 예수님을 믿는 믿음 때문에 우리를 의롭다고 해주셨습니다. 예수님의 공로로 구원을 얻은 사람은 이제 말씀대로 살기로 다짐하고 성령님을 통해서 변화가 시작됩니다. 십계명은 구원얻은 사람들이 하나님의 은혜에 감사한 마음으로 거룩을 향해 걸어가는 기준이 됩니다. 십계명을 완전히 지킬 수 없지만, 평생 동안 말씀을 지키고 거룩에 이르기에 힘을 써야 합니다. 성령님께서 도우십니다.

오늘 예배하면서, 우리의 연약하고 부족한 모습을 하나님께 내어놓읍시다. 항상 회개하며 십계명 말씀을 좇아 거룩하게 살도록 기도합시다. 날마다 육신의 죄를 멀리하고 말씀에서 주시는 의의 기준에 따라서 살기를 위해 기도합시다.

✤ **114문: 그런데 하나님께 돌아온 사람이 이 계명들을 완전히 지킬 수 있습니까?**

✤ **답:** 아닙니다. 가장 거룩한 사람이라도 이 세상에 살 동안에는 이러한 순종을 겨우 시작했을 뿐입니다. 그러나 그들은 굳은 결심으로 하나님의 일부 계명뿐만 아니라 모든 계명에 따라 살기 시작합니다.

🌱 **기도하기**

하나님 아버지, 우리에게 십계명 말씀을 주셔서 감사드립니다. 우리의 연약함으로 모든 말씀을 이 땅에서 완전히 지키기 어려우나, 구원을 주신 은혜를 감사하며, 거룩한 백성으로 살기에 부족함이 없도록 힘과 능력을 더해 주시옵소서. 날마다 거룩을 향해 걸어갈 수 있도록 인도해 주시옵소서.

chapter 115

교회는 왜 그토록 십계명을 강조합니까?

✤ 찬송   214장(나 주의 도움 받고자)

✤ 주제 구절   신명기 27장 26절

이 율법의 모든 말씀을 실행치 아니하는 자는 저주를 받을 것이라 할 것이요 모든 백성은 아멘 할지니라

성경책 제일 앞면과 뒷면에 사도신경, 십계명, 주기도문이 있습니다. 이것은 기독교의 중요한 기본 교리입니다. 우리는 무엇을 믿는지에 대해서 이 천년 전 초대교회부터 사도신경을 외웠습니다. 우리는 어떻게 살아야 하는지에 대해서 구약 성경부터 십계명을 말씀하고 있었습니다. 우리가 어떻게 기도해야 하는지에 대해서 예수님은 친히 우리에게 가르쳐 주셨습니다.

십계명은 하나님의 백성들에게 삶의 지침과 표준이 됩니다. 하나님은 우리의 통치자로서 우리를 백성으로 삼아 주셨습니다. 하나님 나라 백성은 마땅히 그 나라 법을 따라야 합니다. 법을 지키는 백성이 하나님 나라에 속한 사람입니다. 만약에 하나님 나라의 백성으로 하나님을 왕으로 모시고 살면서 법을 무시하고 전혀 지키지 않는다면, 백성 된 자격이 없을 뿐만 아니라, 하나님을 왕으로 모시고 산다고 말할 수 없습니다.

십계명은 하나님 나라에 속한 백성에게 주시는 법입니다. 대한민국 국민이 법이 정한 기준에 따라 살아야 하듯이 하나님 나라 백성은 하나님께서 주신 법에 따라 살아야 합니다. 법을 지키기 때문에 백성이 되는 것이 아니라, 백성이기 때문에 법을 따라야 하는 것입니다. 하나님께서 우리에게 독생자를 통한 구원을 값없이 베풀어 주셨습니다. 이 은혜가 고맙고 감사하다면 하나님께서 정한 법을 최선을 다해 감사함으로 살아내야 합니다. 이것이 그 은혜에 대한 보답입니다.

에베소서 5장 3절을 함께 읽어 봅시다.

"음행과 온갖 더러운 것과 탐욕은 너희 중에서 그 이름조차도 부르지 말라 이는 성도에게 마땅한 바니라."

십계명은 우리에게 하나님과 이웃에 대해서 무엇을 해야 할지 구체적으로 말씀하고 있습니다. 이 땅에서 완전하게 모두 지킬 수 없지만, 성령님께서 조금씩 지키려고 다짐하고 실천할 수 있는 능력을 우리에게 허락해 주십니다. 조금씩 거룩을 향해 나갈 수 있도록 우리 안의 죄를 깨닫게 하시고, 오직 은혜만을 구하는 가운데 말씀을 행하는 일에 온전할 수 있도록 도와주십니다. 십계명을 지키려고 할수록 힘들어지는 것이 아니라, 우리 안에 연약함을 보게 하여 오직 성령님을 통해서 더욱 겸손하게 하나님의 은혜만을 구하게 하십니다.

오늘 예배하면서, 말씀하신 십계명대로 살지 못할 때, 애통한 마음을 주셔서, 더욱 은혜를 구하고 거룩을 사모하는 마음을 달라고 기도합시다. 우리의 능력이 아닌 오직 예수님의 능력만으로 우리 안에 모든 연약과 부족함을 이길 수 있도록 도와 달라고 기도합시다.

✤ 115문: 이 세상에서는 아무도 십계명을 완전히 지킬 수 없는데 하나님께서는 왜 그렇게 엄격히 십계명을 설교하게 하십니까?

✤ 답: 첫째, 평생 동안 우리의 죄악 된 본성을 더욱더 알게 되고, 그리하여 그리스도 안에서 사죄와 의로움을 더욱더 간절히 추구하도록 하기 위함입니다. 둘째, 이 세상의 삶을 마치고 목적지인 완전에 이를 때까지, 하나님의 형상으로 더욱더 변화되기를 끊임없이 노력하고 하나님께 성령의 은혜를 구하기 위함입니다.

🌱 기도하기

하나님 아버지, 십계명을 통해 무엇을 좇아 살아야 할지 깨닫게 하심을 감사드립니다. 십계명을 통해서 우리 안에 선한 것이 없다는 사실을 깨닫게 하시고, 성령님을 통한 능력으로 온전하고 거룩한 삶으로 성화 되어 갈 수 있도록 도와주시옵소서.

chapter 116

왜 기도해야 합니까?

❖ 찬송   364장(내 기도하는 그 시간)
❖ 주제 구절   골로새서 4장 2절
기도를 항상 힘쓰고 기도에 감사함으로 깨어 있으라

─────────────────────────────

스승의 날은 우리에게 지식과 지혜를 가르쳐 주신 선생님께 감사하는 날입니다. 학창 시절 선생님부터 교회에서 말씀을 가르쳐주신 사역자까지 모두 스승이라고 할 수 있습니다. 스승을 통해서 건강한 마음을 가지며 성숙한 인격을 가진 사람으로 성장할 수 있습니다.

  인생에 큰 도움을 준 분들에게 이렇게 감사할 수 있다면, 죽을 목숨을 살리고 참된 생명을 주신 분이 있다면 어떻게 해야 할까요? 기억날 때마다 감사를 표현하게 됩니다. 우리가 하나님께 기도해야 하는 이유는 무엇일까요? 하나님께서 사망의 권세에 눌려 저주와 심판으로 죽을 수밖에 없었던 우리를 살려주셨기 때문입니다. 기도의 중요한 목적은 우리에게 영생을 주셨고 이 땅을 살아가면서 하나님의 자녀로 많은 은혜와 사랑을 누리기 때문입니다. 우리에게 일어나는 사고와 실패조차도 하나님의 선한 목적으로 섭리하셔서 우리에게 복이 되게 하십니다. 사도 바울의 고백처럼 우리의 약한 부분에서 하나님의 능력이 온전하게 드러나게 도와주십니다. 이렇게 좋으신 하나님이라면, 매일 하나님께 감사를 고백하고 영원히 찬양받으셔야 마땅합니다.

  빌립보서 4장 6절 말씀을 함께 읽어 봅시다.
  "아무것도 염려하지 말고 오직 모든 일에 기도와 간구로 너희 구할 것을 감사함으로 하나님께 아뢰라."

기도는 하나님에 대한 감사를 표현하는 시간입니다. 우리의 힘으로 얻을 수 없는 것을 값 없는 은혜로 베풀어 주셨습니다. 기도를 통해서 우리는 하나님을 비로소 조금씩 알게 됩니다. 하나님께 감사를 고백하고 하나님을 높여드리면서, 우리가 본래 있어야 하는 자리가 어디인지 깨닫게 도와주십니다. 본래 인간은 하나님을 예배하고 교제하며 말씀을 듣고 살도록 지음을 받았습니다. 그러나 인간의 타락으로 본래 자리를 벗어났습니다. 아담은 범죄한 후에 하나님을 피해서 숨었습니다. 아담을 찾는 하나님께서 왜 숨었냐고 묻자, 아담은 두려움을 고백합니다. 하나님을 떠난 인간은 불안과 두려움 속에서 살아갑니다. 인간은 하나님을 예배하고 교제하며 살 때 참된 평안과 위로가 있었지만, 타락으로 잃어버렸습니다. 그러나 하나님께서 우리를 구원하시고 하나님과 교제의 자리로 불러주셨습니다. 우리는 기도로 참된 호흡을 할 수 있습니다.

오늘 예배하면서, 기도할 수 있는 마음을 주신 하나님께 감사합시다. 기도의 자리는 본래 우리가 있어야 할 곳입니다. 하나님 앞에서 항상 기도하기에 힘을 쓰고 기도로 하나님께 감사하며 영광을 올려드릴 수 있도록 다짐합시다.

✤ 116문: 그리스도인에게 왜 기도가 필요합니까?

✤ 답: 기도는 하나님께서 우리에게 요구하시는 감사의 가장 중요한 부분이며, 또한 하나님께서는 그의 은혜와 성령을 오직 탄식하는 마음으로 쉬지 않고 구하고 그것에 대해 감사하는 사람에게만 주시기 때문입니다.

🌱 기도하기

하나님 아버지, 우리를 기도의 자리로 불러 주셔서 감사드립니다. 영원한 생명을 주신 하나님께 기도로 감사를 고백하고 하나님 말씀을 좇아 살기로 날마다 다짐할 수 있도록 도와주시옵소서.

chapter 117

어떻게 기도해야 합니까?

✤ 찬송 539장(너 예수께 조용히 나가)

✤ 주제 구절 요한일서 5장 14절

그를 향하여 우리의 가진 바 담대한 것이 이것이니 그의 뜻대로 무엇을 구하면 들으심이라

우리가 가장 존경하는 분을 만나면 어떤 자세로 말을 하게 될까요? 친구들에게 말하듯이 쉽고 가벼운 표현이 아니라, 존경하는 마음을 담은 표현과 자세로 말을 하게 됩니다. 자신을 낮추고 존경하는 분을 높이는 말로 표현을 합니다.

하나님께 기도할 때 어떻게 기도해야 할까요? 우리를 너무나 사랑하시고 우리의 인생을 주관하시며 생명을 주신 분 앞에서 가볍운 말로 기도할 수 없습니다. 하나님은 우리에게 아버지이시지만, 육신의 아버지보다 더 큰 존경과 경외의 마음으로 감사하며 우리의 간구를 아뢸 수 있어야 합니다.

히브리서 11장 6절 말씀을 함께 읽어 봅시다.

"믿음이 없이는 하나님을 기쁘시게 하지 못하나니 하나님께 나아가는 자는 반드시 그가 계신 것과 또한 그가 자기를 찾는 자들에게 상 주시는 이심을 믿어야 할지니라."

하나님께서 들으실 만한 기도로 아뢰어야 합니다. 이를 위해서 네 가지가 필요합니다. 첫째, 하나님의 뜻에 맞는 내용으로 구해야 합니다. 이것은 성경에 기록된 말씀을 통해서 하나님께서 어떤 내용으로 하는 기도를 들으시는지 그에 대한 지식이 필요합니다. 내가 원하는 기도와 하나님께서 원하는 기도가 다를 수 있습니다. 하나님의 뜻에 합당한 내용으로 간구할 때 하나님께서 들으십니다. 둘째, 하나님 앞에서 우리의 죄로 인한

비참한 모습을 진실하게 고백해야 합니다. 하나님은 빛이시며 어떤 어둠이나 거짓도 없습니다. 우리가 하나님 앞에서 기도하는 순간, 하나님께서 빛을 비추어 주셔서, 먼저 우리의 죄와 허물을 바라보게 만드십니다. 하나님께 나올 때마다 우리의 연약과 죄를 고백하고 정결함을 받아 하나님께 두렵고 떨림으로 나올 수 있어야 합니다. 셋째, 오직 예수님의 공로만 의지하며 기도해야 합니다. 오직 예수님의 공로만을 의지하고 회개하며 정결한 심령으로 나가야 비로서 하나님 앞에 설 수 있습니다. 또한 우리의 어떤 신앙적인 자랑이나, 종교적인 공로 때문에 하나님께서 기도를 듣는 것이 아닙니다. 아무리 우리가 하나님 앞에 큰 신앙적인 공로를 쌓아도 하나님의 의에 이를 수 없고, 하나님께 나갈 어떤 근거가 되지 못합니다. 넷째, 하나님의 능력과 지혜를 믿고 하나님을 부를 때, 하나님은 기뻐하시며, 간구와 소원을 섭리하셔서 응답하십니다.

오늘 예배하면서, 기도할 때마다 겸손히 우리의 죄를 고백하며 두렵고 떨리는 마음으로 하나님의 이름을 부를 수 있도록 기도합시다. 우리의 어떤 신앙적인 공로도 자랑이 되지 않도록 살피며, 예수님의 공로만 의지하면서 기도합시다.

✤ **117문**: 하나님께서 기뻐하시고 들으시는 기도는 어떠한 것입니까?

✤ **답**: 첫째, 그의 말씀에서 자신을 계시하신 유일하신 참하나님에게만 그가 우리에게 구하라고 명하신 모든 것을 마음을 다하여 기도합니다. 둘째, 우리 자신의 부족과 비참함을 똑바로 철저히 깨달아 그의 엄위 앞에 겸손히 구합니다. 셋째, 비록 우리는 받을 자격이 없는 자들이지만, 하나님께서 그의 말씀에서 약속하신 대로, 우리 주 예수 그리스도 때문에 우리의 기도를 분명히 들어주신다는 이 확실한 근거를 우리는 가지고 있습니다.

🌱 **기도하기**

하나님 아버지, 우리에게 기도할 수 있는 마음을 주셔서 감사드립니다. 기도할 때마다 말씀을 의지하며 회개하는 마음으로 나아와, 예수님의 공로만 의지하며 기도할 수 있게 도와주시옵소서. 하나님께서 모두 듣고 계심을 확신하면 기도할 때, 하나님께서 응답해 주실 것을 믿습니다.

chapter **118**

무엇을 기도해야 합니까?

✤ 찬송　361장(기도하는 이 시간)
✤ 주제 구절　마태복음 6장 6절
너는 기도할 때에 네 골방에 들어가 문을 닫고 은밀한 중에 계신 네 아버지께 기도하라 은밀한 중에 보시는 네 아버지께서 갚으시리라

아이가 어릴 때는 오직 자신만을 위해서 부모에게 도움을 구합니다. 자신의 필요가 채워지지 않으면 때를 쓰기도 하고 미운 말을 합니다. 아이가 자라서 어른이 되면 부모님의 마음을 헤아리면서 필요를 구하게 됩니다.

　하나님은 우리의 아버지입니다. 하나님께 간구할 때, 처음에는 우리의 필요만 간구할 수도 있지만, 하나님을 아는 지식에 자라가기 시작하면서, 하나님의 뜻에 맞는 기도를 하게 됩니다. 그러면 하나님께 기도할 때 무엇을 구해야 기뻐하실까요? 예수님은 우리에게 무엇을 구해야 할지 말씀해 주셨습니다. 예수님 당시에 유대인들은 스스로 기도를 잘하고 있다고 생각했습니다. 하루에 세 번씩 기도하는 규칙을 잘 지켰고, 자신의 신앙적인 공로를 자랑처럼 기도했습니다. 많은 시간 동안 기도하고 있다는 모습을 자랑처럼 보여 주기도 했습니다.

　그러나 예수님은 이런 기도는 하나님께서 듣지 않으신다고 말씀하셨습니다. 기도하는 행위 자체를 신앙적인 공로로 생각하는 모습을 정죄하셨습니다. 많은 시간을 내어 기도하는 모습을 자랑하는 태도에 대해서 정죄하셨습니다. 하루에 세 번씩 자주 기도하는 행위 자체로 만족하는 태도를 정죄하셨습니다.

　마태복음 6장 7절 말씀을 함께 읽어 봅시다.

"또 기도할 때에 이방인과 같이 중언부언하지 말라 저희는 말을 많이 하여야 들으실 줄 생각하느니라."

예수님은 하루에 세 번씩 기도하며 신앙생활을 잘하고 있다고 믿는 유대인들에게 기도를 다시 가르쳐 주셨습니다. 주기도문을 말씀하시며 기도를 할 때 어떤 모습으로 어떻게 간구해야 할지에 대해서 자세히 알려 주셨습니다. 주기도문은 하나님을 잘 아는 것처럼 말하는 사람들에게 가르쳐 주신 기도입니다. 사람은 구원의 은혜를 알았다고 하더라도, 어떻게 기도하고 무엇을 간구해야 할지에 대해서 말씀을 통해 다시 확인해야 합니다. 왜냐하면 우리는 아직도 죄의 성향을 가지고 있어서 하나님의 뜻이 아니라, 나의 뜻을 따라 간구하기 쉽기 때문입니다. 내 욕심과 두려움으로 자신만을 위한 기도가 될 수도 있습니다. 잘못된 기도는 하나님께서 듣지 않으십니다. 그래서 예수님께서 가르쳐 주신 기도를 배울 수 있어야 합니다. 예수님께서 가르쳐 주신 기도는 십계명의 구조와 비슷합니다. 하나님에 대한 기도와 우리 자신에 대한 기도입니다. 이 두 가지를 잘 기억할 때, 바른 기도를 할 수 있으며 하나님께서 들으시고 우리의 모든 사정을 아시고 섭리해 주십니다.

오늘 예배하면서, 기도할 때 우리의 욕심을 따라 기도하지 않기를 다짐해 봅시다. 말씀에 근거해서 기도하도록 다짐해 봅시다. 나의 뜻만을 구하지 않고 하나님의 영광과 우리의 비참을 보며 간구할 수 있도록 기도합시다.

❖ 118문: 하나님께서는 그에게 무엇을 구하라고 우리에게 명하셨습니까?

❖ 답: 영혼과 몸에 필요한 모든 것인데, 그리스도 우리 주께서 친히 가르쳐 주신 기도에 그것들이 다 담겨 있습니다.

☙ 기도하기

하나님 아버지, 우리에게 기도를 가르쳐 주셔서 감사드립니다. 우리 마음대로 기도하지 않고 가르쳐 주신 말씀에 따라서 기도할 수 있게 도와주시옵소서. 죄에 대한 고백을 통해 정결함을 받아, 겸손한 모습으로 하나님을 높여드릴 수 있게 도와주시옵소서.

chapter 119

주기도문이 무엇입니까?

❖ 찬송 363장(내가 깊은 곳에서)

❖ 주제 구절 누가복음 11장 1절

예수께서 한 곳에서 기도하시고 마치시매 제자 중 하나가 여짜오되 주여 요한이 자기 제자들에게 기도를 가르친 것과 같이 우리에게도 가르쳐 주옵소서

어떤 시대에 살든지 모든 사람들은 위기와 어려움을 당할 때 기도합니다. 모든 종교들은 기도하는 내용이 모두 복이나 성공과 관련이 깊습니다. 이런 기도를 보면, 일반 종교에도 교리가 있다는 사실을 알 수 있습니다. 그것은 무병장수 부귀영화입니다. 오직 성공과 건강을 위해서 신에 간구합니다. 인간의 범죄 이후로 하나님을 잊어버리고 막연한 대상을 의지하는 종교성만 남게 되었습니다.

인간은 수십만 종류의 신을 만들어내며 기도하지만, 모두 자기 자신만을 위한 기도에 빠져 정작 하나님을 영화롭게 하지 않습니다. 자신의 죄에 대한 회개나 이웃을 살리기 위한 기도나, 하나님에 대한 기도를 하지 못합니다. 막연한 기도를 하지만, 인간의 가장 중요한 결핍을 보지 못하고 참된 복과 진리를 놓쳐 버리고 죄의 비참한 모습 가운데 살게 됩니다. 모든 인생의 마지막은 하나님의 진노로 인한 심판입니다. 하나님은 우리에게 성경 말씀을 통한 계시로 어떤 분이 참하나님이시고, 하나님을 향해서 어떻게 기도해야 할지 말씀해 주셨습니다. 예수님은 우리에게 너희는 이렇게 기도하라고 상세하게 기도하는 법을 직접 알려 주셨습니다.

누가복음 11장 2절 말씀을 함께 읽어 봅시다.

"예수께서 이르시되 너희는 기도할 때에 이렇게 하라."

이렇게 기도를 자세히 가르쳐주신 이유는 아직도 우리가 죄의 영향력 아래 있기 때문에, 바른 기도를 못할 수도 있기 때문입니다. 구약시대 백성들에게 예배와 기도를 알려 주셔도, 신약시대 종교지도자들은 중언부언의 기도나, 신앙적 자랑을 위한 기도로 자기의를 추구했습니다. 그러나, 예수님은 많은 기도를 하던 유대인들에게 기도를 다시 가르쳐 주셨습니다. 기도의 순서와 내용은 기도의 열심보다 중요합니다. 하나님께 영광과 감사를 올리는 기도를 시작으로 우리 자신의 필요와 영적 성장을 위한 기도로 나아가야 합니다. 이것을 위해서 우리에게 주기도문을 알려 주셨습니다.

오늘 예배하면서, 혹시 오직 자신만을 위한 기도를 했다면, 이제 예수님께서 가르쳐 주신 기도를 배우며, 하나님께 영광과 감사를 돌리며, 우리 자신의 죄와 영적 성장을 위해서 기도하기로 다짐해 봅시다. 기도의 열심까지 더해 주시도록 은혜를 구합시다.

❖ **119문: 주께서 가르쳐 주신 기도는 무엇입니까?**

❖ **답◆:** 하늘에 계신 우리 아버지, 이름이 거룩히 여김을 받으시오며 나라이 임하옵시며 뜻이 하늘에서 이룬 것같이 땅에서도 이루어지이다. 오늘날 우리에게 일용할 양식을 주옵시고 우리가 우리에게 죄지은 자를 사하여 준 것같이 우리 죄를 사하여 주옵시고 우리를 시험에 들지 말게 하옵시며 다만 악에서 구하옵소서. 대개(大蓋) 나라와 권세와 영광이 아버지께 영원히 있사옵나이다. 아멘.

🌱 **기도하기**

하나님 아버지, 우리에게 기도의 방법을 알려 주셔서 감사드립니다. 우리 자신만을 위한 기도가 아니라, 하나님께 감사와 영광을 올려드리고, 우리 자신을 살피고 필요를 간구하며 성화의 변화를 이루어 갈 수 있도록 도와주시옵소서.

◆ 개역한글 주기도문입니다. 앞으로 이어질 각 과의 내용과 문답에서는 개역한글 주기도문의 내용을 사용했습니다.

chapter 120

'우리 아버지'라는 말이 무슨 뜻입니까?

✤ 찬송　419장(주 날개 밑 내가 편안히 쉬네)
✤ 주제 구절　갈라디아서 4장 6절

너희가 아들인 고로 하나님이 그 아들의 영을 우리 마음 가운데 보내사 아바 아버지라 부르게 하셨느니라

아기는 엄마에게 우는 것으로 의사를 표현합니다. 배고플 때나, 기저귀를 갈아 달라고 할 때나, 자고 싶을 때 큰 소리로 웁니다. 아기가 울 때, 엄마는 무엇이 필요한지 빨리 찾아서 해결해 줍니다. 모든 사람은 이런 부모님의 지극한 사랑으로 성장했습니다.

우리는 어떻게 영적으로 성장하게 될까요? 하나님의 은혜와 사랑으로 자라게 됩니다. 우리의 필요와 간구뿐만 아니라, 영적인 성장도 하나님의 사랑으로 이루어집니다. 예수님께서 우리에게 기도를 가르쳐 주시면서, 하나님을 "우리 아버지"로 호칭하라고 말씀하신 이유는 무엇일까요? 하나님은 우리를 지으신 창조주로서, 우리의 모든 필요를 공급하시며 성장하도록 인도해 주시기 때문입니다.

고린도후서 6장 18절 말씀을 함께 읽어 봅시다.

"너희에게 아버지가 되고 너희는 내게 자녀가 되리라 전능하신 주의 말씀이니라 하셨느니라."

하나님은 단지 무섭고 두려운 분만이 아니라, 우리의 육신의 부모보다 더 많은 사랑으로 우리에게 은혜를 베풀어 주십니다. 육신의 부모가 자녀를 향한 사랑보다 하나님께서 우리의 아버지로서 베푸시는 사랑이 훨씬 더 크고 놀랍습니다. 하나님은 우리를 위

해서 독생자 예수 그리스도를 보내어 주셨습니다. 이보다 더 큰 사랑은 없습니다. 우리를 위해서 그 아들을 십자가에 내어 주시기까지 우리를 사랑하셨기에, 우리를 향한 사랑은 무한합니다. 이런 사랑을 받은 우리에게 하나님은 아버지가 되어 주셨습니다. 하나님은 우리의 아버지로서 우리에게 가장 좋은 것을 주시기 원하시며, 우리가 고난받을 때 함께하실 뿐만 아니라, 모든 것을 합력하여서 선을 이루시기에 충분한 지혜와 능력이 있습니다. 우리가 기도하는 대상인 하나님은 사랑과 긍휼에 충만하신 아버지입니다.

오늘 예배하면서, 우리에게 아버지가 되어 주신 하나님께 감사합시다. 육신의 부모님보다 더 큰 사랑과 은혜를 베풀어 주시며 우리의 모든 간구와 기도를 듣고 응답하기에 충분한 지혜와 능력가 있다는 진리를 온전히 믿고 기도합시다.

❖ **120문: 그리스도께서는 왜 하나님을 "우리 아버지"라고 부르라고 명하셨습니까?**

❖ **답:** 그리스도께서는 기도의 첫머리에서부터 우리 마음에 하나님께 대하여 어린아이와 같은 공경심과 신뢰를 불러일으키기를 원하셨는데, 이것이 우리의 기도의 기초입니다. 하나님께서는 그리스도로 말미암아 우리 아버지가 되셨으며, 우리가 믿음으로 구하는 것에 대해서는 우리 부모가 땅의 좋은 것들을 거절하지 않는 것보다 훨씬 더 거절하지 않으실 것입니다.

🌱 **기도하기**

하나님 아버지, 우리에게 아버지가 되어 주셔서 감사드립니다. 하나님께 우리의 모든 것을 내어 맡길 수 있게 도와주시고, 고난과 고통을 만나더라도, 충만한 지혜와 능력으로 우리에게 방패가 되어 주시고, 모든 것을 합력하여 선을 이루어 주시길 원합니다.

chapter 121

'하늘에 계신'이라는 말이 무슨 뜻입니까?

✤ 찬송   377장(전능하신 주 하나님)

✤ 주제 구절   로마서 8장 32절

자기 아들을 아끼지 아니하시고 우리 모든 사람을 위하여 내어주신 이가 어찌 그 아들과 함께 모든 것을 우리에게 은사로 주지 아니하시겠느뇨

아이들은 가끔 친구들에게 아빠를 자랑합니다. "우리 아빠가 세상에서 제일 힘이 세." 아빠가 자신을 번쩍 들어 올리거나 목마를 태우고 다닐 때, 아빠는 힘이 세고 능력이 많은 사람으로 보입니다. 아이가 자라기 시작하고, 아빠가 나이가 들어가기 시작하면서, 이 세상에서 힘이 센 사람들이 아빠 말고도 많다는 사실을 점점 깨닫게 됩니다.

　하나님은 어떤 분일까요? 처음에는 전능하시고 지혜가 충만한 분이셨지만, 신앙생활을 할수록 능력이 없어 보이는 분일까요? 하나님을 말씀과 기도로 바르게 알아가기 시작할 때, 처음에 알던 하나님에 관한 지식은 더욱 풍성해집니다. 하나님이 내 삶을 주관할 수 있을지에 대해서 의문으로 시작했다가 하나님을 아는 지식에 자라가면서, 우리의 인생을 주관하시고 섭리하시기에 충만한 하나님을 알아가게 됩니다. 주기도문에서 첫 번째 말씀은 "하늘에 계신"이라는 말씀입니다. 하나님께서 하늘에 계신다는 뜻은 상징적인 표현입니다. 이 땅에 없고 하늘에만 계신다는 의미가 아니라, 전지 전능하시고 모든 것을 주관하며 통치하실 뿐만 아니라, 어제도 계시고 오늘도 계셔서 만물 가운데 충만한 분이라는 사실을 고백하고 있습니다. 하늘은 물리적인 장소가 아니라, 하나님의 영광과 능력이 충만하고 우리를 통치하고 다스리기에 조금도 부족함이 없이 높으신 분이라는 사실을 가르쳐 주는 말입니다.

마가복음 9장 23절 말씀을 함께 읽어 봅시다.

"예수께서 이르시되 할 수 있거든이 무슨 말이냐 믿는 자에게는 능치 못할 일이 없느니라 하시니."

하나님은 우리에게 오는 모든 고난을 합력하여서 하나님의 선한 목적과 우리를 향한 하나님의 뜻을 이루시기에 조금도 부족함이 없습니다. 우리에게 주시는 모든 은혜와 복은 오직 하나님께서 충만하게 넘치도록 부어 주실 수 있습니다. 이것은 우리의 욕심대로 이루어지지 않고, 하나님의 뜻대로 이루십니다. 하나님은 너무나 놀라운 능력으로 모든 것을 하실 수 있지만, 우리에게 모든 것이 유익하지 않을 수도 있기에, 즉시로 우리의 소원과 간구를 들어 주시지 않습니다. 하나님께서는 우리의 구원과 성화, 예비하신 목적을 이루기 위해서 때로는 우리의 간구를 지연시켜 주시고, 때로는 거절하실 수도 있습니다. 그러나, 너무나 분명한 사실은 모든 기도를 들으시며, 모든 간구에 넘치도록 응답해 주실 수 있는 능력 많으신 분이라는 사실입니다.

오늘 예배하면서, 하나님의 전능하신 능력과 지혜를 확신할 수 있도록 기도합시다. 기도할 때마다 하나님께서 우리의 모든 기도를 듣고 응답하시기를 기뻐하시며, 하나님의 때에 이루신다는 사실을 확신합시다.

✤ 121문: "하늘에 계신"이라는 말이 왜 덧붙여졌습니까?
✤ 답: 하나님의 천상(天上)의 위엄을 땅의 것으로 생각지 않고, 그의 전능하신 능력으로부터 우리의 몸과 영혼에 필요한 모든 것을 기대하도록 하기 위함입니다.

🌱 기도하기

하나님 아버지, 전능하신 능력으로 함께하심을 감사드립니다. 우리의 어떤 간구와 기도라도 모두 듣고 계시며, 응답하기를 기뻐하시는 분이라는 사실을 확신하며 엎드리게 도와주시옵소서. 하나님 앞에 온전한 믿음으로 나갈 때마다, 우리 인생을 향한 하나님의 섭리와 인도를 확신할 수 있도록 인도해 주시옵소서.

chapter 122

첫 번째 간구는 무엇입니까?

✤ 찬송   8장(거룩 거룩 거룩 전능하신 주님)

✤ 주제 구절   이사야 6장 3절

서로 창화하여 가로되 거룩하다 거룩하다 거룩하다 만군의 여호와여 그 영광이 온 땅에 충만하도다

주기도문에서 첫 번째 간구는 "이름이 거룩히 여김을 받으시오며"입니다. 주기도문은 모두 여섯 개의 간구로 되어 있습니다. 첫 번째부터 세 번째 간구는 모두 하나님에 관한 기도입니다. 하나님의 이름과 하나님의 나라와 하나님의 뜻에 관한 기도입니다.

왜 첫 번째 기도문이 우리의 소원이 아니라, 하나님에 대한 기도일까요? 기도의 중요한 목적은 우리의 소원 성취가 아닙니다. 예수님께서 기도를 직접 가르쳐 주신 이유는 우리가 기도를 전혀 할 수 없기 때문이 아니라, 너무나 쉽게 잘못된 기도에 빠질 수 있기 때문입니다. 기도는 우리 자신만을 위한 것이 아닙니다. 사랑과 은혜가 충만하신 하나님께서 높이 찬양을 받으시며 합당한 영광을 받는 일입니다. 높으신 하나님께 나올 때, 어떤 순서도 없이 간구하는 것이 아니라, 바른 순서와 자세로 기도해야 합니다. 이것은 마치 정말 존경하는 분을 뵐 때, 아무 옷이나 입고, 어떤 격식도 없이 편하게 만날 수 없는 것과 같습니다. 우리가 기도할 수 있게 된 이유는, 우리의 능력이나 우리의 공로가 아니라, 오직 예수님의 십자가 보혈로 인한 공로로 거룩함을 입어 비로소 하나님 앞에 나올 수 있었기 때문입니다. 이런 놀라운 은혜를 받은 사람이 하나님 앞에서 마땅히 먼저 해야 할 고백은 하나님을 향한 기도입니다.

요한계시록 4장 11절 말씀을 함께 읽어 봅시다.

"우리 주 하나님이여 영광과 존귀와 능력을 받으시는 것이 합당하오니 주께서 만물을 지으신지라 만물이 주의 뜻대로 있었고 또 지으심을 받았나이다 하더라."

첫 번째 간구는 하나님의 이름이 거룩하게 여김을 받기 위한 기도입니다. 하나님의 이름은 하나님께서 하신 일과 하나님의 존재입니다. "거룩"은 구별된다는 의미입니다. "여김을 받는다"는 의미는 드러나게 된다는 의미입니다. 즉, 하나님께서 살아계시고 하신 모든 일 세상과 구별되어 거룩하게 드러나게 될 것이라는 고백입니다. 이것은 우리가 기도해서 하나님께서 거룩해지는 것이 아니라, 이미 만물에 충만한 하나님의 살아계신 능력이 우리 믿는 자들을 통해서 드러나게 될 것이며 또한 드러나도록 역사해 달라는 기도입니다. 우리는 죄성으로 인해 우리 이름이 드러나고 우리가 영광을 누리기 원합니다. 이것은 타락한 본성입니다. 그러나 바른 기도는 우리를 통해서 먼저 하나님께서 우리에게 행하신 놀라운 사랑과 은혜의 말씀들이 온 천지에 드러나도록 간구하는 것입니다.

오늘 예배하면서, 가장 먼저 기도할 때 하나님께서 영광 받으시고 하나님의 하신 놀라운 은혜의 역사들이 드러나며, 온 세상이 하나님 앞에 엎드리는 역사가 있기를 위해서 기도합시다. 혹여 우리의 공로와 우리의 의가 자랑처럼 드러나기 원했다면 회개하고, 우리를 통해서 오직 하나님의 영광만이 드러나기를 위해서 기도합시다.

✤ 122문: 첫째 간구는 무엇입니까?

✤ 답: "이름이 거룩히 여김을 받으시옵소서"로, 이러한 간구입니다. "무엇보다도 먼저 우리로 하여금 주님을 바르게 알게 하여 주옵시며, 주께서 행하시는 모든 일에서 주님을 거룩히 여기고 경배하고 찬송하게 하옵소서. 주께서 행하시는 일에는 주님의 전능과 지혜와 선하심과 의와 자비와 진리가 환히 빛나옵나이다. 또한 우리의 모든 삶을 지도하시고 우리의 생각과 말과 행동을 주장하셔서, 주님의 이름이 우리 때문에 더럽혀지지 않고 오히려 영예롭게 되고 찬양을 받게 하옵소서."

🌱 기도하기

하나님 아버지, 온 천하에 하나님의 이름과 행하신 놀라운 구원의 역사가 드러나길 원합니다. 우리의 이름이 드러나는 것이 아니라, 찬양과 영광을 받으시기에 합당하신 하나님의 이름이 높이 찬송을 받으시길 원합니다. 하나님께서 이 땅을 향한 사랑과 긍휼이 죄악 가운데 있는 모든 사람에게 비추어지길 원합니다.

chapter **123**

두 번째 간구는 무엇입니까?

❖ 찬송 208장(내 주의 나라와)

❖ 주제 구절 마태복음 6장 33절

너희는 먼저 그의 나라와 그의 의를 구하라 그리하면 이 모든 것을 너희에게 더하시리라

주기도문에서 두 번째 간구는 "나라이(가) 임하옵시며"입니다. 여기서 "나라"는 하나님의 나라를 말합니다. "임하옵시며"는 임하게 해 달라는 기도입니다. 두 번째 간구는 하나님의 나라가 임하게 해 달라는 기도입니다. 무슨 말일까요? 하늘에서 넓은 땅이 내려온다는 뜻일까요? 여기서 말하는 나라는 땅이 아니라, 왕의 통치를 말합니다. 고대 사회에서 나라의 핵심은 왕이었습니다. 어떤 왕이 통치하냐에 따라서 나라의 운명이 결정되었습니다. 지혜롭고 용감하고 정의로운 왕이 통치하면 넓은 영토를 가지고 백성들은 먹을 것에 대한 근심이나 다른 나라의 공격에서 보호받고 편히 살 수 있었습니다.

주기도문에서 두 번째 간구는 하나님의 통치로 인해 악의 세력을 심판하시고 하나님의 사랑과 공의가 모든 곳에 임하게 해 달라는 기도입니다. 예수님께서도 처음 사역하실 때, 외친 말씀도 "회개하라 천국이 가까이 왔다."는 말씀이었습니다. 이제 이스라엘뿐만 아니라, 복음이 증거되는 곳마다 하나님의 통치가 시작되었으므로 모든 사람은 회개하고 하나님의 통치 앞에 자복하라는 말씀이었습니다. 복음이 증거되고 교회가 세워지면서 하나님께 다스림을 받는 역사가 일어납니다. 우리는 복음을 받아들임으로 하나님 나라의 백성이 되었습니다. 이 땅에서 대한민국에 속한 백성이면서 동시에 하나님 나라의 백성입니다.

빌립보서 3장 20절 말씀을 함께 읽어 봅시다.

"오직 우리의 시민권은 하늘에 있는지라 거기로서 구원하는 자 곧 주 예수 그리스도를 기다리노니."

우리는 하나님의 통치를 받고 하나님의 자녀가 되어 하늘에 속한 자로 살아가는 복을 누리게 되었습니다. 이것은 신령한 복입니다. 지금도 세상 사람들은 사단의 통치 아래 살아갑니다. 복음은 죄의 노예로 살아가는 사람에게 자유를 줍니다. 예수님은 우리에게 하나님의 통치가 가정과 이웃과 나라에 임할 수 있도록 기도하라고 말씀하셨습니다.

오늘 예배를 드리면서, 우리의 심령이 먼저 하나님의 온전한 통치 아래 놓일 수 있도록 기도합시다. 사단은 아직도 우리를 죄의 노예로 살도록 시험합니다. 오직 하나님의 말씀 아래 순종하며 거룩한 백성이 되기 위해 기도합시다. 또한 아직도 사단의 속박 아래 묶여 종노릇 하며 사는 불신 이웃과 가족들이 있다면 속히 예수님을 영접하고 하나님의 통치를 받을 수 있도록 기도합시다.

❖ 123문: 둘째 간구는 무엇입니까?

❖ 답: "나라이 임하옵소서"로, 이러한 간구입니다. "주님의 말씀과 성령으로 우리를 통치하시사 우리가 점점 더 주님께 순종하게 하옵소서. 주님의 교회를 보존하시고 흥왕케 하옵시며, 마귀의 일들과 주님께 대항하여 스스로를 높이는 모든 세력들, 그리고 주님의 거룩한 말씀에 반대하는 모든 악한 의논들을 멸하여 주옵소서. 주님의 나라가 온전히 이루어져 주께서 만유의 주가 되실 때까지 그리하옵소서."

🌱 기도하기

하나님 아버지, 예수님의 공로로 하나님의 통치 아래 거할 수 있게 도와주셔서 감사드립니다. 아직도 사단은 우리를 시험하고 죄의 유혹으로 시험할지라도 말씀을 의지하며 거룩한 백성으로 살도록 도와주시옵소서. 하나님의 통치가 우리의 심령뿐만 아니라, 불신 이웃에게 이루어져 속히 하나님의 나라가 올 수 있도록 역사해 주시옵소서.

chapter 124

세 번째 간구는 무엇입니까?

✤ 찬송   425장(주님의 뜻을 이루소서)

✤ 주제 구절   마태복음 7장 21절

나더러 주여 주여 하는 자마다 천국에 다 들어갈 것이 아니요 다만 하늘에 계신 내 아버지의 뜻대로 행하는 자라야 들어가리라

주기도문의 세 번째 간구는 "뜻이 하늘에서 이룬 것 같이 땅에서도 이루어지이다."입니다. 주기도문에서 첫 번째부터 세 번째 간구는 하나님의 이름, 하나님의 나라, 하나님의 뜻에 대한 간구입니다. 세 번째 간구에서 "뜻"은 "하나님의 뜻과 계획"을 말합니다. 하나님의 뜻이 하늘에서 이룬 것처럼 땅에서도 이루어지는 기도를 하라고 예수님께서 가르쳐 주셨습니다.

하나님의 뜻이 하늘에서 이루어졌다는 것은 무슨 말일까요? 하늘은 하나님의 통치가 완전하게 실현된 곳입니다. 이 땅에서 살았던 모든 하나님의 백성들은 지금 하늘에서 영화롭게 되어 하나님께 영광을 돌리며 하나님을 찬양하고 있습니다. 하늘은 하나님의 완전한 통치 가운데서 모든 백성들이 하나님의 말씀을 완전히 순종하며 하나님을 기뻐하고 참 평안과 복락 가운데서 살아가고 있습니다. 이처럼 이 땅에 모든 사람들에게 하나님의 통치가 말씀으로 완전히 이루어지고 하나님께 영광 돌리고 하나님을 온전하게 예배하기를 위해서 기도해야 합니다.

시편 40편 8절 말씀을 함께 읽어 봅시다.

"나의 하나님이여 내가 주의 뜻 행하기를 즐기오니 주의 법이 나의 심중에 있나이다 하였나이다."

이 땅에서 사람들은 고통이 없는 행복한 세상을 만들기 위해서 법을 만들고 제도를 개선하며 이념을 추구합니다. 교육 기관을 세워서 좋은 교육을 통해서 서로 존중하며 이상적인 국가를 세우려고 합니다. 그러나 역사가 증거하듯이 수많은 이념과 교육이 사람의 본질을 변화시킬 수는 없습니다. 인간의 죄성까지 거룩하게 만들 수 없습니다. 이 땅이 참된 행복과 복을 누리기 위해서 어떤 노력을 하더라도 불가능합니다. 참된 복은 오직 예수님의 공로를 의지해 하나님의 자녀가 되어 말씀에 순종하며 거룩한 삶을 사는 데 있습니다. 이 땅을 향한 하나님의 계획은 죄로 신음하는 모든 피조물들까지도 예수님으로 인한 구속에 참여해 하나님의 사랑과 공의로 온전하게 다스림을 받아 하나님께 영광과 경배를 올리는 데 있습니다.

오늘 예배하면서, 우리가 하나님의 말씀으로 보여 주신 뜻에 따라 살지 않고 인간적인 뜻과 계획으로만 살려고 했다면 용서함을 구합시다. 우리가 하나님의 말씀에 온전히 순종하며 하나님의 뜻과 계획이 우리 안에 완성되기 위해서 기도합시다. 또한 죄로 신음하는 이 땅에 복음이 모두 전해져 하나님의 뜻이 온전히 이루어지길 기도합시다.

❖ **124문: 셋째 간구는 무엇입니까?**

❖ **답:** "뜻이 하늘에서 이룬 것같이 땅에서도 이루어지이다"로, 이러한 간구입니다. "우리와 모든 사람들이 자기 자신의 뜻을 버리고, 유일하게 선하신 주님의 뜻에 불평 없이 순종하게 하옵소서. 그리하여 각 사람이 자신의 직분과 소명을 하늘의 천사들처럼 즐거이, 그리고 충성스럽게 수행하게 하옵소서."

🌱 **기도하기**

하나님 아버지, 우리에게 말씀으로 하나님의 뜻과 계획을 보여 주셔서 감사드립니다. 복음을 통해서 회개하며 하나님께 돌아오도록 뜻하신 구원의 계획이 우리를 통해서 이루어질 수 있게 도와주시옵소서.

chapter 125

네 번째 간구는 무엇입니까?

❖ 찬송　393장(오 신실하신 주)

❖ 주제 구절　마태복음 6장 26절

공중의 새를 보라 심지도 않고 거두지도 않고 창고에 모아들이지도 아니하되 너희 천부께서 기르시나니 너희는 이것들보다 귀하지 아니하냐

주기도문의 네 번째 간구는 "오늘날 우리에게 일용할 양식을 주옵시고"입니다. 네 번째 간구부터 여섯 번째 간구는 우리 자신에 대한 기도입니다. 그 첫 번째가 일용할 양식에 대한 기도입니다. "일용할"이라는 말은 "매일 매일 사용할 수 있는"이라는 말입니다. 예수님은 우리 자신에 대한 기도로 일용할 양식을 위해서 기도하라고 하십니다. 예수님은 우리의 육체적인 필요와 어려움에 대해서 외면하지 않으십니다. 이 땅에서 먹고 사는 문제가 중요하다는 사실을 인정하셨습니다. 단지, 일용할 양식입니다. 사람은 한 번에 많은 것을 얻기 원합니다. 인간의 욕심은 한 번에 일 년치 양식이나 십 년치 양식을 구할 수도 있습니다. 그러나 예수님은 매일의 양식을 구하라고 하셨습니다. 왜 그랬을까요?

　하나님은 광야에서 살던 이스라엘 백성들을 먹이시되, 만나와 메추라기를 한 번에 많은 양으로 주지 않으셨습니다. 매일 먹을 양식만큼만 주셨습니다. 구원받은 백성이라도 죄의 오염 가운데 있기 때문에 잘못하면 욕심으로 구해서 얻은 열매들 때문에 하나님을 바라보지 못할 수도 있기 때문입니다. 매일 양식을 하나님께서 먹여주시고 공급해 주신다는 믿음으로 하루도 빠지지 말고 하나님을 바라보며 간구하기 위해서 하루 양식을 주셨습니다. 예수님도 우리에게 기도할 때, 매일의 양식을 구하라고 말씀하십니다. 이 기도는 우리에게 두 가지를 가르칩니다. 모든 양식은 하나님께서 주시기 때문에 근심하지 말라는 것과 하루도 빠짐없이 하나님을 바라보고 기도해야 한다는 사실입니다.

마태복음 6장 31절 말씀을 함께 읽어 봅시다.

"그러므로 염려하여 이르기를 무엇을 먹을까 무엇을 마실까, 무엇을 입을까 하지 말라."

하나님은 우리의 모든 일상에 대해서 관심 있게 지켜 보시며, 주리지 않고 헐벗지 않도록 도와주십니다. 광야 생활하던 이스라엘 백성들이 사십 년 동안 하나님의 공급을 경험하며 가나안으로 들어갔습니다. 이 땅이 광야와 같이 힘겹고 어렵더라도 하나님은 지금도 믿음의 자녀를 돌보십니다.

오늘 예배하면서, 우리를 먹이시고 입히시는 분은 바로 하나님이라는 사실을 고백합시다. 의식주에 대한 문제에 대해서 하나님은 외면치 않으시기 때문에 우리에게 간구하라고 말씀하셨습니다. 어렵고 힘들더라도 하나님께서 우리에게 반드시 베풀어 주시고 응답해 주신다는 믿음으로 살 수 있도록 기도합시다.

❧ **125문: 넷째 간구는 무엇입니까?**

❧ **답:** "오늘날 우리에게 일용할 양식을 주옵소서"로, 이러한 간구입니다. "우리의 몸에 필요한 모든 것들을 내려주시며, 그리하여 오직 주님이 모든 좋은 것의 근원임을 깨닫게 하시고, 주님의 복 주심이 없이는 우리의 염려나 노력, 심지어 주님의 선물들조차도 우리에게 아무 유익이 되지 못함을 알게 하옵소서. 그러므로 우리로 하여금 어떤 피조물도 의지하지 않고 오직 주님만 신뢰하게 하옵소서."

🌱 **기도하기**

하나님 아버지, 우리에게 일용할 양식을 허락해 주셔서 감사드립니다. 이 땅에서 일하고 열매를 얻기가 힘들더라도, 하나님께서 공급해 주심을 믿음으로 평안할 수 있도록 도와주시옵소서. 물질로 인한 근심이 있을 때마다 광야에서 백성들을 먹이신 하나님을 기억하며 확신 가운데서 하나님의 도와주시는 은혜 가운데서 살아갈 수 있도록 도와주시옵소서.

chapter 126

다섯 번째 간구는 무엇입니까?

✤ 찬송   135장(어저께나 오늘이나)

✤ 주제 구절   마태복음 6장 15절

너희가 사람의 과실을 용서하지 아니하면 너희 아버지께서도 너희 과실을 용서하지 아니하시리라

주기도문의 다섯 번째 간구는 "우리가 우리에게 죄 지은 자를 사하여 준 것같이 우리 죄를 사하여 주옵시고"입니다. 예수님께서 우리에게 가르쳐주신 다섯 번째 기도는 죄 용서에 관한 기도입니다. 네 번째 기도에서 일용할 양식을 위해 기도하므로 하나님의 은혜로 우리의 육신에 대한 부족이 채워졌다면, 이것으로 만족하는 것이 아니라, 매일 우리는 하나님 안에서 살아가야 합니다. 우리의 참 생명은 일용할 양식에 있지 않습니다. 하나님 안에 거할 때 참된 생명이 있습니다. 매일의 음식을 하루만 살게 할 뿐이지만, 하나님 안에서 기도하며 말씀 가운데 서 행하기를 매일 힘쓰는 것은 영원한 생명을 위한 일입니다. 예수님이 오병이어의 기적으로 사람들을 먹이신 이유는 사람이 떡으로만 사는 것이 아니라 하나님의 입에서 나오는 모든 말씀으로 산다는 진리를 가르쳐주기 위함이었습니다. 우리가 매일의 양식을 먹을 수 있다면, 영원한 양식은 하나님 안에 있다는 사실을 믿어야 합니다.

하나님 안에서 우리가 살기 위해서 가장 중요한 것은 거룩입니다. 하나님은 어떤 어둠이나 죄가 없습니다. 하나님은 죄를 용납할 수 없을 뿐만 아니라, 어떤 죄와도 함께 하지 않습니다. 우리가 하나님 안에 거하기 위해서 우리의 죄를 살펴야 합니다. 날마다 죄를 회개하고 거룩을 좇지 않는다면 하나님 안에 거할 수 없기 때문입니다. 하나님은 우리에게 거룩하라고 말씀하셨습니다.

베드로전서 1장 16절을 함께 읽어 보겠습니다.

"기록하였으되 내가 거룩하니 너희도 거룩할찌어다 하셨느니라."

우리는 예수님의 십자가 공로로 의롭게 되었습니다. 예수님은 우리의 죄를 가져가셔서 십자가에서 도말하시고, 십자가의 형벌로 완성하신 하나님의 말씀에 대한 완전한 순종으로 이루신 의를 우리에게 전가시켜 주셨습니다. 예수님을 믿었기 때문에 우리는 의롭게 되어 하나님께 나와 기도할 수 있게 되었습니다. 하나님의 놀라운 사랑으로 죄 용서함을 받았다면, 우리는 이 땅에서 하나님의 사랑과 용서를 실천하며 살 수 있어야 합니다.

오늘 예배하면서, 하나님께서 베푸신 우리 죄에 대한 용서에 감사합시다. 육신의 필요를 공급해 주시는 하나님 앞에서 날마다 거룩을 좇아 살아갈 수 있기를 기도합시다. 날마다 하나님의 사랑으로 서로 용서하고 용납하기를 위해서 기도합시다.

❖ **126문: 다섯째 간구는 무엇입니까?**

❖ **답:** "우리가 우리에게 죄지은 자를 사하여 준 것같이 우리 죄를 사하여 주옵소서"로, 이러한 간구입니다. "주의 은혜의 증거가 우리 안에 있어서 우리가 이웃을 용서하기로 굳게 결심하는 것처럼, 그리스도의 보혈을 보시사 우리의 모든 죄과(罪過)와 아직도 우리 안에 있는 부패를 불쌍한 죄인인 우리에게 돌리지 마옵소서."

🌱 **기도하기**

하나님 아버지, 육신의 호흡을 위해 매일의 양식이 필요한 것처럼, 하나님 안에 거하기 위해서 날마다 말씀과 기도로 거룩을 좇아 살 수 있게 도와주시옵소서. 일용할 양식으로 하루를 사는 것보다 말씀의 양식으로 영원한 생명을 소망하며 살 수 있게 도와주시옵소서.

chapter 127

여섯 번째 간구는 무엇입니까?

✤ 찬송 348장(마귀들과 싸울지라)

✤ 주제 구절 베드로전서 5장 8절

근신하라 깨어라 너희 대적 마귀가 우는 사자같이 두루 다니며 삼킬 자를 찾나니

주기도문의 여섯 번째 간구는 "우리를 시험에 들게 하지 마옵시고 다만 악에서 구하옵
소서."입니다. 우리 자신에 대한 기도 세 가지, 즉, 일용할 양식, 죄 용서에 이어 악에서
구해 달라는 기도입니다. 이 땅에서 우리의 신앙은 계속된 시험과 유혹에 놓여집니다.
항상 평안하고 항상 문제 없는 신앙은 불가능합니다. 이유는 두 가지입니다. 우리는 아
직도 죄의 성향을 가지고 있으며 이 땅에서 계속된 경건의 훈련이 필요하기 때문입니
다. 또한 세상은 아직도 공중 권세 잡은 자가 복음을 가로막으며 교회를 핍박하고 성도
의 믿음을 유혹하기 때문입니다.

　예수님은 베드로를 시험하려는 사단을 대적하며 기도해 주셨습니다. 비록 베드로가
시험에 넘어져 예수님을 부인하고 저주했지만, 베드로를 향한 예수님의 사랑으로 다시
믿음을 회복하고 복음을 위한 사도로 살게 되었습니다. 우리가 이 땅에서 믿음 가운데
신앙인으로 걸어가는 길은 평탄한 대로만 놓여져 있지 않습니다. 때로는 가시밭길과
가파른 언덕이 나오기도 합니다. 우리가 예수님을 믿고 세례를 받는 순간 믿음이 완성
되는 것이 아니라, 믿음의 여정이 시작됩니다. 이 땅에서 믿음으로 살기에 많은 시험과
어려움이 있습니다. 거짓말과 속임수의 유혹부터 하나님의 섭리와 인도에 대한 불신에
이르기까지 많은 갈등이 있습니다. 그래서 예수님은 제자들을 향해서 깨어 기도하라고
강조하셨습니다.

누가복음 22장 46절 말씀을 함께 읽어 봅시다.

"이르시되 어찌하여 자느냐 시험에 들지 않게 일어나 기도하라 하시니라.""

예수님이 사역을 하시면 많은 유혹과 핍박이 있었습니다. 사역을 시작하실 때 사단이 세 번 시험을 했을 뿐만 아니라, 제자들도 예수님을 부인하며 떠났습니다. 예수님께서 걸어가시려는 십자가의 길을 제자들이 막아서는 시험도 있었습니다. 이 땅에서는 많은 유혹과 시험이 있기 때문에 우리에게 깨어 기도하라고 말씀하셨습니다. 예수님께서 우리에게 가르쳐 주신 여섯 번째 기도로 우리는 시험과 핍박 많은 세상을 이길 수 있습니다.

오늘 예배하면서, 우리에게 오는 시험과 핍박이 있다면 모두 이길 수 있도록 기도합시다. 오직 믿음만이 고난을 이기고 하나님의 섭리와 인도를 경험할 수 있다는 확신을 가지도록 기도합시다. 세상의 힘보다 하나님의 전능하심을 의지하며 하나님의 도우심을 누릴 수 있도록 기도합시다.

❖ **127문: 여섯째 간구는 무엇입니까?**

❖ **답:** "우리를 시험에 들지 말게 하옵시며 다만 악에서 구하옵소서"로, 이러한 간구입니다. "우리 자신만으로는 너무나 연약하여 우리는 한 순간도 스스로 설 수 없사오며, 우리의 불구대천(不俱戴天)의 원수인 마귀와 세상과 우리의 육신은 끊임없이 우리를 공격하나이다. 그러하므로 주의 성령의 힘으로 우리를 친히 붙드시고 강하게 하셔서, 우리가 이 영적 전쟁에서 패하여 거꾸러지지 않고, 마침내 완전한 승리를 얻을 때까지 우리의 원수에 대해 항상 굳세게 대항하게 하시옵소서."

🌱 **기도하기**

하나님 아버지, 아직도 이 땅에서 사단은 우리의 믿음을 빼앗기 위해서 시험과 유혹을 하고 있습니다. 우리가 오직 믿음의 기로로 이 모든 시험을 이기고, 항상 하나님만을 의지하며 평안 가운데 믿음으로 살 수 있게 도와주시옵소서. 하나님 안에서 참 평안과 위로를 누릴 수 있게 도와주시옵소서.

chapter 128

주기도문의 맺음말은 무엇입니까?

✤ 찬송　64장(기뻐하며 경배하세)

✤ 주제 구절　다니엘 7장 14절

그에게 권세와 영광과 나라를 주고 모든 백성과 나라들과 각 방언하는 자로 그를 섬기게 하였으니 그 권세는 영원한 권세라 옮기지 아니할 것이요 그 나라는 폐하지 아니할 것이니라

주기도문의 맺음말은 "대개 나라와 권세와 영광이 아버지께 영원히 있사옵나이다."입니다. 현재 사용하는 개역개정 이전에 있던 개역한글은 "대개"라는 표현이 있습니다. 대개라는 말이 들어갔던 이유는 "호티"라는 원어를 중국어 성경에 "대개"로 번역했고, 이를 한글 성경에서 사용했기 때문에 들어갔습니다. "대개"를 번역하면, "이는"으로 번역할 수 있습니다. 마지막 간구를 다시 풀어서 표현한다면, "이는 나라와 권세와 영광이 아버지께 영원히 있기 때문입니다."로 할 수 있습니다. 즉, 이 기도문은 우리의 간구가 확실하게 이루어지는 근거를 제시합니다. 하나님은 모든 기도를 이루시는데 조금도 부족함이 없는 충만한 능력이 있으시며, 그 능력은 영원토록 계속 된다는 고백입니다.

　이것은 마치 어린아이가 힘든 일을 만나서 아빠와 엄마를 부를 때, 반드시 도와준다는 확신을 가지고 부르는 것과 같습니다. 아이는 조금만 혼자 하지 못하는 일을 만나면, 당장 도와달라고 외칩니다. 부모가 무엇을 하고 있든지 당장 나타나 아이의 어려움을 듣고 해결하기 위해서 도와 줍니다. 그러나 부모가 나타났을 때, 모든 것을 할 수 있는 것은 아닙니다. 못 해주는 일도 있습니다. 하나님은 다릅니다. 천지를 만드시고 지금도 우주를 다스리며 운행하실 뿐만 아니라, 믿음의 자녀들을 영광 가운데로 끝까지 인도하시며 구원을 완성하십니다. 우리가 어떤 고난과 고통을 만나더라도, 합력하여서 선을 이루시기에 조금도 부족함이 없는 분이십니다. 다윗의 고백처럼 사망의 골짜기를 지나더

라도 두려워하지 않을 이유는 하나님의 지팡이와 막대기가 나를 안위하기 때문입니다.

시편 23편 4절을 함께 읽어 봅시다.
"내가 사망의 음침한 골짜기로 다닐지라도 해를 두려워하지 않을 것은 주께서 나와 함께 하심이라 주의 지팡이와 막대기가 나를 안위하시나이다."

오늘 예배하면서, 하나님은 강한 능력과 권세로 우리를 넉넉하게 도우실 수 있다는 확신을 가지도록 기도합시다. 나의 믿음이 약해서 하나님의 능력을 보지 못하는 어리석음을 범하지 않고, 큰 믿음으로 어떻게 우리의 연약한 인생을 통해서 하나님의 영광이 드러나는지 보게 해 달라고 기도합시다.

✤ 128문: 당신은 이 기도를 어떻게 마칩니까?
✤ 답: "대개(大蓋) 나라와 권세와 영광이 아버지께 영원히 있사옵나이다"로, 이러한 간구입니다. "주님은 우리의 왕이시고 만물에 대한 권세를 가진 분으로서 우리에게 모든 좋은 것을 주기 원하시며 또한 주실 수 있는 분이기 때문에 우리는 이 모든 것을 주님께 구하옵니다. 이로써 우리가 아니라 주님의 거룩한 이름이 영원히 영광을 받으시옵소서."

🏅 기도하기

하나님 아버지, 영원한 능력과 권세로 우리를 통치하시고 섭리하셔서 감사드립니다. 이 세상은 사라지게 되나, 하나님은 영원토록 살아계셔서 믿는 자녀와 함께하셔서 도와주실 것을 믿습니다. 어떤 어려운 일을 만나도 권세와 영광 가운데 계신 하나님께서 인도해 주실 것을 믿습니다.

chapter **129**

'아멘'이라는 말이 무슨 무엇입니까?

✤ 찬송　29장(성도여 다 함께)

✤ 주제 구절　역대상 16장 36절

여호와 이스라엘의 하나님을 영원부터 영원까지 송축할지로다 하매 모든 백성이 아멘 하고 여호와를
찬양하였더라

주기도문의 마무리는 "아멘"입니다. 우리는 기도할 때 마무리를 항상 "아멘"으로 끝냅니
다. 아멘은 하나님께 기도하고 간구한 모든 것이 그대로 될 것은 믿는다는 고백입니다.
하나님은 영원한 권세와 영광을 가지고 계시며 영원토록 모든 만물을 통치하십니다. 우
리의 기도를 듣고 응답하기에 조금도 부족하지 않습니다. 주기도문은 영원하신 하나님
에 대한 고백을 하면서 아멘으로 끝을 맺습니다. 성경에서 말씀하신 하나님에 대한 진
리를 다시 한번 우리의 마음과 의지로 다짐하게 되는 고백이 아멘입니다.

시편 106편 48절 말씀을 함께 읽어 봅시다.
**"여호와 이스라엘의 하나님을 영원부터 영원까지 찬양할지어다 모든 백성들아 아멘 할
지어다 할렐루야."**

하나님은 우리에게 진리에 대해서 아멘으로 화답하라고 말씀합니다. 아멘은 단순한
동의를 넘어서서, 반드시 그렇게 될 수밖에 없고, 내가 싫더라도 하나님은 하신다는 의
미입니다. 하이텔베르크 마지막 문답인 129문은 아멘의 의미를 너무나 명쾌하게 말하
고 있습니다. 우리가 하나님께 바라는 것보다 훨씬 더 강하게 하나님은 우리의 기도를
들어주시고 이루신다는 의미라고 설명하고 있습니다. 우리는 기도하고 나서 잊어버릴

때도 있습니다. 기도한 후에 믿지 못하고 불안해서 다른 것을 의지할 때도 있습니다. 우리의 기도에 대해서 우리 스스로 의심할 때라도 하나님은 변함없이 우리의 기도를 모두 들으시며 하나님의 계획 가운데서 모든 기도를 사용하시어 하나님께 영광이 되도록 섭리하십니다. 우리가 아멘이라고 할 때, 우리의 인간적인 다짐과 인간적인 기대에 부응해서 응답하는 것이 아니라, 하나님은 우리의 기도를 받고 우리의 기도를 통해서 일하시기를 기뻐하십니다. 우리는 아직도 불완전한 신앙으로 시험과 유혹에서 흔들릴 수도 있으나, 하나님은 작은 신음같은 기도도 소중히 받아 주시고, 반드시 이루신다고 아멘을 통해서 약속하십니다.

오늘 예배하면서, 우리가 기도할 때 더욱 큰 확신과 믿음을 가지고 간구합시다. 더욱 큰 소망을 가지고 아멘이라고 고백하기를 다짐해 봅시다. 예수님께서 가르쳐주신 기도로 고백하는 모든 말을 하나님께서 하나도 빠지지 않고 듣고 계시고, 부족한 기도를 통해서 일하시기를 기뻐하시며, 우리를 통해서 하나님 나라가 세워지기를 기뻐하신다는 믿음으로 기도합시다.

❖ **129문: "아멘"이라는 이 짧은 말은 무엇을 뜻합니까?**

❖ **답:** "아멘"은 참되고 확실하다는 뜻입니다. 내가 하나님께 이런 것들을 소원하는 심정보다도 더 확실하게 하나님께서는 내 기도를 들으십니다.

🌱 기도하기

하나님 아버지, 우리의 작은 기도에도 귀를 기울여 주셔서 감사드립니다. 우리가 기도를 하고 나서 스스로 불안하고 의심을 할 때도 있지만, 하나님은 하나도 빠뜨리지 않으시고 우리의 소망보다 더 확실하게 모두 듣고 응답하기를 기뻐해 주셔서 감사드립니다. 하나님 앞에 기도할 때마다 큰 확신과 믿음으로 엎드리게 도와주시고, 모든 기도를 통해서 오직 하나님의 나라가 임하고 하나님의 통치를 온전하게 경험할 수 있도록 도와주시옵소서.

memo